Eric Seils

Finanzpolitik und Arbeitsmarkt in den Niederlanden

Gesellschaftspolitik und Staatstätigkeit
Band 26

Herausgegeben von

Bernhard Blanke
Roland Czada
Hubert Heinelt
Adrienne Héritier
Gerhard Lehmbruch
Manfred G. Schmidt

Vorwort

Die Arbeit von Eric Seils beschäftigt sich mit der Entwicklung der Finanzpolitik in den Niederlanden und ihren Auswirkungen auf den Arbeitsmarkt. In der zweiten Hälfte der siebziger Jahre sind die Staatsausgaben außer Kontrolle geraten und die Arbeitslosigkeit ist stark angestiegen. Seit 1982 ist es den Kabinetten Lubbers und Kok gelungen, die Ausgaben, Abgaben und Defizite zurückzudrängen. Die Arbeitslosigkeit sank ebenfalls. Wie war das möglich?

Das Buch zeigt überzeugend, dass die finanzpolitischen Vereinbarungen in den Koalitionsabkommen einen mäßigenden Einfluss auf die Staatsausgaben hatten. Mit Hilfe von detaillierten Vereinbarungen über Einschnitte und Zielsetzungen für die Abgabenlast und das Defizit haben die Kabinette von Lubbers einen beachtlichen Konsolidierungserfolg erzielt. Mit Hilfe der sogenannten Zalm-Norm haben die Kabinette von Kok diese Politik fortgeführt. Nach zwei Jahrzehnten Reformpolitik hatten die Niederlande in 1999 erstmals seit dreißig Jahren wieder einen Haushaltsüberschuss.

Die Studie von Seils zeigt jedoch, dass die Einschnitte nicht nur dem Staatshaushalt zugute kamen, sondern auch zu einer strukturellen Verbesserung der Situation am niederländischen Arbeitsmarkt geführt haben. Doch diese Erfolge dürfen angesichts des internationalen Wettbewerbsdrucks und der demografischen Herausforderungen nicht dazu führen, dass die Ausgabendisziplin nachlässt. Finanzpolitische Vereinbarungen sind auch in der Zukunft von großer Bedeutung.

Finanzminister Gerrit Zalm

Eric Seils

Finanzpolitik und Arbeitsmarkt in den Niederlanden

Haushaltsinstitutionen, Koalitionsverträge und die Beschäftigungswirkung von Abgaben

SPRINGER FACHMEDIEN WIESBADEN GMBH

VS Verlag für Sozialwissenschaften
Entstanden mit Beginn des Jahres 2004 aus den beiden Häusern
Leske+Budrich und Westdeutscher Verlag.
Die breite Basis für sozialwissenschaftliches Publizieren

Bibliografische Information Der Deutschen Bibliothek
Die Deutsche Bibliothek verzeichnet diese Publikation in der Deutschen Nationalbibliografie;
detaillierte bibliografische Daten sind im Internet über <http://dnb.ddb.de> abrufbar.

1. Auflage Oktober 2004

Alle Rechte vorbehalten
© Springer Fachmedien Wiesbaden 2004
Ursprünglich erschienen bei VS Verlag für Sozialwissenschaften/GWV Fachverlage GmbH,
Wiesbaden 2004

www.vs-verlag.de

Umschlaggestaltung: KünkelLopka Medienentwicklung, Heidelberg

ISBN 978-3-531-14244-9   ISBN 978-3-663-10070-6 (eBook)
DOI 10.1007/978-3-663-10070-6

Danksagung

Die vorliegende Arbeit ist in den Jahren 1999 bis 2002 am Max-Planck-Institut für Gesellschaftsforschung in Köln entstanden. Ohne die Unterstützung der Menschen an diesem Institut wäre das Projekt nicht möglich gewesen. Mein besonderer Dank gilt natürlich meinem Betreuer Fritz Scharpf. Wie so vieles in der deutschen und internationalen Politikwissenschaft gingen auch die Überlegungen zu diesem Dissertationsprojekt von seinen Forschungsergebnissen aus. Darüber hinaus hat er viel Geduld, Arbeit und Zeit darauf verwendet, die Schrift durch seine scharfsinnigen Kommentare zu verbessern. Ferner haben meine Kollegen, insbesondere Martin Schludi und Steffen Ganghof, mich in vielen Gesprächen auf Fehler in meinen Gedankengängen aufmerksam gemacht und nützliche Hinweise gegeben. Ich möchte ihnen allen danken und sie gleichzeitig von jeder Verantwortung für die verbliebenen Schwächen der Arbeit freisprechen. Die außerwissenschaftliche Belegschaft des MPI hat eine geradezu ideale Infrastruktur geschaffen und sich damit ebenfalls um dieses Buch verdient gemacht.

An dieser Stelle möchte ich auch jenen danken, die die Forschung in den Niederlanden erst ermöglicht haben: Jelle Visser hat mir für diesen Zweck zeitweise ein Büro an der Universität von Amsterdam zur Verfügung gestellt. Eine sehr große Hilfe war auch das Bibliothekspersonal an den Universitäten in Amsterdam und Nijmegen sowie im Finanzministerium in Den Haag. Frederik Huizinga vom Centraal Planbureau hat Daten aus seinen Simulationsanalysen zur Verfügung gestellt.

In Deutschland hat sich Arthur Benz von der FernUniversität Hagen trotz hoher Arbeitsbelastung sofort bereit erklärt, als Prüfer zu fungieren. Dafür möchte ich ihm danken. André Kaiser hat hilfreiche Kommentare zum Vergleich der parlamentarischen Institutionen geliefert. Für Korrekturarbeiten und die Umwandlung eines fehlerhaften Manuskripts in eine ordentliche Druckvorlage danke ich außerdem Dagmar M!, Ingeborg Strohmeyer und Daniel Weber. Roland Czada und den anderen Herausgebern danke ich für die Aufnahme meiner Arbeit in die Reihe „Gesellschaftspolitik und Staatstätigkeit".

Trotz der Unterstützung, die ich erfahren habe, sind auch mir frustrierende Rückschläge bei der Arbeit an diesem Projekt nicht erspart geblieben. In solchen Zeiten helfen nur persönliche Bindungen. Meine Familie war schon während meines Studiums eine große Hilfe. Insbesondere meine Eltern

Carlo und Silvana haben mir immer mehr zugetraut als ich mir selbst. Zur wichtigsten Unterstützung in diesen Jahren ist aber meine liebe Freundin Anna-Leena geworden, die auch dann zu mir gehalten hat, als ich erst morgens zum Frühstück von der Arbeit heimgekommen bin. Ihr ist dieses Buch gewidmet.

Köln, im Sommer 2004   Eric Seils

Inhalt

Tabellenverzeichnis

Abbildungsverzeichnis

Einleitung

In der Nachkriegszeit war das Verhältnis von Finanzpolitik und Arbeitsmarkt unproblematisch. Die keynesianische Lehre war in den meisten industrialisierten Staaten die dominierende theoretische Grundlage für die wirtschaftspolitische Praxis. Es bestand eine Art stabiles Gleichgewicht, bei dem die keynesianische Fiskalpolitik die Vollbeschäftigung stabilisierte und die steigende Beschäftigung im Gegenzug die wachsenden Wohlfahrtsstaaten finanzierte. Seit der Mitte der siebziger Jahre ist dieses Verhältnis aufgebrochen. Die erste Ölkrise führte auch in den Niederlanden zu massiven Ungleichgewichten auf dem Arbeitsmarkt und bei den öffentlichen Finanzen. Das Kabinett Den Uyl versuchte durch eine Kombination aus aktiver keynesianischer Fiskalpolitik und Einkommenspolitik gegen die aufkommende Massenarbeitslosigkeit vorzugehen. Arbeitsmarktpolitisch erwies sich diese Strategie als allenfalls begrenzt erfolgreich. Aus finanzpolitischer Sicht war eine deutlich gestiegene Staatsquote zu verzeichnen, welche durch gestiegene Abgaben und Kredite finanziert werden musste. Ein Blick auf international vergleichbare Daten der OECD zeigt, dass sich die Situation in den folgenden Jahren erheblich verschärfte.

In einer ersten Periode zwischen 1977 und 1982, also während der Kabinette Van Agt, war sowohl die finanzpolitische als auch die arbeitsmarktpolitische Performanz der Niederlande im internationalen Vergleich unterdurchschnittlich. Die gesamten Staatsausgaben als Anteil des Bruttoinlandproduktes stiegen im selben Zeitraum um rund zehn Prozentpunkte. Zur Finanzierung mussten die Abgaben deutlich angehoben werden. Der größte Teil des Anstiegs wurde jedoch über ein ausuferndes Defizit finanziert, das in der Rezession zu Beginn der Achtziger deutlich höher war als im Durchschnitt von vierzehn vergleichbaren parlamentarischen Demokratien. Die offene Arbeitslosigkeit stieg trotz umfangreicher Frühverrentung (Ebbinghaus 2000) weit über den internationalen Durchschnitt. Verwendet man Beschäftigungsquoten als Indikator für beschäftigungspolitischen Erfolg, so verdunkelt sich das Bild noch weiter. Diese sanken in den Niederlanden von einem weit unterdurchschnittlichen Niveau aus noch schneller als im Durchschnitt vergleichbarer Länder.

Danach setzte offenbar eine Wende ein, die bis zum heutigen Tage andauert. Seit 1983 ist es den Kabinetten Lubbers und Kok gelungen, die öffentlichen Ausgaben, die Abgaben und Defizite kontinuierlich zurückzufahren. Obschon eine solche Austeritätspolitik oftmals mit Wachstums- und

Beschäftigungsverlusten assoziiert wird, sank die Arbeitslosigkeit rascher als im internationalen Vergleich. Auch die Beschäftigungsquoten stiegen schneller als in anderen industrialisierten parlamentarischen Demokratien. Weder in der Finanzpolitik noch auf dem Arbeitsmarkt konnte der erneute konjunkturelle Einbruch zu Beginn der Neunziger diese Entwicklung dauerhaft aufhalten. Es wird oft eingewendet, dass dies zu einem Großteil auf den Anstieg der Teilzeitbeschäftigung zurückzuführen ist und dass der Anstieg gemessen in Arbeitsstunden bescheidener ausfällt (Salverda 2002). Dennoch bleibt die Tatsache, dass auf dem niederländischen Arbeitsmarkt bis zum Einsetzen der aktuellen Rezession die Nachfrage nach Arbeit in vielen Bereichen das Angebot bei weitem überstieg. Offenbar sind die Niederlande tatsächlich am Ende der Siebziger in ernste Probleme geraten. Zu Beginn der Achtziger hat dann eine Trendwende stattgefunden. Auffällig ist jedoch nicht nur die Trendwende, sondern zudem die Parallelität der Entwicklung von Finanzpolitik und Arbeitsmarkt. Dies wirft die empirischen Fragen dieser Arbeit auf:

Warum haben sich die Finanzpolitik und der Arbeitsmarkt in den Niederlanden in den Jahren 1977 bis 2002 parallel entwickelt? Hatten die finanzpolitischen Ergebnisse einen Einfluss auf den Arbeitsmarkt? Warum sind die öffentlichen Finanzen in den Niederlanden im Zeitraum zwischen 1977 und 1982 außer Kontrolle geraten, wenn es in den folgenden beiden Jahrzehnten möglich war, die Ausgaben, Abgaben und Defizite kontinuierlich zurückzuführen?

Inwiefern hat sich die Literatur mit diesen Fragen auseinandergesetzt? Es lassen sich zwei Stränge in der Literatur unterscheiden, die sich mit unterschiedlichen Aspekten der finanz- und arbeitsmarktpolitischen Entwicklung in den Niederlanden beschäftigen. Da wäre erstens die Literatur zum „holländischen Wunder", welche von der empirischen Beobachtung ausgeht, dass sich die Entwicklung am Arbeitsmarkt und bei den öffentlichen Finanzen in den letzten zwanzig Jahren positiv vom internationalen Durchschnitt abgehoben hat. Diese Forschungen zum „Poldermodell" zielen darauf ab, die Ursachen des Beschäftigungsbooms, den Umbau des Wohlfahrtsstaates und dessen soziale Auswirkungen zu beleuchten. Diese Literatur hat ein enormes Ausmaß angenommen und kann bei einer Analyse, die sich mit der Erklärung des Verhältnisses von Arbeitsmarkt und Finanzpolitik beschäftigt, daher kaum außer Acht gelassen werden. Das „Beschäftigungswunder" in den Niederlanden ist zuerst von Jelle Visser und Anton Hemerijck (Visser/ Hemerijck 1998) analysiert worden. In ihrem Buch haben die Autoren die dominierende Erklärung für den Wandel am Arbeitsmarkt und im Wohlfahrtsstaat der Niederlande geschaffen. Die darin enthaltene Erklärung (Hemerijck/ Visser 2001), welche den Ausgangspunkt für eine ganze Literatur darstellt

(Becker 2001; Becker 1998; Kleinfeld 1998), betrachtet den Korporatismus als zentrale Variable (Wolinetz 2001). Die Beschäftigungsperformanz hängt nach ihrer Ansicht davon ab, ob es diesen Akteuren gelingt, angemessene Lohnleitlinien zu formulieren und diese dann auch umzusetzen. In der Tat ist die niederländische politische Ökonomie in der Nachkriegszeit über korporatistische Verhandlungen auf einen Kurs der Lohnmäßigung eingeschwenkt, welcher einen Abbau der Arbeitslosigkeit und eine rasche Industrialisierung zur Folge hatte. Mit der Vollbeschäftigung blockierte das korporatistische Verhandlungssystem jedoch. Seit den Sechzigern wurden die korporatistischen Verhandlungen durch eine Lohnbildung abgelöst, die auf der Gewerkschaftsseite auf Nettoreallohnsteigerungen setzte, welche sie durch Preisgleitklauseln zu sichern suchte. Da ein Großteil der öffentlichen Ausgaben über Indexierungen an die Entwicklung der Löhne im privaten Sektor gekoppelt war, stiegen die öffentlichen Ausgaben und die damit verbundenen Abgaben rasch an. Insoweit es den Gewerkschaften gelang, reale Einbußen beim Nettoeinkommen zu verhindern, sank die Profitabilität der Unternehmen. Dadurch verringerten sich die Investitionen und die Arbeitslosigkeit stieg. Der Staat war ein Gefangener der Sozialpartner, deren Verhandlungsergebnisse die Finanzpolitik bestimmten (Visser/Hemerijck 1998: 134-135).

Die Trendwende am Anfang der Achtziger wurde schließlich durch das bekannte Abkommen von Wassenaar (Stichting van de Arbeid 1982) ausgelöst. Im Schatten der Hierarchie, d.h. unter Androhung staatlicher Zwangsmaßnahmen wurde der Korporatismus wiederbelebt. Gewerkschaften und Arbeitgeber einigten sich darin auf einen Tausch von Lohnmäßigung gegen Arbeitszeitverkürzungen. Die Preisgleitklauseln wurden abgeschafft. Die Regierung ging nun daran, die Staatsfinanzen in Ordnung zu bringen. Zu diesem Zwecke suspendierte sie die Indexierungen der öffentlichen Leistungen und Löhne praktisch bis zum Ende des Jahrzehnts. In den Neunzigern verschärfte die Regierung den Austeritätskurs und schnitt tief in die Erwerbsunfähigkeitsversicherung (WAO) ein. Die Gewerkschaften organisierten Massenproteste, konnten sich aber nicht durchsetzen. Der Kurs der Lohnzurückhaltung wurde dennoch fortgesetzt. Im Jahre 1993 wurde gar erneut ein Abkommen (Stichting van de Arbeid 1994) ähnlich dem von Wassenaar abgeschlossen. Seit dem Kabinett Lubbers III ist die Lohnmäßigung schließlich durch Abgabenentlastungen unterstützt worden (Hemerijck/Unger/Visser 2000: 221). Ferner hätte Sozialminister Melkert während der Regierung Kok lieber auf selektive Abgabenentlastungen für Geringverdiener gesetzt als auf eine tripartistisch organisierte Arbeitsmarktpolitik (Visser/Hemerijck 1998: 228-237). Die Autoren bieten mit ihrer Korporatismus-These eine Erklärung für den engen Zusammenhang zwischen finanzpolitischen Ergebnissen und den Entwicklungen am Arbeitsmarkt. Ferner können sie erklären, wie der Trendbruch zwischen den beiden Perioden zu Stande gekommen ist. Es stellt sich allerdings die Frage, ob der Korporatismus tatsächlich den Umbau des Wohlfahrtsstaates erklären kann. Kritische Stimmen merken hier an, dass zumindest in der Arbeitsmarktpolitik der Staat die Richtung vorgab und die Gewerkschaften und Arbeitgeber etwa der Entkorporatisierung der Sozialversicherung kaum etwas entgegensetzten (Trampusch 2000). Schließlich betonen die Autoren selbst, dass das Abkommen von Wassenaar nur unter dem „Schatten der Hierarchie" des Staates zu Stande gekommen ist. Von daher erscheint es nahe liegend, statt des Korporatismus einmal die parlamentarischen Akteure und Institutionen in das Zentrum der Analyse zu rücken.

In den Neunzigern ist ein zweiter Ansatz entstanden, der einen Beitrag zur Erklärung der finanzpolitischen Entwicklungen in den Niederlanden liefern kann. Diese Literatur versucht ‚finanzpolitische Ergebnisse unter Rückgriff auf das Allmendeproblem des öffentlichen Haushalts und die institutionelle Ausgestaltung des Haushaltsprozesses zu erklären (Roubini/ Sachs 1989a; Hallerberg/von Hagen 1999; von Hagen/Harden 1994; Volkerink 1999; Volkerink/de Haan 2001; De Haan/Moessen/Volkerink 1999; De Haan/ Sturm 1997; Borelli/Royed 1995; De Haan/Sturm 1994; von Hagen 1992; Roubini/Sachs 1989b; De Haan/Sturm/Beekhuis 1999). Die zu Grunde liegende Idee ist hier, dass öffentliche Leistungen konzentriert bei einer bestimmten Klientel anfallen, während die Kosten in Form der Besteuerung und der darüber hinausgehenden negativen Wohlfahrtseffekte weit streuen. Das bedeutet, dass öffentliche Leistungen für den Konsumenten weitaus günstiger sind als die tatsächlichen Kosten ihrer Erstellung. Die Nachfrage nach solchen Leistungen wird sich nach den Kosten des Konsumenten richten und daher höher sein, als wenn diese den vollen Preis zu entrichten hätten. Ohne Institutionen, die den Zugriff auf das Budget beschränken, nähme der Staatshaushalt bald den Charakter eines kollektiven Gutes an. Eine jede Partei wird dann in dem Maße auf die gemeinsame Ressource zurückgreifen, wie es ihrem egoistischen Interesse bzw. dem ihrer Klientel entspricht. Auch wenn sich alle finanzpolitisch relevanten Individuen und Gruppierungen darüber einig sind, dass es für alle günstiger wäre, wenn gespart würde, kämen diese Einsparungen nicht zustande, weil ein jeder hoffen könnte, dies auf andere abwälzen zu können. Der Staatshaushalt bestünde dann aus der Summe der egoistischen Forderungen einzelner Parteien und die damit verbundenen Abgaben und Kredite wären immer höher als kollektiv erwünscht. Grundsätzlich lassen sich zwei verschiedene Lösungen für das Allmendeproblem des öffentlichen Haushalts unterscheiden: erstens eine hierarchische

Organisation des Haushaltsprozesses oder zweitens finanzpolitische Vereinbarungen.

Die Forschung zu diesem Ansatz ist bislang überwiegend quantitativ angelegt (Helland 2000). Es wird zumeist versucht, den Effekt verschiedener Faktoren, wie etwa der Zahl der Akteure im Haushaltsprozess oder den Einfluss von Haushaltsinstitutionen, auf finanzpolitische Ergebnisse zu quantifizieren. In der Tat hat die Forschung in dieser Tradition substantielle Ergebnisse mit einem gewichtigen Einfluss auf die reale Welt produziert. Beispielsweise hat die schwedische Regierung als Reaktion auf die Forschungsergebnisse von Von Hagen die institutionelle Ausgestaltung ihres Haushaltsprozesses reformiert (Molander 2000).

Trotz dieser erstaunlichen Erfolge bestehen auch hier noch einige blinde Flecken und ungelöste theoretische Probleme. Zwar gibt es inzwischen auch einige qualitative Arbeiten (von Hagen/Strauch 1999; Molander 2001; Stienlet 2000), aber dennoch ist festzustellen, dass es keine einzige Fallstudie zur niederländischen Finanzpolitik der letzten 25 Jahre gibt, die Licht auf die Entwicklung der Staatsquote werfen könnte. Aus theoretischer Sicht ist dies von Bedeutung, weil die Niederlande keinen starken Premier bzw. Finanzminister aufweisen. Folgt man der Common-Pool-Literatur, dann bleibt als Lösung nur der finanzpolitische Vertrag. Es gibt allerdings auch keine Studien, die zeigen, wie Kooperation unter der Bedingung des Allmendeproblems überhaupt entstehen kann. Die Akteure müssen bei der Lösung des Allmendeproblems nämlich ein „Produktionsproblem" (Welches Niveau staatlicher Ausgaben ist kollektiv erwünscht?) und ein „Verteilungsproblem" (Wer bekommt welchen Anteil?) zu gleicher Zeit bewältigen. Dies ist keineswegs trivial, weil eine gute Lösung für das „Produktionsproblem" Kreativität, Vertrauen und Kooperation zwischen den Akteuren erfordert, während erfolgreiche Akteure in der Verteilungsdimension opportunistisch handeln müssen. In der realen Welt hängt das Verteilungsproblem mit dem Produktionsproblem dicht zusammen. Argumente über das optimale Niveau staatlicher Ausgaben können nämlich durchaus verteilungspolitische Implikationen haben. Dies kann schnell zu Misstrauen führen und die Dinge noch verkomplizieren. Mit anderen Worten, die Akteure sind Gefangene des Verhandlungsdilemmas (Scharpf 2000: 211).

Ein zweiter blinder Fleck betrifft die Frage, wie dafür gesorgt werden kann, dass finanzpolitische Vereinbarungen Bestand haben können, wo es doch in einem Gefangenendilemma stets attraktiv ist, von einer Vereinbarung abzuweichen. Diese Problematik verschärft sich dadurch, dass finanzpolitische Vereinbarungen auch dauerhaft stabil sein müssen, wenn sie wirksam sein sollen. Dies ist insbesondere vor Wahlen problematisch, weil die einzelnen Parteien dann einen Anreiz haben, ihre Klientel mit öffentlichen Leistungen zu bedienen. Meines Wissens ist die einzige Arbeit, die sich mit dieser wichtigen Frage beschäftigt, die Studie von Mark Hallerberg und Jürgen von Hagen. Sie finden, dass die Stabilität finanzpolitischer Vereinbarungen vom Parteiensystem abhängt (Hallerberg/von Hagen 1999).

Schließlich besteht auch noch Uneinigkeit, was die Effekte von Haushaltsinstitutionen und insbesondere von finanzpolitischen Vereinbarungen angeht. Der Einfluss solcher Vereinbarungen auf den Haushaltsprozess wurde bisher kaum untersucht. In seiner bahnbrechenden Studie verwendet Jürgen von Hagen Rangkorrelationen, nicht-parametrische Tests und einfache Regressionsanalysen, um den Einfluss eines „Strukturindex" und einer „langfristigen Bindung" auf die öffentliche Verschuldung und die Nettoneuverschuldung zu bestimmen. Er findet, dass der Strukturindex, der einen Indikator für die Stärke des Finanzministers umfasst, eine große Wirkung auf die finanzpolitischen Ergebnisse aufweist. Im Gegensatz dazu übt die „langfristige Bindung", welche als Indikator für einen finanzpolitischen Vertrag angesehen werden kann, keinen bedeutenden Effekt auf die Höhe der Verschuldung oder die Kreditaufnahme aus (von Hagen 1992). In einer neueren Studie für das niederländische Finanzministerium finden Hallerberg und seine Kollegen deutliche Effekte einzelner Haushaltsinstitutionen auf die Entwicklung der realen Staatsausgaben in 15 EU-Ländern. Allerdings ergibt sich aus ihren Regressionsanalysen kein signifikanter Effekt auf die Neigung zur Kreditfinanzierung (Hallerberg/Strauch/von Hagen 2001). De Haan und Sturm verwenden die Daten aus Von Hagens Studie in einer gepoolten Zeitreihenanalyse der EG-Länder zwischen 1982 und 1992. Die Schätzergebnisse weisen daraufhin, dass Haushaltsinstitutionen eine relevante Variable für die Erklärung internationaler Differenzen in der Entwicklung der Schuldenquote sind. Sie finden allerdings keinen Effekt auf die Höhe der Ausgaben. Das gleiche gilt für Faktoren wie die ideologische Ausrichtung der Regierung und die Abhängigkeit vom Weltmarkt. Leider gehen die Autoren dem Einfluss finanzpolitischer Abkommen nicht im Detail nach (De Haan/Sturm 1994). In einer späteren Studie kommen De Haan, Moessen und Volkerink zu dem Schluss, dass Haushaltsinstitutionen nur einen kleinen Effekt haben. In dieser Arbeit finden sie einen schwach signifikanten Effekt „bindender Vereinbarungen" (De Haan/Sturm/Beekhuis 1999). Insgesamt zeigt dieser Literaturüberblick, dass die geschätzten Effekte von Haushaltsinstitutionen entweder sehr klein oder überhaupt nicht nachweisbar sind. Gilt dieses Ergebnis auch, wenn man sich allein auf die finanzpolitische Entwicklung in den Niederlanden konzentriert?

Die vorliegende Arbeit verfolgt einen empirischen und einen theoretischen Zweck. Zunächst geht es darum, die oben gestellten empirischen Fragen zur Entwicklung der Finanzpolitik und des Arbeitsmarktes zu beantworten. Durch eine Sekundäranalyse ökonometrischer Studien wird erstens gezeigt, dass die Abgabenbelastung auf dem Faktor Arbeit eine zentrale Bestimmungsgröße der strukturellen Arbeitslosigkeit in den Niederlanden während der vergangenen 25 Jahre war. Zweitens wird argumentiert, dass die Entwicklung der Staatsquote und der damit notwendig verbundenen Abgaben nicht allein durch ökonomische Faktoren erklärt werden kann. Stattdessen müssen das Allmendeproblem des öffentlichen Haushaltes und die Wirkung finanzpolitischer Vereinbarungen in die Analyse einbezogen werden. Es wird gezeigt, dass der Anstieg der Staatsquote in der Periode von 1977 bis 1982 auf das Fehlen finanzpolitischer Abkommen zurückzuführen ist. Alle Regierungen nach 1982 haben hingegen finanzpolitische Vereinbarungen in ihre Koalitionsverträge eingearbeitet. Dadurch war es den Finanzministern möglich, das Allmendeproblem des öffentlichen Haushaltes unter Kontrolle zu bekommen und die Staatsquote zu senken. Dies ermöglichte eine Senkung der Kreditaufnahme und der Steuern (auf Arbeit). In dieser Schrift wird mit anderen Worten die These vertreten, dass die Präsenz (bzw. das Fehlen) von finanzpolitischen Vereinbarungen direkt für die Entwicklung der Staatsquote und indirekt für den beschäftigungspolitischen (Miß)erfolg in den Niederlanden verantwortlich ist. Dies stellt eine alternative Erklärung für das „holländische Wunder" dar, die in allen Schritten nachweisbar ist.

Der theoretische Gewinn der Arbeit besteht dementsprechend erstens darin, dass gezeigt wird, dass die Literatur zum „Holländischen Wunder" keine befriedigende Erklärung für die finanz- und beschäftigungspolitische Entwicklung in den letzten Jahrzehnten bietet. Zweitens werden Antworten auf die bislang noch vorhandenen Probleme in der Literatur zum Allmendeproblem des öffentlichen Haushalts gegeben.

In Bezug auf die Korporatismusthese ist erstens zu bemängeln, dass sie nicht begreiflich machen kann, wieso die Regierung am Ende der Siebziger den Teufelskreis aus steigenden Abgaben und Löhnen nicht einfach durch ein Aussetzen der Indexierung der Sozialleistungen gebrochen hat. Zweitens begründen die Autoren dieser Schule die Revitalisierung des Korporatismus mit dem „Schatten der Hierarchie", können aber ohne Rückgriff auf parlamentarische Akteure nicht erklären, warum erst die Regierung Lubbers bereit war, die Verbände von Arbeit und Kapital unter Druck zu setzen. Drittens kann der Korporatismus den Um- bzw. Abbau des Wohlfahrtsstaates nicht erklären, weil die Gewerkschaften sich in scharfen Protesten dagegen wendeten.

Mit Bezug auf die Literatur zum Allmendeproblem werden in der Arbeit die folgenden Thesen vertreten: Erstens ist es leichter, ein finanzpolitisches Abkommen auszuhandeln, wenn das Verteilungsproblem und das Produktionsproblem institutionell voneinander getrennt werden. Zweitens stabilisiert das niederländische Parteiensystem diese Abkommen solange, wie die Chance auf eine Regierungsteilnahme nicht primär von Stimmenanteilen, sondern von den Beziehungen der Parteien zueinander abhängig ist. Drittens wird, wie oben bereits gesagt, nachgewiesen, dass finanzpolitische Vereinbarungen einen signifikanten Einfluss auf die Entwicklung der Staatsausgaben hatten, wenn man andere Faktoren konstant hält.

Diese Argumente werden in den sieben Kapiteln des Buches dargelegt. Im ersten Kapitel wird die Entwicklung der Finanzpolitik und des Arbeitsmarktes analysiert. Mit Hilfe von Studien des Centraal Planbureau (CPB) wird gezeigt, dass die Abgaben auf Arbeit einen erheblichen Einfluss auf die Höhe der strukturellen Arbeitslosigkeit hatten. Im zweiten Kapitel wird auf der Basis des akteurzentrierten Institutionalismus ein analytischer Rahmen entwickelt, mit dem die Entwicklung der Staatsquote und der damit zwingend verbundenen Abgaben erklärt werden soll. Wichtige Determinanten sind danach neben dem Wirtschaftswachstum vor allem die Akteure und Institutionen des parlamentarischen Systems. Das dritte Kapitel untersucht das parlamentarische System der Niederlande dahingehend, inwiefern es dem Allmendeproblem Vorschub leistet. Außerdem wird geprüft, inwiefern eine hierarchische Organisation des Haushaltsprozesses bzw. ein finanzpolitischer Vertrag als Lösung für das Allmendeproblem in Frage kommen. Das vierte Kapitel beschreibt den Wandel in der wirtschaftswissenschaftlichen Sichtweise des Verhältnisses von Finanzpolitik und Arbeitsmarkt. Dabei wird betont, dass seit Mitte der Siebziger die Arbeitskosten und damit die Abgaben auf dem Faktor Arbeit als eine zentrale Ursache von Arbeitslosigkeit angesehen werden. Damit war eine Senkung der Staatsausgaben, die eine Verringerung der Steuerlast auf Arbeit nach sich zog, im kollektiven Interesse, und es war nur noch die Frage, ob sich dies auch gegen Sonderinteressen durchsetzen ließ. Das fünfte Kapitel zeigt, dass die Staatsausgaben, Abgaben und Defizite während der beiden Kabinette Van Agt aus dem Ruder liefen, weil keine geeignete finanzpolitische Vereinbarung geschlossen worden war. Im sechsten Kapitel der Arbeit wird hingegen nachgezeichnet, in welcher Weise effektive finanzpolitische Vereinbarungen dazu beigetragen haben, die staatlichen Ausgaben während der Kabinette Lubbers und Kok zu senken. Das Fazit geht auf die theoretischen Implikationen der Studie ein. Aus einem intertemporalen Vergleich werden die Schlüsse für die Theorie um das Allmendeproblem des öffentlichen Haushalts gezogen. Abschließend wird ein kurzer, historischer Abriss der Entwicklungen in der Finanzpolitik und am Arbeitsmarkt geboten, in dem die Implikationen für die Diskussion um das „holländische Wunder" hervorgehoben werden.

Kapitel I
Das Verhältnis von Finanzpolitik und Arbeitsmarkt

Das Ziel dieses Kapitels ist es zu klären, inwiefern die Finanzpolitik die Entwicklung des Arbeitsmarktes bestimmt hat. Ferner soll Grundlegendes über den Gegenstand der Arbeit vermittelt werden. Dabei wird schrittweise vorgegangen: Erst werden in den beiden ersten Abschnitten die wichtigsten Akteure und Institutionen der Finanzpolitik und des Arbeitsmarktes vorgestellt. Es zeigt sich, dass die Lohnsetzung in den Niederlanden in kollektiven Verhandlungen erfolgt. Danach werden im dritten Abschnitt die Wechselwirkungen zwischen Finanzpolitik und Arbeitsmarkt theoretisch untersucht. In einem sich daran anschließenden empirischen vierten Teil wird gezeigt, dass sowohl die finanzpolitische als auch die beschäftigungspolitische Performanz am Ende der Siebziger in den Niederlanden im internationalen Vergleich außerordentlich schlecht war. Im Gegensatz dazu standen die Finanzpolitik und der Arbeitsmarkt seit Anfang der Achtziger beständig überdurchschnittlich gut da. Dies führt zur entscheidenden Frage des Kapitels, welche im fünften Abschnitt beantwortet wird: Gibt es eine Wirkung der Finanzpolitik auf den Arbeitsmarkt oder ist die Gleichläufigkeit nur eine Folge der wirtschaftlichen Umstände? Um diese Frage zu klären, wird auf Untersuchungen des Centraal Planbureau zurückgegriffen. Das zu Grunde liegende Simulationsmodell berücksichtigt die oben erwähnten Eigenschaften des niederländischen Arbeitsmarktes und der Finanzpolitik. Es zeigt sich, dass von den finanzpolitischen Ergebnissen, vor allem von der Steuerlast auf Arbeit, bedeutende Effekte auf den Arbeitsmarkt ausgingen, die es rechtfertigen, die Finanzpolitik als eine Schlüsselvariable bei der Erklärung der niederländischen Finanzpolitik aufzufassen. Doch zunächst zu den öffentlichen Finanzen.

1. Die Öffentlichen Finanzen in den Niederlanden

In diesem Abschnitt geht es darum, die öffentlichen Finanzen in den Niederlanden darzustellen. Zuerst geht es um die Ausgabenseite und danach um die Einnahmen. Die Ausgaben werden in den Niederlanden wie in den meisten anderen Ländern auch von verschiedenen Gebietskörperschaften und der Sozialversicherung getätigt. Der Einfluss der niederländischen Regierung auf die öffentlichen Finanzen bezieht sich in erster Linie auf den Reichshaushalt.

In der Praxis hat die Regierung allerdings auch einen starken Einfluss auf die Finanzentwicklung der Sozialversicherung und der Kommunen. Dementsprechend muss sie in der sogenannten Miljoenennota und anderen Publikationen über die Finanzlage dieser Ebenen Bericht erstatten und sich dafür vor dem Parlament und der Öffentlichkeit verantworten.

Im Folgenden soll auf die Bereiche des Reichshaushaltes und der Sozialversicherung näher eingegangen werden. Der Reichshaushalt besteht aus den Haushalten der einzelnen Ministerien, die von diesen im Prinzip in eigener Verantwortung, aber unter Mitarbeit des Finanzministeriums aufgestellt werden müssen. Außerdem bestehen quantitativ bedeutende Fonds. Am Ende der parlamentarischen Behandlung werden die Haushalte als einzelne Gesetze verabschiedet. Der Bildungshaushalt ist heute auf Grund der hohen Zahl an Beschäftigten der größte Haushalt. In den siebziger Jahren waren die Gehälter im öffentlichen Dienst an die Lohnentwicklung im privaten Sektor gekoppelt. Dies war kostentreibend, weil die Arbeitsproduktivität im öffentlichen Sektor langsamer wächst als im privaten Sektor. Der zweitgrößte Haushalt ist jener für Soziales. Danach folgt bereits der Schuldendienst. Sieht man einmal von den sich beständig wandelnden Fonds ab, dann sind die Bereiche Verteidigung, Verkehr und das Außenministerium quantitativ ebenfalls bedeutend. Sie werden daher bei Einsparungen regelmäßig betroffen sein. Das Finanzministerium und das Ministerium für Allgemeine Angelegenheiten verfügen hingegen über nur geringe eigene Haushalte.

Die Sozialversicherung hat ebenfalls eine sehr hohe quantitative Bedeutung. Ihre Kostenentwicklung hängt einerseits von der Zahl der Leistungsempfänger (Volumenkomponente) und andererseits von der Höhe der Leistung (Preiskomponente) ab. Die zentrale Bezugsgröße für die Sozialversicherung war und ist das Soziale Mindesteinkommen, welches für Verheiratete ohne Kinder dem Mindestlohn entspricht (Pioch 2000: 92-93). Damit wurde die Preiskomponente der Sozialversicherung zu einem Gutteil von der Lohnentwicklung geprägt.

Die Sozialversicherung in den Niederlanden (LISV (Landelijk Instituut Sociale Verzekeringen) 1998) gliedert sich grundsätzlich in die Bereiche der Volksversicherungen und der Arbeiterversicherungen. Erstere bieten der gesamten Wohnbevölkerung eine Grundsicherung gegen die wichtigsten sozialen Risiken. Die wichtigste Volksversicherung ist die 1957 eingeführte Allgemeine Altersversicherung. Das Allgemeine Witwen- und Waisengesetz ist 1959 eingeführt worden und 1996 durch das Allgemeine Hinterbliebenengesetz ersetzt worden. Bereits im Jahre 1963 wurde das Allgemeine Kindergeld eingeführt und vier Jahre später die Allgemeine Sicherung gegen besondere Krankheitskosten (AWBZ). Diese Versicherung trägt vor allem die Kosten stationärer Krankenhausaufenthalte und die Kosten von Pflegeheimen. Den Abschluss dieser raschen Wachstumsphase markierte die Einführung der Allgemeinen Erwerbsunfähigkeitsrente (AAW) im Jahre 1976. Das Programm bot der gesamten Wohnbevölkerung der Niederlande Schutz gegen den Einkommensverlust bei Erwerbsunfähigkeit, gleich, ob diese auf einen Arbeitsunfall zurückzuführen war oder nicht. Das AAW wurde 1998 abgeschafft. Stattdessen wurden zwei selektive Systeme, namentlich das Erwerbsunfähigkeitsgesetz für die Selbständigen (WAZ) und das für die früh Behinderten (WAJONG) geschaffen. Die Volksversicherungen finanzierten sich zum größten Teil über Beiträge. Daneben bestand bis zu Beginn der Achtziger oft ein substanzieller Reichsbeitrag. Das AKW wurde früher überwiegend durch Arbeitgeberbeiträge finanziert, seit 1989 werden die Kosten jedoch durch den Reichshaushalt getragen (Bieber/Henzel 1999; Pöhler 1997; Euregio 1992).

Den anderen Teil der niederländischen Sozialversicherung machen die Arbeiterversicherungen aus, die die Arbeiter im privaten Sektor gegen das Risiko des Einkommensausfalls bei Arbeitslosigkeit, Krankheit und Invalidität schützen. Zu den Arbeiterversicherungen zählen im Einzelnen die im Jahre 1949 eingeführte Arbeitslosenversicherung (WW), das bereits 1930 eingeführte Krankengeld (ZW) und die Krankenversicherung nach dem Krankenversicherungsgesetz (ZfW) aus dem Jahr 1964. Schließlich gehört auch die bekannte Erwerbsunfähigkeitsversicherung der Arbeiter (WAO) zu dieser Gruppe. Das Programm ist bereits kurz nach seiner Einführung schneller expandiert als erwartet. Der Grund dafür bestand darin, dass dieses Programm oftmals als Vorruhestandsprogramm missbraucht wurde. Die Gründe dafür waren vielfältig: Der strikte Kündigungsschutz führte dazu, dass es attraktiv sein konnte, einem (älteren) Arbeiter, welcher entlassen werden sollte, ein Jahr Krankengeld (ZW) zu zahlen. Danach konnte dieser eine Erwerbsunfähigkeitsversicherung (WAO) beantragen. Die Kriterien für die Gewährung waren wenig restriktiv, überdies wurde in der Praxis „konkrete Betrachtungsweise" angewandt (Aarts/De Jong 1992). Schließlich war die Verwaltung dieses Programms in den Händen der sogenannten Sozialpartner, die beide ein Interesse an konfliktfreien Entlassungen hatten. Die Leistungssätze in den drei Systemen waren gleich, aber die Erwerbsunfähigkeitsrente konnte bis zur Altersrente bezogen werden. Auch in den Achtzigern, als das Leistungsniveau sank, blieb die Erwerbsunfähigkeitsrente oft genutzter Ausweg aus dem Arbeitsmarkt (Oorschot 1998). Aus der Sicht der Finanzpolitik stellen die Sozialversicherungen vor allem unbeschränkte Ausgabenbewilligungen dar. Diese zeichnen sich dadurch aus, dass die öffentliche Leistung immer dann erfolgt, wenn der Antragsteller bestimmte Kriterien erfüllt. Diese unbeschränkten Ausgabenbewilligungen werden nicht wie andere Leistungen für die Dauer eines Haushaltsjahres, sondern unbefristet bewilligt. Die Ausgaben solcher Programme gelten als schwer beherrschbar und erfordern deshalb oft mehr und mehr Einnahmen.

Den öffentlichen Ausgaben stehen die Einnahmen stets als Spiegelbild gegenüber. Die Einnahmen setzen sich überwiegend aus der Abgabenlast und der Finanzierungslücke zusammen. Die Definition der Abgabenlast hat sich im Einzelnen zwar immer wieder verschoben, grundsätzlich handelt es sich aber um die Summe aus Steuern, Sozialversicherungsbeiträgen und Nicht-Steuermitteln als Anteil des Volkseinkommens. Im Zuge der EWU wird seit Mitte der Neunziger das Bruttoinlandprodukt als Nenner verwendet. Die wichtigsten Steuern sind in dieser Reihenfolge die Einkommensteuer, die Mehrwertsteuer und mit einigem Abstand die Körperschaftsteuer. Es bestehen daneben eine ganze Reihe von spezifischen Verbrauchsteuern. Die Beiträge zu den verschiedenen Zweigen der Sozialversicherung sind beinahe ebenso wichtig wie die Steuern. Eine Besonderheit der öffentlichen Finanzen in den Niederlanden stellen die Nicht-Steuermittel aus dem Erdgasgeschäft dar. Nach der Entdeckung eines der größten Erdgasvorkommen der Welt in der Nähe des Dorfes Slochteren Ende der Fünfziger hatten sie zunächst nur eine sehr beschränkte Bedeutung für den Staatshaushalt. Die Erdgaseinnahmen gewannen in der ersten Ölkrise jedoch eine erhebliche quantitative Bedeutung (OECD 1987: 24; Lubbers/Lemckert 1980). Von den Erdgaseinnahmen ging für die Politik die Verlockung aus, öffentliche Leistungen bieten zu können, ohne Steuern zur Finanzierung erheben zu müssen. Insofern die Einnahmen aus dem Gasexport kamen, ging von diesen praktisch keine Belastung für Bürger und Unternehmen aus. Dem wurde schließlich dadurch Rechnung getragen, dass die Einnahmen aus dem Erdgasexport bei der Berechnung der Abgabenlast außer Acht gelassen wurden. Das Problem bei diesen Einnahmen bestand darin, dass die Haushaltslage in den Niederlanden damit noch abhängiger von den volatilen Energiepreisen wurde als in anderen Ländern.

Schließlich können Ausgaben auch defizitär z.B. durch Kreditaufnahme bei Geschäftsbanken oder bei der niederländischen Zentralbank (De Nederlandsche Bank) finanziert werden. In Holland wurde bis zur Einführung des EWU-Defizitkriteriums Mitte der Neunziger das Konzept der sogenannten Finanzierungslücke (financieringstekort) verwendet. Dabei handelt es sich um das Defizit abzüglich der Tilgungszahlungen für die Staatsschuld und einiger weiterer Posten, die aus monetärer Sicht unbedeutend sind. Der folgende Abschnitt stellt die wichtigsten Akteure und Institutionen des niederländischen Arbeitsmarktes vor.

2. Arbeitsmarkt und Industrielle Beziehungen in den Niederlanden

Die gewerkschaftliche Organisation in den Niederlanden war für ein korporatistisches Land immer relativ bescheiden. In den Siebzigern lag diese nur zwischen 30 und 40 Prozent. Die zwei größten gewerkschaftlichen Dachverbände waren Anfang der Siebziger noch durch religiöse Differenzen gespalten. Im Zuge der Entsäulung bildete sich 1976 der Niederländische Gewerkschaftsbund (Federatie Nederlandse Vakbeweging) aus katholischen und sozialistischen Teilen der Gewerkschaftsbewegung. Daneben bestand lange Zeit der Christlich-Nationale Gewerkschaftsbund (Christelijk-Nationaal-Vakverbond), der die protestantischen Arbeiter vertrat. Der Organisationsgrad der Arbeitgeber beträgt über 60 Prozent. Es bestehen drei große Arbeitgeberverbände. Die beiden wichtigsten sind der Niederländische Unternehmerverband (VNO-Vereniging van Nederlandse Ondernemigingen) und der Christliche Arbeitgeberverband (NCW-Nederlands Christelijk Werkgeversbond).

Nach dem Zweiten Weltkrieg erstarkte der Korporatismus in den Niederlanden. Dies spiegelte sich unter anderem darin, dass 1950 der Sozial-Ökonomische Rat (SER-Sociaal Economische Raad) eingerichtet wurde, welcher in der Folge zu den wichtigen unter den zahlreichen Beratungsgremien der Regierung avancierte. Das Gremium ist tripartistisch mit Vertretern der Gewerkschaften, der Arbeitgeber und Vertretern der Krone besetzt. Letztere sind neben dem Chef des Centraal Planbureau (CPB) und dem Zentralbankpräsidenten auch ehemalige Politiker. Seit den achtziger Jahren machte der SER dadurch von sich reden, dass er genutzt wurde, um Entscheidungen zu verschleppen (Kleinfeld 2001: 293-301).

Auch die Lohnbildung war nach dem Kriege durch korporatistische Verhandlungen unter Beteiligung des Staates gekennzeichnet. Zu diesem Zwecke wurde die Stiftung der Arbeit gegründet, die bipartistisch mit Vertretern der Gewerkschaften und der Arbeitgeberverbände besetzt ist. Bis Anfang der Sechziger legten die Verbände nach Verhandlungen mit Vertretern der Regierung allgemeine Lohnrichtlinien fest, die recht moderat waren, um die Arbeitslosigkeit zurückzudrängen und die Industrialisierung der Niederlande zu fördern. Im langandauernden Boom der sechziger Jahre kam schließlich Vollbeschäftigung zu Stande, was dazu führte, dass die Lohnleitlinien unterlaufen wurden. Als Konsequenz erodierte das System mehr und mehr (De Wolff/Driehuis 1980: 39-45).

Traditionell sind die Niederlande eine Handelsnation. Die späte, aber rasche Industrialisierung nahm durch die Entdeckung der großen Erdgasvorkommen eine spezifische Richtung. Entsprechend der Theorie der komparativen Vorteile entstanden Unternehmen mit hohem Energiebedarf und eine kapitalintensive erdgasverarbeitende Industrie, welche zwar einen steigenden Beitrag zum Wirtschaftsprodukt leistete, aber dennoch nur einen geringen Anteil der Erwerbsbevölkerung beschäftigte. Die vergleichsweise moderate Entwicklung der Lohnstückkosten in den Niederlanden wurde somit durch die erdgasverarbeitende Industrie geschönt (OECD 1978a: 35). Ein substanzieller Teil des Erdgasgeschäfts kam überdies dem öffentlichen Sektor zugute, der das Geld nutzen konnte, um die öffentliche Beschäftigung auszubauen und den wachsenden Wohlfahrtsstaat zu finanzieren. Dies war wiederum kaum geeignet, um den allgemeinen Preisauftrieb in der Volkswirtschaft zu dämpfen. Mitte der sechziger Jahre wurden erstmals Preisgleitklauseln Teil eines Tarifvertrages. In der Folge wurden sie auch in anderen Betrieben und Branchen aufgenommen, bis sie praktisch alle Beschäftigten abdeckten (Flanagan/Soskice/Ulman 1983: 131-132). Die gewerkschaftlichen Forderungen bei den Lohnverhandlungen orientierten sich schließlich an den realen Nettolöhnen. Anfang der Siebziger war die sogenannte „Verhandlungsökonomie" (overlegeconomie) blockiert. Sie war praktisch durch ein Netz von Automatismen ersetzt worden, die die Finanzpolitik und den Arbeitsmarkt eng miteinander verzahnten. Steigende Löhne zogen höhere Sozialversicherungsleistungen und höhere Gehälter im öffentlichen Dienst nach sich. Dies führte zu einer höheren Abgabenlast, die wiederum entweder die Nettolöhne drückte oder die Arbeitskosten erhöhte. Dieser Zusammenhang zwischen Finanzpolitik und Arbeitsmarkt wird im folgenden Abschnitt näher untersucht.

3. Wechselwirkungen von Finanzpolitik und Arbeitsmarkt

Wie sah das Verhältnis von Arbeitsmarkt und Finanzpolitik in den Niederlanden in der Periode von 1977 bis zum heutigen Tage aus? Die Beziehung von Finanzpolitik und Arbeitsmarkt ist wechselseitig. Einerseits wirken Entwicklungen am Arbeitsmarkt auf die Einnahmen- und die Ausgabenseite des Staatshaushalts ein. Ein Zuwachs an Beschäftigung und steigende Löhne verbreitern bzw. verstärken die Basis für die wichtigsten Abgaben. Auf der Einnahmenseite betrifft dies sowohl die direkten Abgaben wie die Einkommensteuer und die Sozialversicherungsbeiträge als auch die Verbrauchsteuern (inkl. Mehrwertsteuer). Ausgabenseitig verringern sie die Aufwendungen für die Arbeitslosigkeit. Es ist keinesfalls unbeachtlich, dass der letztgenannte Effekt verschwindet, sobald Vollbeschäftigung herrscht. Umgekehrt führt natürlich eine steigende Arbeitslosigkeit im Staatshaushalt zu einem Ausfall von Einnahmen und zu Mehraufwendungen für die Arbeitslosen.

Andererseits gehen von der Finanzpolitik auch Wirkungen auf den Arbeitsmarkt aus. Diese können aus der Sicht von zwei großen volkswirtschaftlichen Theorieschulen beschrieben werden, die jeweils unterschiedliche Aspekte hervorheben. Die Grundlagen Keynesianischer Theorie wurden unter den Bedingungen der Weltwirtschaftskrise und der damit einhergehenden Massenarbeitslosigkeit bei fallenden Reallöhnen geschaffen. Diese Theorie hebt bei der Erklärung von Arbeitslosigkeit vor allem auf die Nachfrageseite der Volkswirtschaft ab. Keynesianer sehen die sogenannte effektive Nachfrage, welche aus der Nachfrage nach Konsum- und Investitionsgütern besteht, als zentrale Determinante der Beschäftigung an. Bestimmte Entwicklungen am Geld- und Kapitalmarkt (Investitions- und Liquiditätsfalle) können dazu führen, dass die effektive Nachfrage in einer Volkswirtschaft auf einem Niveau verharrt, das nicht mit Vollbeschäftigung vereinbar ist. Die Produktionskapazität der Volkswirtschaft ist dann nicht ausgelastet. Es entsteht sogenannte „unfreiwillige Arbeitslosigkeit". Auch eine Senkung der Arbeitskosten bringt keine Abhilfe, weil die Unternehmen nicht mehr Arbeiter beschäftigen werden, als sie für die Produktion der Menge an Gütern brauchen, welche sie erwartungsgemäß absetzen können. Eine jede zusätzliche Arbeitskraft zöge lediglich höhere Produktionskosten nach sich und wäre damit verlustbringend (Kromphardt 1998: 66-72). Den Schlüssel zur Lösung des Problems hält der Staat in der Hand, der nun fiskalpolitisch intervenieren muss. Am einfachsten kann die Nachfragelücke durch ein Haushaltsdefizit geschlossen werden, welches die überschüssige Ersparnis aufnimmt. So wird zusätzliche öffentliche Nachfrage generiert und die Volkswirtschaft kehrt wieder in einen Zustand der Vollbeschäftigung zurück. Dem sogenannten Haavelmo-Theorem zufolge kann der Staat dies auch durch eine Anhebung steuerfinanzierter Ausgaben erreichen. Der Grund dafür besteht darin, dass die staatlichen Einnahmen nicht gespart, sondern zur Gänze verausgabt werden (Felderer/Homburg 1989: 97-189).

Spätestens seit Beginn der achtziger Jahre wandte sich sowohl die finanzpolitische Praxis als auch die akademische Volkswirtschaftslehre zunehmend vom Keynesianismus ab und griff stattdessen auf die neoklassische Theorie zurück. Diese ist im Gegensatz zum Keynesianismus mikroökonomisch orientiert. Die Beschäftigung stellt in dieser Theorieschule allenfalls ein Erklärungsziel unter mehreren dar, wobei stets auf die Angebotsseite der Volkswirtschaft abgehoben wird. Arbeitslosigkeit ist aus dieser Sicht zumeist die Folge zu hoher realer Arbeitskosten. Die Volkswirtschaft wird als ein sich selbst stabilisierendes System angesehen, aktive staatliche Intervention hat daher nur negative Rückwirkungen auf die Wirtschaftsaktivität und die Beschäftigung. Eine direkte beschäftigungsschädliche Wirkung geht von der Abgabenlast auf dem Faktor Arbeit aus, welcher sich wie ein Keil zwischen die real verfügbaren Nettoeinkommen und die beim Arbeitgeber anfallenden Arbeitskosten schiebt. Die Abgabenlast auf dem Faktor Arbeit besteht in erster Linie aus den direkten Steuern, wie etwa der Einkommensteuer und den Sozialversicherungsbeiträgen der Arbeitnehmer und der Arbeitgeber. Hinzu kommen die indirekten Steuern, welche zum größten Teil auf die Arbeitseinkommen entfallen. Hierzu zählt natürlich in erster Linie die Mehrwertsteuer aber auch andere Verbrauchsteuern entfallen überwiegend auf den Faktor Arbeit. In der Literatur über die Beschäftigungswirkung von Abgaben wird zwar manchmal vermutet, dass einige Verbrauchsteuern weniger beschäftigungsfeindlich wirken als etwa direkte Steuern, weshalb die Europäische Kommission eine Veränderung der Finanzierungsstruktur vorgeschlagen hat (Europäische Kommission 1994). Andere Ökonomen sind diesbezüglich jedoch skeptischer (Bovenberg/van der Ploeg 1998; Bovenberg/van der Ploeg 1994; Bovenberg/de Mooij 1994). Einigkeit besteht dahingehend, dass die Effekte einer solchen Umverteilung allenfalls gering sind. In den Niederlanden ist diese Strategie zeitweise verfolgt worden. Dort wo dies geschehen ist, wird dies in der Fallstudie gegebenenfalls angemerkt werden. Zu den genannten Belastungen kommen noch einige Nicht-Steuermittel, wie z.B. die Erdgaseinnahmen, die dem Staat zusätzliche Einnahmen bieten.

Wie wirken sich Abgaben auf dem Arbeitsmarkt aus? Geht man der Einfachheit halber von einem perfekten Partialmarkt für Arbeit aus, dann ergibt sich bei einer Abgabenerhöhung auf Arbeit im Normalfall die folgende Situation: Die höheren Abgaben verringern zum Teil das Nettoeinkommen und bewirken außerdem teilweise eine Erhöhung der Arbeitskosten. Insofern sich die Abgaben einkommensmindernd auswirken, werden sie das Arbeitsangebot verringern. Erhöhen sie hingegen die Arbeitskosten, dann wird die Arbeitsnachfrage reduziert. In der Realität wird man zumeist davon ausgehen können, dass das Arbeitsangebot auf längere Sicht eher unelastisch ist, d.h. die Nettoeinkommen werden in diesem Fall sinken, ohne dass das Arbeitsangebot in bedeutendem Umfang sinkt (Homburg 1997; Musgrave/ Musgrave/ Kullmer 1985). In der Wirklichkeit müssen vor allem zwei Abweichungen von diesem einfachen Modell berücksichtigt werden. Erstens gibt es auch in den Niederlanden Mindestlöhne. Diese bilden eine Untergrenze, unter die die Nettolöhne nicht sinken können. Abgabenerhöhungen im Bereich niedriger Arbeitseinkommen werden sich daher in einer Erhöhung der Arbeitseinkommen niederschlagen und zu einer sinkenden Nachfrage wenig produktiver Arbeit führen (Jerger/Spermann 1999; Scharpf 1997). Die Beschäftigungseffekte werden bei den Geringentlohnten daher höher ausfallen als in anderen Bereichen. Arbeitslosigkeit entsteht, wenn die Arbeiter oberhalb des Mindestlohnes Arbeit anbieten, welche dann durch die Unternehmen wegen der zu hohen Arbeitskosten (inkl. Abgaben) nicht nachgefragt wird. Die zweite Abweichung vom Modell betrifft den Großteil der Beschäftigten in den Niederlanden, deren Löhne in kollektiven Verhandlungen zwischen Gewerkschaften und Arbeitgeberverbänden gesetzt werden. Wenn die Gewerkschaften nicht bereit sind, die steigenden Abgaben bei den Lohnverhandlungen durch geringere Zuwächse bei den Nettolöhnen zu kompensieren, dann werden die Arbeitskosten steigen. Die Unternehmen werden dann weniger Arbeit nachfragen und gegebenenfalls Entlassungen vornehmen. Neben diesem direkten Einfluss auf die Arbeitskosten vermuten neoklassisch orientierte Ökonomen oftmals, dass die vom Staat zur Finanzierung seiner Ausgaben am Kapitalmarkt aufgenommenen Kredite einen zu großen Anteil der volkswirtschaftlichen Ersparnis einnehmen. Dadurch steigen die Zinsen, wodurch Investitionen der privaten Unternehmen unterbleiben und somit Arbeitsplätze in der Zukunft gefährdet werden (crowding-out).

Welche Schlüsse lassen sich aus dieser Analyse des Verhältnisses von Finanzpolitik und Arbeitsmarkt ziehen? Es gibt einen offensichtlichen Einfluss von Seiten des Arbeitsmarktes auf finanzpolitische Ergebnisse. Die Effekte, welche von der Finanzpolitik auf den Arbeitsmarkt ausgehen, werden von den Theorieschulen innerhalb der Volkswirtschaftslehre unterschiedlich beurteilt. Die Keynesianer sehen die Staatsintervention als notwendig an, um Arbeitslosigkeit zu vermeiden. Temporäre Erhöhungen der Staatsausgaben und Defizite können in dieser Perspektive positive Auswirkungen auf die Beschäftigung haben. Die realen Arbeitskosten spielen in der Keynesianischen Theorie keine große Rolle. Damit haben die Empfehlungen dieser Theorie an die politische Praxis einen ganz anderen Charakter als die der Neoklassiker. Diese seit den späten Siebzigern einflussreiche Schule steht der Staatsintervention kritisch gegenüber. Erhöhungen der Staatsausgaben ziehen diesen Ökonomen zufolge Abgaben nach sich, die die realen Arbeitskosten erhöhen. Diese führen dann zu einer sinkenden Arbeitsnachfrage und schließlich zur Arbeitslosigkeit. Der Effekt wird insbesondere im Niedriglohnbereich zu spüren sein. Auch die Defizite werden von den Neoklassikern kritisch gesehen, weil sie ein crowding-out nach sich ziehen können. Obschon die aus den Theorieschulen für die Beschäftigungspolitik abzuleitenden Handlungsempfehlungen recht unterschiedlich sind, legen sie einen Blick auf die gleichen finanz- und arbeitsmarktpolitischen Kennziffern nahe. Dies sind auf der Seite der Finanzpolitik die Staatsausgaben und die Abgaben. Als Differenz dieser beiden Größen ergibt sich das Defizit bzw. ein Haushaltsüberschuss. Auf der Seite des Arbeitsmarktes kommt es auf das Arbeitsangebot und die Arbeitsnachfrage an. Aus diesen beiden Größen resultiert die Arbeitslosigkeit. Im folgenden Abschnitt werden die niederländische Finanzpolitik und der dortige Arbeitsmarkt seit 1977 mit den Entwicklungen in 14 parlamentarischen Demokratien verglichen.

4. Finanzpolitik und Arbeitsmarkt in Zahlen

In diesem Abschnitt werden international vergleichbare Kennziffern zur niederländischen Finanzpolitik und zum Arbeitsmarkt präsentiert. Begonnen wird mit Indikatoren zu den finanzpolitischen Ergebnissen, namentlich zu den Ausgaben, laufenden Einnahmen und Defiziten. Danach werden Beschäftigungsquoten und Arbeitslosenraten vorgestellt. Vorab muss jedoch klargestellt werden, dass der internationale Vergleich hier lediglich als Maßstab verwendet wird, um besondere Entwicklungen in den Niederlanden zu identifizieren, bei denen der intertemporale Vergleich nicht hinreichend ist. In dieser Arbeit soll jedoch nicht versucht werden, die Lage der Niederlande im internationalen Vergleich zu erklären, weil dies eine viel umfangreichere Studie erfordern würde. Als Vergleichsmaßstab wurden 14 industrialisierte parlamentarische Demokratien herangezogen. Im Einzelnen handelt es sich um Australien, Belgien, Dänemark, Deutschland, Großbritannien, Irland, Italien, Japan, Kanada, Neuseeland, Niederlande, Norwegen, Österreich und Schweden. Frankreich, Finnland und die Schweiz sind nicht aufgenommen worden, weil bei ihnen die Abgrenzung zu nicht-parlamentarischen Formen der Demokratie problematisch ist (Lijphart 1999: 121-122). Im Falle der Schweiz kann schließlich gar nicht mehr von einer parlamentarischen Demokratie gesprochen werden.

In Abbildung 1 im Anhang sind für die Niederlande und für den Durchschnitt der 14 industrialisierten parlamentarischen Demokratien die Staatsquote und die Abgabenlast in international vergleichbarer Definition abgetragen. Die Staatsquote in der hier verwendeten international vergleichbaren Abgrenzung ist definiert als Anteil der gesamten Staatsausgaben am Bruttoinlandprodukt. Die Abgabenlast umfasst sowohl die laufenden Einnahmen als auch die Nicht-Steuermittel. Diese Abgrenzung ist recht breit und umfasst damit auch Abgaben, die Kapital belasten. Dieser Nachteil wird hier in Kauf genommen, weil andere Quellen mit restriktiveren Abgrenzungen den Nachteil aufweisen, dass sie die Nicht-Steuermittel nicht erfassen, welche in den

Niederlanden bedeutend sind. Damit fielen die Erdgaseinnahmen unter den Tisch. Die Differenz zwischen der Staatsquote und der Abgabenlast ist das Defizit bzw. der Überschuss in dem jeweiligen Jahr. Der Untersuchungszeitraum ist nicht nur nach Jahren, sondern auch nach den jeweiligen Kabinettsperioden gegliedert. Welche Schlüsse lassen sich aus der Grafik ziehen?

Im Jahre 1977 lag die Staatsquote in den Niederlanden etwas höher als in den anderen parlamentarischen Demokratien, jedoch war das Defizit kaum beachtlich. Während der beiden Kabinette Van Agt war in den Niederlanden ein im internationalen Vergleich herausstechender Anstieg der Staatsquote um 7,7 bzw. 2,2 Prozentpunkte festzustellen. Auch die Abgabenlast stieg stärker als in den anderen parlamentarischen Demokratien, jedoch weniger als die Ausgaben. Das Ergebnis war, dass das Defizit in den Niederlanden über sieben Prozent des BIP erreichte.

Während des Kabinetts Lubbers I stieg die Abgabenlast zunächst noch an, während die Staatsquote bereits sank. Während international die Ausgaben stabil blieben und die Abgaben zur Verringerung des Defizits angehoben wurden, gelang dem ersten Kabinett Lubbers vor allem bis 1985 eine ausgabenseitige Konsolidierung. Die Staatsquote sank bis 1986 um 3,1 Prozentpunkte. Die Abgabenlast blieb zunächst recht stabil und sank erst 1986, was das Defizit wieder etwas vergrößerte.

Auch während des Kabinetts Lubbers II sanken die Ausgaben in den Niederlanden mit 2,6 Prozentpunkten stärker als im Durchschnitt der übrigen parlamentarischen Demokratien. Auffällig sind jedoch der zwischenzeitliche Anstieg im Jahre 1987 und das Wiederansteigen im Jahre 1990.

Das Kabinett Lubbers III fällt im internationalen Vergleich dadurch auf, dass die Ausgaben während der Rezession Anfang der Neunziger im Gegensatz zum Durchschnitt der anderen 14 parlamentarischen Demokratien nicht stiegen, sondern stabil blieben und schließlich nach dem Ende der wirtschaftlichen Schwächeperiode im Jahre 1994 ihren Sinkflug fortsetzten. Am Ende der Legislaturperiode lag die Staatsquote 1,8 Prozentpunkte tiefer als zuvor. Zu beachten ist jedoch, dass die Abgaben im Jahre 1991 offenbar deutlich angehoben wurden, um das Defizit in die Schranken zu weisen. Schließlich fielen die Abgaben aber ungefähr auf ihr Ausgangsniveau zurück.

Mit Beginn des ersten Kabinetts Kok entwickelten sich die finanzpolitischen Kennziffern in etwa im internationalen Trend. Die Staatsquote sank um 4,3 Prozentpunkte, was fast ausschließlich der Verringerung des Defizits zugute kam, weil die Abgaben nur geringfügig sanken. Zu Beginn des Kabinetts Kok II überstieg die Abgabenlast erstmals im Untersuchungszeitraum die Staatsquote. Es resultierte ein Überschuss, der allerdings durch die Abgabensenkung des Jahres 2001 deutlich reduziert wurde und sich in der aktuellen Rezession wiederum in ein Defizit verwandelt hat. Die Staatsquote fiel um 1,5 Prozentpunkte. Das Niveau der Staatsquote und der Abgaben lag am Ende des Untersuchungszeitraumes geringfügig unter dem internationalen Durchschnitt und deutlich niedriger als 1977. Warum hatten die Niederlande während der Kabinette Van Agt einen derartigen Anstieg der Staatsquote und der zu ihrer Finanzierung notwendigen Abgaben und Defizite zu verzeichnen? Warum gelang es den Kabinetten Lubbers und Kok, dies durch einen kontinuierlichen Austeritätskurs wieder wettzumachen?

Wie entwickelte sich der Arbeitsmarkt in den Niederlanden aus international vergleichender und historischer Perspektive? Die international vergleichbaren Daten der Tabelle A1 im Anhang werden hier zur Messung des beschäftigungspolitischen Erfolges genutzt. Die Tabelle umfasst sowohl Beschäftigungsquoten als auch Arbeitslosenquoten, weil erstere den Vorteil haben, dass sie nicht durch Frühverrentungsprogramme und ähnliches beeinflusst sind. Andererseits stellt offene Arbeitslosigkeit aus sozialer Perspektive das größere Problem dar, so dass die Arbeitslosenquote ebenfalls aufgenommen wurde.

Ein Vergleich der Beschäftigungsquoten zeigt, dass diese in den Niederlanden während des gesamten Untersuchungszeitraumes geringer sind als im Durchschnitt der 14 parlamentarischen Demokratien. Nach einer schwachen Performanz am Ende der Siebziger brach die Beschäftigung in den Niederlanden während der zweiten Ölkrise auch tiefer ein als in den meisten anderen Ländern. Nach der Mitte der Achtziger veränderten sich jedoch die Vorzeichen. Fortan stieg die Beschäftigungsquote in den Niederlanden weitaus schneller als im Durchschnitt der hier untersuchten Demokratien. Bereits Anfang der Neunziger übertraf die Beschäftigungsquote das Niveau von 1977.

Auch nach dem massiven Aufholprozess liegt die Beschäftigungsquote noch etwa vier Prozentpunkte unter dem Durchschnitt der 14 parlamentarischen Demokratien. Bei der Arbeitslosenquote ergibt sich ein ähnliches Bild. Die offene Arbeitslosigkeit wurde Ende der Siebziger noch von den Frühverrentungsprogrammen aufgefangen. Dieser Effekt drückte die offene Arbeitslosigkeit unter den internationalen Durchschnitt. Nach einem weit überdurchschnittlichen Anstieg war die Rückführung der Arbeitslosenquote nicht minder spektakulär. Beachtlich ist zudem, dass am Ende des Untersuchungszeitraumes Vollbeschäftigung herrschte. Zusammenfassend lässt sich sagen, dass die Niederlande bis etwa Mitte der Achtziger eine im internationalen Vergleich schlechte Arbeitsmarktperformanz aufwiesen und sich danach beständig verbessert haben. Dieses Muster ähnelt dem in der Finanzpolitik. Da die Beziehung zwischen Finanzpolitik und Arbeitsmarkt theoretisch wechselseitig ist, lässt sich nicht theoretisch vorentscheiden, ob die Finanzpolitik einen Effekt auf den Arbeitsmarkt gehabt hat. Im folgenden Abschnitt werden deshalb empirische Studien des Centraal Planbureau der Niederlande zu dieser Frage vorgestellt.

5. Ökonometrische Studien zu finanzpolitischen Effekten auf die Arbeitslosigkeit

Mitarbeiter des Centraal Planbureau haben in jüngerer Zeit Studien zu den Determinanten der sogenannten NAIRU (Non-Accelerating Inflation Rate of Unemployment) unternommen (Centraal Planbureau 2001; Boer/ Draper/ Huizinga 2000; Draper/Huizinga 2000). Diese gibt das Niveau der Arbeitslosigkeit bei Vollauslastung der Wirtschaft an. Sinkt die Arbeitslosigkeit durch eine Ausweitung der gesamtwirtschaftlichen Nachfrage unter das Niveau der NAIRU, dann wird dies unweigerlich eine Überhitzung der Volkswirtschaft und steigende Inflation nach sich ziehen. Die so definierte strukturelle, d.h. nicht konjunkturell bedingte Arbeitslosigkeit und ihre Komponenten schätzen die Ökonomen des CPB für die Niederlande mit Hilfe eines Simulationsprogrammes. Das zugrundeliegende dynamisierte Modell berücksichtigt die in den vorangegangenen Abschnitten beschriebenen zentralen Kennzeichen des niederländischen Arbeitsmarktes, indem es bei der Lohnbildung von kollektiven Verhandlungen ausgeht und annimmt, dass die Unternehmen auf dieser Basis ihre Nachfrage nach Arbeit und den Preis für die Produkte festlegen. Außerdem ist eine informelle Ökonomie in das Modell integriert, in der die Arbeitslosen ebenfalls gewinnbringenden Tätigkeiten nachgehen können. Mit dem Modell kann die Entwicklung der Lohnquote erklärt werden. Außerdem können die relativen Gewichte der drei bestimmenden Faktoren der NAIRU bestimmt werden. In Bezug auf die Lohnquote zeigt sich, dass diese durch eine stabile ökonometrische Gleichung adäquat beschrieben werden kann. Das Centraal Planbureau schließt daraus, dass das Abkommen von Wassenaar keinen Einfluss auf die Lohnbildung gehabt hat. Die Verringerung der Lohnquote seit Anfang der Achtziger sei vielmehr auf die hohe Arbeitslosigkeit, das Sinken der Lohnersatzquoten und die Verringerung des Steuerkeils zurückzuführen (Huizinga 2001: 27 und Fußnote 8).

Den Studien zufolge sind die Determinanten der strukturellen Arbeitslosigkeit der Realzins, die Lohnersatzquote und der Steuerkeil. Der Realzins ist nach Auffassung der Ökonomen des CPB für die Niederlande eine exogene Größe, die durch die Politik nicht beeinflusst werden kann. Die beiden anderen Faktoren, namentlich die Lohnersatzquote und der Steuerkeil, sind für die nationale (Finanz)politik durchaus steuerbar. Die Lohnersatzquote wird in den Studien durch den gewichteten Durchschnitt der Lohnersatzquoten in der Sozialhilfe, der Arbeitslosenversicherung und der Erwerbsunfähigkeitsversicherung gemessen, mit anderen Worten: Einsparungen in diesen Programmen werden die Lohnersatzquote senken. Direkter ist der Einfluss der Finanzpolitik auf den sogenannten Steuerkeil. In den genannten Studien besteht der Steuerkeil aus den direkten Abgaben und dem Preiskeil. Die direkten Abgaben bestehen aus den direkten Steuern auf Arbeit (inklusive der Subventionsprogramme (OECD 2000; Van Opstal/Roodenburg/Welters 1998; Mühlau/Salverda 1998), der Sozialversicherungsbeiträge und den Beiträgen zu Betriebsrenten. Der sogenannte Preiskeil, der das Verhältnis des Konsumentenpreisindex zum Produzentenpreisindex darstellt, ist ebenfalls Teil des Steuerkeils. Steigt diese Relation an, dann erhöht sich der Abgabenkeil. Der Preiskeil erfasst sowohl den Effekt der indirekten Steuern als auch die des Gaspreises, der Mieten und der Außenhandelspreise. Der relative Einfluss in der Periode 1969 bis 2001 ist in der Abbildung 2 im Anhang dargestellt. Für die Zwecke der Analyse musste ein Jahr mit Vollbeschäftigung als Basisjahr gewählt werden. Alle weiteren Ziffern beziehen sich damit auf die strukturelle Arbeitslosigkeit im Jahre 1969. Dies war in der Tat ein Jahr, dessen inflationäres Wachstum geeignet war, strukturelle Arbeitslosigkeit zeitweise zu verdecken. Alle im Folgenden genannten Ziffern sind dementsprechend als positive oder negative relativ zur strukturellen Arbeitslosigkeit im Jahre 1969 zu verstehen. Konzentriert man die Betrachtung auf den für diese Arbeit relevanten Zeitraum ab 1977, dann zeigt sich, dass die strukturelle Arbeitslosigkeit während der Kabinette Van Agt vor allem auf Grund der steigenden Zinsen und der Abgabenbelastung des Faktors Arbeit gestiegen ist. Während der ersten beiden Kabinette Lubbers sank die strukturelle Arbeitslosigkeit primär, weil der Steuerkeil und die Lohnersatzquoten schrumpften, was wiederum auf Einsparungen in der Sozialversicherung zurückzuführen ist. Seit Beginn der Neunziger ging von der Verringerung des Steuerkeils keine erkennbare Senkung der strukturellen Arbeitslosigkeit mehr aus. Dieses überraschende Ergebnis ist darauf zurückzuführen, dass der Immobilienboom in den Neunzigern zu einem Anstieg des Preiskeils führte, was den Effekt der Senkung direkter Abgaben konterkariert hat. Ohne die Senkung der direkten Abgaben wäre die strukturelle Arbeitslosigkeit in der zweiten Hälfte der Neunziger etwa einen halben Prozentpunkt höher gewesen. Schließlich hat sich die Steuerreform im Jahre 2001 nochmals sehr positiv auf die strukturelle Arbeitslosigkeit ausgewirkt. Zusammenfassend lässt sich feststellen, dass es sich angesichts der negativen Ergebnisse bezüglich des Wassenaar-Effekts lohnt, auch alternative Erklärungen für die beschäftigungspolitische Performanz der Niederlande in Betracht zu ziehen. Die Studien des CPB zeigen überdies, dass es sich bei der parallelen Entwicklung von Finanzpolitik und Arbeitsmarkt in den Niederlanden nicht einfach um Koinzidenz handelt, sondern dass dies dahingehend kausal interpretiert werden muss, dass finanzpolitische Ergebnisse einen signifikanten Einfluss auf den Arbeitsmarkt hatten. Der Umfang, in dem die Abgabenlast die strukturelle Arbeitslosigkeit getrieben hat, rechtfertigt es, die Finanzpolitik als eine Schlüsselvariable zur Erklärung der Beschäftigungsperformanz in den Niederlanden im vergangenen Vierteljahrhundert anzusehen. Die im vierten Abschnitt dieses Kapitels aufgeworfene Frage, warum die Staatsfinanzen während der Kabinette Van Agt außer Kontrolle gerieten und wieso es während der Kabinette Lubbers und Kok gelang, diese wieder zu ordnen, gewinnt dadurch an Relevanz. Im folgenden Kapitel wird daher auf der Basis des akteurzentrierten Institutionalismus ein analytischer Rahmen zur Analyse der Finanzpolitik in den Niederlanden entwickelt werden.

Kapitel II: Analytischer Rahmen

Warum sind die Staatsausgaben, Defizite und Steuern auf Arbeit zwischen 1977 und 1982 in den Niederlanden derart rasant gestiegen und wieso ist es danach gelungen, diese über einen langen Zeitraum hinweg zurückzuführen? In diesem Kapitel der Arbeit werden unter Rückgriff auf Elemente des Akteurzentrierten Institutionalismus und der Common Pool Literatur Hypothesen entwickelt, die die obige Frage beantworten sollen. Die Finanzpolitik entzieht der Wirtschaft Ressourcen, um diese für öffentliche Leistungen zu verwenden. Im Haushaltsprozess müssen daher zwei Fragen geklärt werden: Wie hoch sollen die Staatsausgaben und die entsprechenden zur Deckung benötigten Einnahmen sein? Wie soll die Verteilung der Ausgaben bzw. Einnahmen aussehen? Neben Umweltfaktoren wie dem Wirtschaftswachstum werden die finanzpolitischen Ergebnisse von dem abhängen, was die Akteure wollen und was sie durchsetzen können. Das Wollen der Akteure ist wiederum von ihren Interessen und ihren wirtschaftspolitischen Ideen abhängig. Ob sie das Gewollte auch durchsetzen können, hängt von der vorherrschenden Akteurkonstellation und dem institutionellen Rahmen ab. In den ersten fünf Abschnitten dieses Kapitels werden diese Thesen im Einzelnen entwickelt.

1. Wirtschaftswachstum und Haushaltsergebnisse

Dass das Wirtschaftswachstum einen Einfluss auf finanzpolitische Ergebnisse, namentlich die öffentlichen Gesamtausgaben, die Defizite und die Steuern auf Arbeit hat, wurde bereits im ersten Teil dieser Arbeit angedeutet. Für die Zwecke der Analyse ist es sinnvoll anzunehmen, dass die relevanten Akteure eine Zielvorstellung für die oben genannten finanzpolitischen Größen haben. Diese müssen sich notwendigerweise auf die Zukunft beziehen, weil Haushaltspläne vor Beginn des Haushaltsjahres verabschiedet werden müssen. Die Informationen über die zukünftige wirtschaftliche Entwicklung sind aber in hohem Maße unsicher. Dies gilt sowohl für die Entwicklung der Konjunktur im jeweils folgenden Haushaltsjahr als auch für das zukünftig erreichbare strukturelle Wachstum bei den Mehrjahresplänen. Von daher muss man nicht nur das tatsächliche Wirtschaftswachstum, sondern auch dessen Höhe in Relation zum geschätzten Wachstum berücksichtigen. An dieser Stelle muss natürlich beachtet werden, dass es für die Politik aus den im Folgenden genannten Gründen verführerisch ist, von optimistischen Schätzungen auszugehen. Wie wirkt sich also ein überplanmäßiges bzw. unterplanmäßiges Wirtschaftswachstum auf die Fähigkeit der Akteure aus, die Ausgaben unter Kontrolle zu halten und ihre Ziele zu erreichen? Ist das während eines Haushaltsjahres tatsächlich realisierte Wirtschaftswachstum höher als geplant, dann werden die Ausgaben für Sozialprogramme weniger hoch sein als erwartet. Zugleich spült das höhere Wachstum mehr Steuereinnahmen in die Staatskasse. Wie nicht anders zu erwarten, erleichtert dies die Aufgabe der Politik, welche die zusätzlichen Finanzierungsspielräume auf eine Senkung der Ausgaben, des Defizits und der Steuerlast verwenden kann. Es muss kaum erwähnt werden, dass bei einer unerwartet schlechten konjunkturellen Lage zusätzlich eingespart werden muss, wenn die gesetzten Ziele erreicht werden sollen. Neben diesem trivialen Effekt ist noch zu beachten, ob die Ziele als Anteile am Bruttoinlandprodukt formuliert sind. In diesem Falle tritt der sogenannte Nennereffekt auf, der in die gleiche Richtung wirkt wie der soeben beschriebene Mechanismus. Er resultiert einfach daraus, dass bei unerwartet hohem Wachstum des Bruttoinlandproduktes der Nenner steigt und somit der Anteil der als gegebenen betrachteten Staatsausgaben, Defizite und Steuern daran sinkt. Diese Effekte des Wirtschaftswachstums erscheinen uns so offensichtlich, weil sie recht groß sind. Aus demselben Grunde müssen diese Effekte jedoch kontrolliert werden, wenn die Hypothesen des folgenden Abschnitts über die Rolle von Akteuren und Institutionen in der Finanzpolitik überprüft werden sollen.

2. Akteure, Interessen und Ideen in der Finanzpolitik

Im Haushaltsprozess müssen die finanzpolitischen Akteure entscheiden, wie hoch der Staatsanteil am Wirtschaftsprodukt sein soll und wie dieser verteilt wird. Es ist sinnvoll, sich zuerst mit dem Verteilungsaspekt zu beschäftigen und dann den Aspekt des Volumens der öffentlichen Ausgaben zu behandeln.

In erster Linie ist der Haushaltsprozess ein Kampf um die Kontrolle über die stets beschränkten öffentlichen Mittel. Das Ziel eines jeden finanzpolitischen Akteurs besteht in diesem Verteilungskampf einfach darin, für sich einen maximalen Nutzen aus den vorhandenen Mitteln zu ziehen. Die ganze Schärfe des Verteilungskampfes wird dann offenbar, wenn das Volumen des Budgets von den beteiligten Akteuren als gegeben betrachtet werden muss. Für sich genommen ist die Verteilungsfrage ein Nullsummenspiel, weil ein gegebenes Budget, gleich welcher Größe, ja nur einmal verteilt werden kann. Während die Frage nach der Kontrolle über die Staatsfinanzen bzw. ihrer Verteilung unter Verweis auf das egoistische Interesse der beteiligten Akteure beantwortet werden konnte, hängt die Entscheidung über das Niveau der Staatsausgaben von den kognitiven Orientierungen der finanzpolitischen Akteure ab. Dies sind zum einen die polit-ökonomischen Ideologien und zum anderen die konkreteren wirtschaftspolitischen Ideen, denen sie anhängen. In der Praxis sind sowohl die Ideologien als auch die wirtschaftspolitischen Ansätze regelmäßig eng mit bestimmten Verteilungszielen verwoben. Insofern es sich jedoch nicht um versteckte Verteilungsziele, sondern tatsächlich um normative Vorstellungen darüber handelt, welchen Anteil der Staat am Wirtschaftsprodukt haben soll, geht es dabei stets um die Frage, wie sich der Staatsanteil auf die Wohlfahrt der Gemeinschaft auswirkt. Die Aussagen der polit-ökonomischen Ideologien über die finanzpolitische Rolle des Staates in der Wirtschaft decken sich weitgehend mit dem klassischen Rechts-Links-Schema. Traditionelle Sozialisten werden einen großen und wachsenden Anteil des öffentlichen Sektors begrüßen, weil sie der Überzeugung sind, dass der Markt weniger den wahren Bedürfnissen als der kaufkräftigen Nachfrage dient. Demgegenüber glauben Liberale, dass der Markt die effizienteste Wirtschaftsordnung darstellt. Der Staat sollte sich daher auf die Bereitstellung jener Güter beschränken, bei denen Marktversagen herrscht. Es sei nochmals betont, dass diese Ideologien in der politischen Auseinandersetzung zwar auf das engste mit verteilungspolitischen Zielsetzungen verknüpft sind, aber dennoch eine Kernthese enthalten, die sich auf die Wohlfahrt der Gemeinschaft bezieht.

Dies gilt analog für die wirtschaftspolitischen Ideen, welche historische Verwandtschaften mit den großen polit-ökonomischen Ideologien aufweisen. Die Rede ist erneut von keynesianischen und angebotsorientierten Ansätzen. Sie sind in diesem Zusammenhang sogar von größerer Bedeutung, weil sie konkrete Hypothesen darüber bereithalten, wie sich ein wachsender Staatsanteil und seine Finanzierung auf die Beschäftigung auswirken. Diese wurden im Einzelnen bereits im ersten Teil der Arbeit detailliert behandelt, so dass es hier hinreicht, die Folgen für die politisch Handelnden kurz zu rekapitulieren. Eine keynesianische Regierung wird von einem hohen Staatsanteil am Sozialprodukt keine negativen Effekte auf die Beschäftigung erwarten, weil das Hauptaugenmerk der Theorie zur Erklärung von Arbeitslosigkeit auf der Nachfrage am Gütermarkt liegt. In einer Rezession wird eine solche Regierung gar eine Erhöhung der Staatsquote und des Defizits anstreben, weil davon ein positiver Effekt auf die gesamtwirtschaftliche Nachfrage und den Arbeitsmarkt ausgeht. Letztlich sähe aber auch eine keynesianisch orientierte

Regierung Grenzen des Wachstums der Staatsquote, weil sie sich dem Erhalt der kapitalistischen Wirtschaftsordnung verpflichtet fühlt.

Eine neoklassisch orientierte Regierung sieht hingegen in den Lohnkosten die zentrale Determinante der Arbeitslosigkeit. Hohe öffentliche Ausgaben sind mit hohen Steuern verbunden, die zu einem Gutteil auf den Faktor Arbeit entfallen. Werden die Ausgaben hingegen defizitär finanziert, dann fallen die Steuern auf Grund der Tilgung und der anfallenden Zinszahlungen in den folgenden Perioden umso höher aus. Unter Umständen haben Defizite dieser Theorie zufolge den Effekt, private Investitionen zu verdrängen und so zukünftige Beschäftigung zu gefährden. Dementsprechend wird einer angebotsorientierten Regierung noch mehr als einer keynesianischen Regierung daran gelegen sein, das Wachstum der staatlichen Ausgaben unter Kontrolle zu halten, die Steuerlast zu begrenzen und Defizite zu vermeiden.

Insofern als eine Gruppe finanzpolitisch relevanter Akteure einer der obigen Ideen anhängt, gleicht eine Einigung über das optimale Niveau der Staatsausgaben einem reinen Koordinationsspiel (Scharpf 2000). In der Praxis wird man jedoch immer gewisse Unterschiede in den Auffassungen entlang der oben beschriebenen Spannungsfelder finden. Dies erschwert die Verhandlungen über eine Einigung. Unterstellt man den finanzpolitischen Akteuren neben ihren egoistischen Eigeninteressen im Verteilungskampf jedoch solch eine gemeinsame Vorstellung über die für die Gemeinschaft optimale Höhe der staatlichen Ausgaben, dann wird aus dem Nullsummenspiel ein „mixed motive game". Der folgende Abschnitt beschäftigt sich mit den Implikationen einer solchen Akteurkonstellation.

3. Das Allmendeproblem als Grundproblem des öffentlichen Haushaltens

Dieses Kapitel wird jenes durch das Nebeneinander von individuellen und gemeinschaftlichen Interessen entstehende Allmendeproblem des öffentlichen Haushalts analysieren, wie es in gänzlicher Abwesenheit von Institutionen gespielt würde. Natürlich finden reale Haushaltsverhandlungen in den Niederlanden oder anderen parlamentarischen Demokratien immer in einem bereits gegebenen institutionellen Kontext statt. Nichtsdestotrotz lohnt es sich, die entstehende Akteurkonstellation zu analysieren, um die Logik der Situation (Scharpf 2000: 129) zu erfassen.

Den Ausgangspunkt stellt die Überlegung dar, dass in einem perfekten Markt die Nutzung eines Gutes und das Tragen der Kosten desselben immer über den Preis miteinander verknüpft sind. Moderne Nationalbudgets sind aber durch das Prinzip der Non-Affektation gekennzeichnet, d.h. die Staatseinnahmen sind nicht zweckgebunden. Da die Einnahmen konkurrierenden Verwendungsmöglichkeiten offen stehen, ist der Zusammenhang zwischen der Nutzung einer Leistung und der Zahlung ihrer Kosten im öffentlichen Bereich gelockert (Stalder 1997: 111-112). Es können also Gruppen ein öffentliches Gut nutzen, ohne den vollen Preis desselben zu zahlen.

Insofern ein solcher Zugriff auf die Staatsfinanzen einer großen Anzahl von finanzpolitisch relevanten Akteuren möglich ist, kann das Budget als ein Kollektivgut angesehen werden. Es entsteht damit eine Akteurkonstellation, die in der sozialwissenschaftlichen Literatur unter den Namen Tragedy of the Commons (Hardin 1968) bzw. Common Pool Resource-Problem (Ostrom 1990) bekannt geworden ist und seit einigen Jahren auch in Zusammenhang mit nationalstaatlichen Budgets analysiert wird (De Haan/Sturm/Beekhuis 1999; Roubini/Sachs 1989b; De Haan/Sturm 1994; De Haan/Sturm 1997; Volkerink/de Haan 2001; Roubini/Sachs 1989a). Eine solche Konstellation ist dadurch gekennzeichnet, dass der Gewinn aus der Nutzung der Ressource privatisiert werden kann, während die Kosten breit streuen. Mit Bezug auf den Staatshaushalt bedeutet dies, dass die privat zu tragenden Kosten, welche wirklich bei den Nutzern anfallen, von den tatsächlichen Kosten der öffentlichen Leistung und dem Anteil, den die Nutzer zu den Einnahmen des Staatshaushaltes beitragen, abhängen. Es ist leicht einzusehen, dass die privaten Kosten der Nutzung immer dann unter den tatsächlichen Kosten der öffentlichen Leistung liegen werden, wenn die Nutzer nicht die gesamten Einnahmen des Staates bestreiten. Je kleiner ihr Anteil, desto niedriger ihre privaten Kosten. Die Nachfrage nach den öffentlich finanzierten Gütern wird sich natürlich nach den vergleichsweise niedrigen privaten Kosten und nicht nach den tatsächlichen Kosten richten. Sie wird damit entsprechend höher sein, als wenn die tatsächlichen Kosten der öffentlichen Leistung bei den Nutzern zu Buche schlügen. Da ein jeder finanzpolitisch relevante Akteur auf diese Weise handeln wird, setzt sich der Haushalt schließlich aus der Summe dieser überhöhten Anforderungen zusammen. Der entscheidende Punkt besteht dabei darin, dass der Konflikt in der Verteilungsfrage dahin wirkt, dass ein gemeinschaftliches Ziel bezüglich der Höhe der Staatsausgaben auch dann nicht erreicht wird, wenn sich alle Beteiligten einen großen Nutzen davon versprechen. Die Staatsausgaben und damit auch die Steuern und ein etwaiges Defizit werden damit immer höher sein als kollektiv erwünscht. Diese Kollektivgutproblematik ist das Grundproblem des modernen öffentlichen Haushaltes.

Das Allmendeproblem kommt nicht durch irrationales Verhalten zu Stande, sondern dadurch, dass rationale finanzpolitische Akteure durch unilaterale Strategien ihren eigenen Nutzen maximieren wollen und so kollektiv ein unerwünschtes Ergebnis produzieren. Auch wenn ein jeder finanzpolitische Akteur z.B. auf Grund der oben skizzierten polit-ökonomischen Ideologien oder wirtschaftspolitischen Ideen bereit wäre, zu einer Begrenzung der öffentlichen Ausgaben beizutragen, wird dies normalerweise nicht gelingen, wenn keine bindenden Vereinbarungen abgeschlossen werden. Dies liegt daran, dass die Kosten in Form des dafür notwendigen Verzichts auf die preisgünstigen öffentlichen Leistungen privat anfallen, während der Nutzen aus den niedrigeren Gesamtausgaben allen Beteiligten zugute kommt. Rationale finanzpolitische Akteure werden allenfalls dann zur Begrenzung der öffentlichen Ausgaben beitragen, wenn ihre Klientel einen so großen Anteil des Budgets finanziert, dass es sich für sie unabhängig von den Strategien der anderen Akteure lohnt. In dem Fall kommt es zu einer Ausbeutung der Großen durch die Kleinen (Olson 1971: 22-36). Je größer also die Anzahl der finanzpolitischen Akteure, desto geringer wird regelmäßig der Beitrag sein, den ein Einzelner zum gemeinschaftlichen Ziel beitragen kann und desto größer der Anreiz, öffentliche Güter zu niedrigen Preisen zu konsumieren. Es erscheint endgültig aussichtslos, das Allmendeproblem zu überwinden, wenn die Akteure absolute Wohlfahrtseinbußen in Kauf nehmen müssen, um das kollektive Gut in Form von gesunden Staatsfinanzen zu erreichen.

Das Allmendeproblem erstreckt sich natürlich über die Zeit, was zusätzliche Probleme mit sich bringt. In der Literatur wurden verschiedene Vorschläge gemacht, das Common Pool Problem zu dynamisieren (Velasco 2000). Dies diente aber hauptsächlich dem Zweck, die Entstehung von Defiziten zu erklären (Persson/Svensson 1989; Alesina/Drazen 1994). Diese Modelle gelten außerdem nur unter recht restriktiven Annahmen (Alesina/Perotti 1999), so dass sie für die vorliegende Arbeit keinen großen Nutzen bringen. Hier reicht es aus, auf die Schwierigkeiten hinzuweisen, die finanzpolitischen Akteuren dadurch entstehen, dass sie sich über einen mehr oder minder langen Zeitraum verpflichten müssen, um ihr gemeinschaftliches Ziel zu erreichen. In einer Welt ohne bindende Absprachen werden einige finanzpolitische Akteure dann in Vorleistung treten müssen, ohne zu wissen, ob andere später ihrem Beispiel folgen. Das bedeutet, dass einige Akteure auf den Genuss öffentlicher Güter verzichten müssen, ohne sicherstellen zu können, dass die anderen Akteure dies zu einem späteren Zeitpunkt auch tun werden. Die Problematik verschärft sich noch weiter, wenn absehbar ist, dass es in der Zukunft, z.B. auf Grund von Wahlen am Ende der Legislaturperiode, zunehmend attraktiv wird, das gegebene Versprechen zu brechen.

Wie bereits am Anfang des Abschnitts gesagt, findet die reale Finanzpolitik natürlich nicht in einem anarchischen Feld, sondern im institutionellen Kontext einer parlamentarischen Demokratie statt. Damit ist die Kollektivgutproblematik zwar keineswegs vom Tisch, aber es lohnt sich zu fragen, inwiefern reale finanzpolitische Akteure durch die Schaffung geeigneter Institutionen der kollektiven Irrationalität entgehen können. Im folgenden Kapitel wird untersucht, auf welche Weise Institutionen einen Beitrag zur Lösung des Allmendeproblems leisten können.

4. Institutioneller Kontext: Haushaltsinstitutionen in der parlamentarischen Demokratie

In diesem Abschnitt wird der Einfluss des institutionellen Kontextes auf den Haushaltsprozess in der parlamentarischen Demokratie untersucht. Wie ist es möglich, das Allmendeproblem des öffentlichen Haushaltes durch institutionelle Vorkehrungen in den Griff zu bekommen? Zunächst soll in allgemeiner Form gezeigt werden, wie das Allmendeproblem in einem hierarchischen Kontext überwunden werden kann. Dem folgt die Beschreibung eines typischen Haushaltsprozesses. Schließlich werden einige Hypothesen über die Wirkung von Institutionen auf den Haushaltsprozess während der Budgetinitiative und der parlamentarischen Behandlung vorgestellt.

Wie kann eine Institution Handlungen so koordinieren, dass trotz des Dilemmas ein gemeinschaftliches Optimum erreicht wird? Die klassische institutionelle Lösung für das Allmendeproblem ist die Hierarchie. Institutionen wirken dabei indirekt über die Handlungsorientierungen und die Fähigkeiten der Akteure auf die Politikergebnisse ein. Durch das institutionelle Regelwerk werden Rollen im Entscheidungsprozess geschaffen, an die andere normative Erwartungen stellen. Der Inhaber einer solchen Rolle maximiert seine soziale Anerkennung, seine Karrierechancen, kurzum sein Eigeninteresse dadurch, dass er diesen Erwartungen gerecht wird (Scharpf 2000: 81). Die Fähigkeit eines politischen Akteurs, Einfluss zu nehmen, hängt ferner in hohem Maße von seinen institutionell abgesteckten Kompetenzen ab. Die Hierarchie stellt immer dann eine Lösung für das Allmendeproblem dar, wenn durch sie eine Rolle im Haushaltsprozess geschaffen wird, die mit der Wahrung des kollektiven Gutes beauftragt ist und sie mit entsprechenden Kompetenzen zur Durchsetzung ausstattet. Ein mit solchen Kompetenzen ausgestatteter Akteur wird die gemeinschaftlich gewünschte Höhe der Ausgaben und ihre Verteilung kontrollieren und durchsetzen müssen. Wie sieht das konkret aus? Wie verläuft ein typischer Haushaltsprozess in einer parlamentarischen Demokratie?

Der Haushaltsprozess wird üblicherweise in die drei Schritte der Budgetinitiative, der parlamentarischen Behandlung und der Haushaltsausführung gegliedert. Im ersten Schritt, der Budgetinitiative, die in allen parlamentarischen Demokratien bei der Regierung liegt, wird der Haushaltsentwurf erarbeitet. Der Prozess beginnt damit, dass der Finanzminister seine Kollegen um Zusendung ihrer Ausgabenforderungen für das kommende Haushaltsjahr bittet und sie zugleich mit technischen Informationen oder sogar Richtlinien bezüglich einiger substanzieller Haushaltsziele versorgt. Die Fachminister stellen daraufhin ihre Forderungen an den Finanzminister, in welche sie in Antizipation des Drucks von Seiten des Finanzministers eine Verhandlungsmarge eingeschlossen haben. Die Ausgabenforderungen der Fachminister müssen dann mit dem Finanzminister verhandelt werden. Auf Grund der Verhandlungsergebnisse macht der Finanzminister dem Kabinett einen Vorschlag und stellt die Punkte zur Diskussion, über die bis dahin keine Einigung erzielt worden ist. Nachdem Einvernehmen erreicht worden ist, stellt der Finanzminister den Haushaltsentwurf auf. Im zweiten Schritt, der parlamentarischen Behandlung, wird der Haushaltsentwurf in einem oder mehreren Häusern des Parlaments debattiert und in Parlamentsausschüssen beratschlagt. Am Ende der Parlamentsphase wird der Haushaltsentwurf nach eventuell zulässigen Änderungen verabschiedet. Schließlich muß der Haushalt ausgeführt werden, was wiederum Sache der Regierung ist. Die Allmendeproblematik taucht primär bei der Budgetvorbereitung und der Verabschiedung im Parlament auf. Diese beiden Stufen werden daher im Folgenden genauer untersucht.

Wie wirken sich Haushaltsinstitutionen auf die Handlungsorientierungen und die Fähigkeiten der Minister aus? Fachminister sind für ihr Ressort verantwortlich, sie müssen Missstände, die in ihren Bereich fallen, gegenüber dem Regierungschef, dem Parlament und der Öffentlichkeit vertreten. Ihr Interesse wird daher in erster Linie einer hinreichenden Finanzausstattung ihres Ressorts gelten (Hallerberg 2001: 3-4). Erst in zweiter Linie werden sie bereit sein, sich für die finanzpolitischen Ziele der Regierung einzusetzen. Je höher die Zahl der Minister in einer Regierung, desto eher wird das Allmendeproblem auftauchen (Kontopoulos/Perotti 1999).

Eine hierarchische Organisation der Haushaltsvorbereitung zeichnet sich dadurch aus, dass sie die Verantwortung für das kollektive Gut an einzelne Minister delegiert. Dies geschieht im Allgemeinen dadurch, dass dem Ministerpräsidenten und dem Finanzminister gegenüber den Fachministern eine herausgehobene Stellung verliehen wird. Von besonderer Bedeutung ist die in der Literatur bisher kaum beachtete Rolle des Premierministers. Diesem ist die Aufgabe zugewiesen, die Regierungspolitik als Ganzes zu leiten. Er muss daher darauf bedacht sein, Ressortegoismen in die Schranken zu weisen. Verfügt der Premier über eine gesetzlich oder verfassungsrechtlich begründete Weisungsbefugnis gegenüber seinen Ministern, bzw. kann er diese sowohl ernennen als auch entlassen, dann wird ihm dies seine Aufgabe erleichtern. Der Finanzminister verfügt im Vergleich zu seinen Kollegen über ein nur bescheidenes Budget. In der Öffentlichkeit wird er überdies daran gemessen werden, inwiefern es ihm gelungen ist, ein unerwünschtes Wachstum der Staatsausgaben, der Steuerbelastung und der Defizite zu verhindern. Im Gegensatz zu den Fachministern steigt sein Ansehen zumeist, wenn die Ausgaben sinken. Die Fähigkeit des Finanzministers, seine Ziele durchzusetzen, kann durch verschiedene institutionelle Arrangements erhöht werden (von Hagen/Harden 1994: 342-344), die im besten Falle gesetzlich oder gar verfassungsrechtlich verbürgt sind. Der Finanzminister hat in einer Situation, in der die wichtigen Verhandlungen über den Haushaltsentwurf im Beisein des gesamten Kabinetts geführt werden, einen schwierigen Stand, weil die Fachminister Ausgabeforderungen stellen werden, die jedem etwas geben und damit schwierige Entscheidungen über Prioritäten vermeiden. Ferner steht zu befürchten, dass die Fachminister sich gegenseitig in ihren Forderungen unterstützen. Die Position des Finanzministers kann dadurch gestärkt werden, dass die Verhandlungen zwischen Fach- und Finanzminister über den Haushaltsentwurf bilateral geführt werden. Strittige Fragen werden dann einem Kernkabinett vorgelegt, in dem der Ministerpräsident und der Finanzminister eine gewichtige Stimme haben. Dieses Gremium trifft dann eine Vorentscheidung. Von Bedeutung ist schließlich die Entscheidungsregel im Kabinett. Gilt die Einstimmigkeitsregel, dann liegt der Vorteil bei den Fachministern. Von einer hierarchischen Organisation des Haushaltsprozesses ist hingegen zu sprechen, wenn der Finanzminister über ein Vetorecht gegen Ausgabenforderungen seiner Kollegen verfügt. Besteht eine institutionell begründete hierarchische Position des Ministerpräsidenten und des Finanzministers gegenüber den Fachministern, dann kann das Allmendeproblem auf der Ebene der Regierung effektiv unter Kontrolle gebracht werden. Die Ausgaben und die zur Deckung nötigen Einnahmen werden nicht höher sein als kollektiv erwünscht. Besteht eine solche hierarchische Position des Ministerpräsidenten und des Finanzministers nicht, dann verbleiben nur die im folgenden Kapitel diskutierten freiwilligen Vereinbarungen als mögliche Lösung des Allmendeproblems.

Im Parlament wird der Haushaltsentwurf schließlich weiter bearbeitet. Das Ausmaß der Kollektivgutproblematik hängt dort von der Zahl der Regierungsparteien ab. Eine hierarchische Organisation der Parlamentsstufe zeichnet sich durch eine starke Rolle der Regierung gegenüber dem Parlament im Haushaltsprozess aus. Dies ist der Fall, wenn nur ein Haus des Parlamentes mitentscheiden kann, aus dem Parlament heraus keine eigenen Haushaltsentwürfe eingebracht werden können und die Veränderungsmöglichkeiten am Entwurf der Regierung beschränkt sind. Dies kann wiederum verschiedene Formen annehmen. So kann bestimmt sein, dass das Parlament nur Ausgabenerhöhungen oder Abgabensenkungen beschließen darf, wenn diese durch Abgabenerhöhungen oder Ausgabensenkungen kompensiert werden. Außerdem können Veränderungen von der Zustimmung der Regierung abhängig gemacht werden. Ganz eindeutig ist die Dominanz der Regierung, wenn das Parlament den Vorschlag nur annehmen oder ablehnen kann.

Hat das Parlament hingegen das Recht auf einen eigenen Haushaltsentwurf und kann es außerdem den Haushaltsentwurf der Regierung ohne Beschränkungen verändern, dann lebt das Allmendeproblem auf der Ebene des Parlaments wieder auf. In diesem Falle können die Akteure dem Allmendeproblem nur durch freiwillige Vereinbarungen entgehen.

Zusammenfassend können also die folgenden Thesen aufgestellt werden: Fällt das Wirtschaftswachstum hoch bzw. höher aus als erwartet, dann erleichtert dies der Politik die Einhaltung finanzpolitischer Zielvorstellungen. Das Grundproblem öffentlichen Haushaltens ist eine Kollektivgutproblematik, die es egoistisch-rationalen Akteuren nicht erlaubt, gemeinschaftliche finanzpolitische Zielvorstellungen zu erreichen. Das Allmendeproblem kann durch Institutionen behoben werden, die dem Ministerpräsidenten und den Finanzminister eine gegenüber den Fachministern herausgehobene Stellung zubilligen und der Regierung eine starke Position gegenüber dem Parlament einräumen. Das folgende Kapitel setzt sich mit der Frage auseinander, unter welchen Bedingungen auch freiwillige finanzpolitische Vereinbarungen das Allmendeproblem überwinden können.

5. Kooperation auf Grund von freiwilligen Vereinbarungen?

Was soll geschehen, wenn weder innerhalb der Regierung noch gegenüber dem Parlament Haushaltsinstitutionen bestehen, die das Allmendeproblem in die Schranken weisen können? Diese Frage ist keineswegs trivial. Im Kapitel über das Allmendeproblem wurde gezeigt, dass unilaterale Strategien nur in seltenen Fällen einen Ausweg bieten. Vereinbarungen über kollektives Handeln stehen aber zugleich vor erheblichen Hürden. Elinor Ostrom (Ostrom 1990: 42-45) nennt drei Probleme, die überwunden werden müssen, damit freiwillige Vereinbarungen die hierarchische Lösung ersetzen können:

Die erste Hürde besteht in der Aushandlung von Vereinbarungen, was mit erheblichem Aufwand verbunden ist. Anders als im Falle der Hierarchie müssen von den Politikern Regelungen vereinbart werden, die sowohl die gewünschte Höhe der Gesamtausgaben als auch ihre Verteilung über einen längeren Zeitraum regeln. Die Einigung über das Niveau der gesamtstaatlichen Ausgaben stellt ein „Produktionsproblem" dar, weil dies von den Vorstellungen der Akteure darüber abhängt, wie die Wohlfahrt der Gesellschaft optimiert werden kann. Die Lösung des Problems erfordert Sachverstand, Objektivität, Vertrauen und Kreativität. Wenn der Kuchen wächst, fällt es einer jeden Politikerin leichter, ihr Budget in befriedigender Weise auszustatten. Auf diese Weise sind das Produktions- und das Verteilungsproblem stets miteinander verknüpft. Hinzu kommt, dass die Politiker das Verteilungsproblem zu gleicher Zeit wie das Produktionsproblem lösen müssen. Argumente über die optimale Höhe der Gesamtausgaben, die verteilungspolitische Implikationen haben, können daher leicht zu Misstrauen führen. Generell gilt überdies, dass Akteure, die in der Verteilungsdimension erfolgreich sein wollen, opportunistisch handeln müssen, während eine erfolgreiche Lösung des Produktionsproblems eher durch eine kooperative Haltung erreicht wird.

Zweitens muss sichergestellt werden, dass die Vereinbarungen auch eingehalten werden. Die Haushaltsdisziplin muss daher überwacht und Abweichungen sanktioniert werden. Hierzu benötigt man jemanden, der über die nötigen Informationen verfügt und in der Lage ist, die Sanktionen auch durchzusetzen.

Drittens stellt sich noch das bereits erwähnte Problem, dass sich die Kollektivgutproblematik über die Zeit erstreckt. In der Finanzpolitik zieht dies zwei Dilemmata nach sich: Erstens steigt unter Umständen mit näherrückendem Wahltermin für einzelne Minister oder Parteien der Anreiz, die Vereinbarung zu brechen. Außerdem mag mancher Politiker vor einer Wahl befürchten, dass er selbst an einer Regelung festhält, obschon die anderen den Vertrag längst gebrochen haben. Zweitens entsteht das bekannte Dilemma von *rules versus discretion*. Damit eine Vereinbarung kontrollierbar bleibt und damit durchsetzbar ist, muss sie einfach sein und kann daher nicht auf konjunkturelle Umstände eingehen. Wird eine einfache finanzpolitische Zielmarke, wie eine Obergrenze für die Abgabenlast und das Defizit auch bei widriger konjktureller Lage verfolgt, dann ist eine prozyklische Politik zu befürchten. Wird sie hingegen aufgegeben, dann stellt sich die Frage, wie lange die Vereinbarung auf Grund vielfältiger Ausnahmen Bestand haben wird. Für eine freiwillige finanzpolitische Vereinbarung wird man immer einen Kompromiss finden müssen. Im folgenden Kapitel dieser Arbeit wird untersucht, inwiefern das parlamentarische System der Niederlande hierarchische Haushaltsinstitutionen aufweist bzw. den soeben aufgezählten Bedingungen für Kooperation auf freiwilliger Basis genügen kann. Der folgende Teil dieser Arbeit beschäftigt sich mit den Akteuren und Institutionen des parlamentarischen Systems der Niederlande.

Kapitel III
Parlamentarisches System und Haushaltsinstitutionen in den Niederlanden

Im vorangegangenen Kapitel der Arbeit wurden die Akteure und Institutionen der parlamentarischen Demokratie als wichtige Determinanten finanzpolitischer Ergebnisse identifiziert. Hier geht es nun darum, anhand der theoretischen Einsichten das parlamentarische System der Niederlande darzustellen. Hieraus ergeben sich die folgenden Fragen: Wie hoch ist die Zahl der finanzpolitisch relevanten Akteure, namentlich der Parteien und Minister? Weisen die Niederlande Haushaltsinstitutionen auf, die in der Lage sind, das Allmendeproblem einzudämmen? Können sich die Politiker über freiwillige finanzpolitische Vereinbarungen aus der Kollektivgutproblematik befreien? Und schließlich: Welche Folgen lassen sich für die niederländische Finanzpolitik ableiten? Die Antworten auf diese Fragen werden in den folgenden vier Abschnitten gegeben. Im ersten Abschnitt werden die zahlreichen niederländischen Parteien, ihre wirtschaftspolitische Ausrichtung und ihre Lage im Parteiensystem untersucht. Der zweite Abschnitt beschäftigt sich mit der Regierungsbildung und den dort ausgearbeiteten Koalitionsverträgen. Im dritten Abschnitt wird die institutionelle Position des Ministerpräsidenten und des Finanzministers gegenüber dem Kabinett unersucht. Ferner wird die institutionelle Ausgestaltung des Verhältnisses von Regierung und Parlament im Haushaltsprozess analysiert. Im vierten Abschnitt werden die Lehren aus den drei vorangegangenen Kapiteln gezogen und Hypothesen über die niederländische Finanzpolitik abgeleitet. Doch zunächst zu den holländischen Parteien.

1. Das Parteiensystem

In diesem Abschnitt wird auf das niederländische Parteiensystem eingegangen, um die Gründe für die hohe Zahl der Parteien im niederländischen Parlament zu erhellen. Dabei wird die Lage der wichtigsten Parteien im Parteiensystem erläutert. Besondere Bedeutung kommt dabei der Positionierung auf der sozioökonomischen Rechts-Links-Achse zu. Daraus lassen sich erste Schlüsse über die Notwendigkeit und die Möglichkeit zu Koalitionen ziehen.

Folgt man (Lijphart 1968: 16-59), dann lässt sich die Struktur des Parteiensystems der Niederlande auf zwei Konfliktlinien zurückführen, die seine Bevölkerung trennen. Die eine basiert auf der Religion, die andere auf der Klassenzugehörigkeit. Bis in die zweite Hälfte der sechziger Jahre des vergangenen Jahrhunderts standen sich säkularisierte und konfessionell gebundene Bevölkerungsgruppen in zwei Lagern gegenüber. Letztere ist wiederum in Katholiken und Protestanten geteilt. Die klassenbasierte Spannungslinie trennt die besitzenden von den arbeitenden Klassen. Sie entspricht dem klassischen Rechts-Links-Schema. Entlang der beiden gesellschaftlichen Spannungslinien bildeten sich Subkulturen mit eigenen Organisationen für alle Bereiche des gesellschaftlichen Lebens aus. Die sogenannten „Säulen" (zuilen) verfügten über eigene Medien, Wohlfahrtsorganisationen, Gewerkschaften und Universitäten. Vor allem bestanden aber enge Verbindungen zu einer mit der Säule verbundenen Partei (Rokkan 1990; Lepszy 1997).

Das christliche Lager gliederte sich wiederum in Katholiken und Protestanten. Die protestantische Säule wurde neben einer ganzen Reihe von Splitterparteien hauptsächlich von zwei großen politischen Parteien vertreten: Die calvinistische Anti-Revolutionäre Partei (ARP) wurde als erste niederländische Massenpartei bereits 1879 gegründet. Einen Ableger davon stellt die konservativere Christlich-Historische Union (CHU) dar, die sich 1908 gründete. Die Katholiken, welche im Süden des Landes konzentriert sind, wurden mit der Verliererseite des 80-jährigen Krieges in Verbindung gebracht und waren daher nicht nur rein numerisch eine Minderheit. Zeitweilig wurden sie an der Religionsausübung gehindert und in ihren politischen Rechten beschnitten. Es verwundert daher nicht, dass sie die geschlossenste Säule bildeten. Obschon bereits früher Katholiken in das Parlament gewählt wurden, führte die politische Repression dazu, dass ihre Organisation in der Römisch-Katholischen Staatspartei erst 1926 erfolgte. Die Partei wurde nach dem Zweiten Weltkrieg als Katholische Volkspartei (KVP) neugegründet. Da die religiösen Parteien Gläubige aus allen Schichten in einer Partei sammeln wollten, lag es nahe, dass sie wirtschafts- und sozialpolitisch eine zentrale Position im Parteiensystem einnahmen. Sie standen allerdings der VVD näher als den Sozialdemokraten.

Die Konfliktlinie zwischen Kapital und Arbeit trennt die säkularen Parteien voneinander. Die Volkspartei für Freiheit und Demokratie (VVD) wurde 1948 als Nachfolgerin mehrerer liberaler Parteien gegründet. In Bezug auf ökonomische Fragen ist die VVD die konservativste unter den großen Parteien in den Niederlanden. Daneben gibt es seit 1966 die linksliberalen Demokraten'66 (D'66), welche jedoch in Bezug auf die Wirtschafts- und Sozialpolitik den Sozialdemokraten näher stehen als den christlichen Parteien oder gar der VVD. Die säkularisierten Arbeiter wurden seit dem neunzehnten Jahrhundert beständig durch eine sozialdemokratische Partei vertreten. Diese wurde nach der Besatzungszeit unter dem Namen Partei der Arbeit (PvdA) neugegründet. Abgesehen von einer ganzen Reihe kleiner Parteien steht sie in Bezug auf ökonomische Fragen am weitesten links.

Somit waren in den Niederlanden alle großen politischen Strömungen bereits um die damalige Jahrhundertwende im Parlament vertreten. Dies hatte trotz des damals noch bestehenden Mehrheitswahlrechts ein Mehrparteiensystem mit bis zu acht Parteien und Gruppen zur Folge (Andeweg/Irwin 1993: 86). Die Wahlrechtsreform von 1917, die das noch heute geltende strikt proportionale Wahlrecht bei nur einem Wahlbezirk für das ganze Land einführte, erleichterte kleinen Parteien die Repräsentation im Parlament allenfalls. Die im internationalen Vergleich hohe Zahl von effektiven Parteien im Parlament, wie sie Tabelle A2 im Anhang belegt, ist somit eher eine Folge der Struktur gesellschaftlicher Konfliktlinien als des Wahlsystems.

Die große Zahl von effektiven Parteien im Parlament zog eine hohe Zahl von Parteien in der Regierung nach sich. Wie die ebenfalls im Anhang befindliche Tabelle A3 belegt, war die durchschnittliche Zahl der Regierungsparteien in den Niederlanden stets höher als der Durchschnitt der 14 parlamentarischen Demokratien. Neben Deutschland und Neuseeland sind die Niederlande das einzige Land, das während der ganzen Periode keine Minderheitsregierung aufweist. Dagegen weisen die Niederlande mit der Ausnahme Italiens als einziges Land in allen drei Perioden übergroße Koalitionen auf. Die hohe Zahl an Regierungsparteien in den Niederlanden ist also nicht nur auf die Zersplitterung des Parteiensystems, sondern auf den Wunsch nach einer breiten Mehrheit im Parlament zurückzuführen. Dies kann als Hinweis darauf gewertet werden, dass es in Holland für die Zahl der Parteien in der Regierung und die Zusammensetzung der Regierung nicht so sehr auf das Wahlergebnis ankommt. In der Tat war es so, dass solange die Säulen der Katholiken, Protestanten und Arbeiter Bestand hatten, die Parteien kaum versuchten ihren Stimmanteil auszudehnen, sondern lediglich die Stimmen ihrer Klientel zu kontrollieren.

In den Sechzigern begann insbesondere die Unterstützung für die katholische Säule deutlich zu erodieren (Rochon 1999: 44-48; Koole/Daalder 2002: 25-30). Dies war besonders deutlich bei den Wahlen des Jahres 1967 zu spüren, bei denen die christlichen Parteien insgesamt erstmals ihre rechnerische Mehrheit im Parlament verloren. Im gleichen Jahr begannen auch Wählerwanderungen, die bald ein Ausmaß erreichten, welches Wahlen von einem Ritual in einen echten Kampf um Stimmen verwandelte. Die Sozialdemokraten witterten Morgenluft und versuchten über die sogenannte Polarisierungsstrategie, eine Mehrheit für ein progressives linkes Bündnis auf PvdA, D'66 und einigen kleinen Linksparteien zu gewinnen. Die drei christlichen Parteien einigten sich in Reaktion auf die schweren Stimmenverluste im Jahre 1977 erstmals auf eine gemeinsame Liste und fusionierten 1980 zum Christdemokratischen Appell (CDA). Die Veränderungen im Parteiensystem haben somit die Bedeutung von Wahlen für die einzelnen Parteien erhöht, ohne dass eine einzelne Partei auch nur in die Nähe einer Mehrheit im Parlament gekommen wäre. Eine Regierungsmehrheit kann vielmehr nur zu Stande kommen, wenn mindestens eine Konfliktlinie überbrückt wird.

Der CDA nimmt auf der sozioökonomischen Achse die Zentrumsposition ein und kann insofern sowohl mit der PvdA als auch mit der VVD koalieren. Andererseits weist der CDA gänzlich andere Ansichten insbesondere beim Thema Abtreibung auf. Sozialdemokraten und Liberale ähneln sich in ethisch-religiösen Fragen, vertreten aber in sozioökonomischen Fragen gegensätzliche Positionen. Damit müssen bei den Koalitionsverhandlungen immer Kompromisse über mindestens eine Konfliktlinie hinweg gefunden werden. Das folgende Kapitel beschäftigt sich mit der Frage, wie dies in der Praxis gelingt.

2. Regierungsbildung und Koalitionsverträge

In Zweiparteiensystemen sind Wahlen von entscheidender Bedeutung. Die beiden Parteien werden konkurrierende Programme aufstellen und der Wähler entscheidet, welche Partei die Regierung stellen kann. In Mehrparteiensystemen gibt es hingegen oftmals viele verschiedene Kombinationen von Parteien mit jeweils unterschiedlichen Wahlprogrammen, die eine Mehrheit bilden können. Dadurch werden die Fragen, wer an der Regierung teilnehmen soll und wie das Regierungsprogramm aussehen soll, notwendig zur Verhandlungssache. In diesem Kapitel wird zunächst die Prozedur der Regierungsbildung beschrieben. Danach wird der Frage nachgegangen, was über die Teilnahme bzw. über den Ausschluss einer Partei von der Regierungsverantwortung entscheidet. Schließlich wird der Prozess beschrieben, in dem unter Mitwirkung von Kommissionen und Sachverständigen aus verschiedenen Wahlprogrammen ein Koalitionsvertrag geschmiedet wird.

Wie sieht das Prozedere der Regierungsbildung in den Niederlanden aus? In vielen Ländern mit Mehrparteiensystemen verfügt das Staatsoberhaupt bei der Regierungsbildung über einen vergleichsweise hohen Einfluss. Dies gilt auch für die Niederlande. Das Verfahren der Regierungsbildung (Van Raalte/Bovend'Eert/Kummeling 1991: 36-60) kennt keine schriftlich fixierten Regeln und ist daher rein traditionell bestimmt. Kurze Zeit, nachdem das Wahlergebnis bekannt ist, lädt die Königin in gleichbleibender Reihenfolge hochrangige Politiker nacheinander zu Beratungen über die Regierungsbildung ein: die Vorsitzenden der Eerste Kamer und der Tweede Kamer und danach die Fraktionsvorsitzenden nach der Größe der Partei. Die Genannten geben der Königin einen schriftlichen Rat für die Regierungsbildung. Nach Abschluss der Beratungen wird die Königin einen sogenannten Informateur ernennen, dessen offizielle Aufgabe es ist, die Königin über die Koalitionsverhandlungen zu informieren und sie über die Ernennung eines geeigneten Formateurs zu beraten. Durch die Wahl eines oder mehrerer Informateurs und die Formulierung, mit der sie ihm bzw. ihnen den Auftrag erteilt, kann sie ihren sehr beschränkten politischen Einfluss geltend machen. Ernennt die Königin beispielsweise einen Informateur von der PvdA, dann wird die politische Presse unmittelbar von der Person des Informateurs auf eine Präferenz des Königshauses für eine Koalition unter Führung der Sozialdemokraten schließen. Beauftragt die Königin einen Informateur mit den Worten, eine Regierung zu bilden, die im Parlament auf eine sichere Mehrheit rechnen kann, dann schließt dies eine Minderheitsregierung aus. Der Informateur wird nun in den Verhandlungen mit den Fraktionsvorsitzenden versuchen, unter den möglichen Koalitionen die am ehesten realisierbare Koalition herauszufinden (Andeweg/Van der Tak/Dittrich 1980: 224-226). Es gibt dabei die Regel, dass die Partei, die die meisten Stimmen hinzugewonnen hat, zuerst mit der Regierungsbildung beauftragt wird. Diese Regel wurde allerdings oftmals nicht beachtet, weil daneben die Regel besteht, dass die größte Partei den Vorzug erhalten soll. Wenn es aber nicht die rein formellen Prozeduren sind, was entscheidet aber tatsächlich über die Teilnahme an der Regierung und damit auch die Zahl der Parteien in der Regierung? Entscheiden die Stimmenanteile bei den Wahlen oder eher die Beziehungen der Parteien zueinander über die Teilnahme einer Partei an der Regierung?

Bis 1967 waren die Wahlergebnisse praktisch bedeutungslos für die Regierungsbildung. Dies trat auffällig in der Legislaturperiode von 1963 bis 1967 zu Tage, in der drei Koalitionen gänzlich unterschiedlicher parteipolitischer Zusammensetzung regierten. Das Demokratiedefizit, welches diese Episode offenbarte, wurde heftig kritisiert und führte zu der ungeschriebenen Regel, dass fortan nach dem Zusammenbruch einer Regierung Neuwahlen auszurufen seien. Ironischerweise hatte dies den Effekt, den Einfluss des Parlamentes gegenüber einer bestehenden Regierung zu schwächen, weil die Drohung, der Regierung das Vertrauen zu entziehen, weniger glaubhaft war. In der Folge scheiterten jedoch bis in die Achtziger hinein alle Versuche, durch klare Koalitionsaussagen den Wahlen mehr Gewicht zu verleihen. Stimmenzugewinne bei Wahlen wiesen allenfalls einen negativen Zusammenhang mit der Teilnahme an der Regierung auf (Timmermans/Andeweg 1997: 453-454). Auch die Rational-Choice-These, wonach Regierungskoalitionen nur die für eine Mehrheit mindestens erforderliche Zahl an Parteien aufweisen sollte, damit die Macht nicht unnötig geteilt werden muss, bietet zumindest bis in die siebziger Jahre hinein weder eine Erklärung dafür, welche Parteien in die Regierung eintreten werden, noch für ihre Zahl. In der Tat umfasste die Mehrheit der niederländischen Koalitionen nach dem Kriege mehr Parteien als notwendig (Andeweg/Irwin 1993: 118-120). Für die Beteiligung einer Partei an der Regierung kommt es weniger auf ihren Stimmenanteil als vielmehr auf Strategien an, auf die sich Parteien aus machtpolitischen oder inhaltlichen Gründen oftmals für geraume Zeit festlegen. So verkündete die VVD im Jahre 1959, dass sie an keiner Koalition teilnehmen werde, an der die PvdA beteiligt ist. Die PvdA reagierte ebenso. Die Konsequenz hieraus war, dass noch Jahrzehnte, nachdem die religiösen Parteien ihre Mehrheit verloren hatten, eine säkulare Regierungskoalition ausgeschlossen war. Die Zahl der möglichen Koalitionen wurde durch die sogenannte Polarisierungsstrategie der Sozialdemokraten noch weiter verringert. In den letzten Jahrzehnten hat sich überdies D'66 stetig geweigert, in eine Koalition mit dem CDA und der VVD gemeinsam einzutreten (Timmermans/ Andeweg 1997: 457-458). Daraus kann geschlossen werden, dass die Beziehungen der Parteien zueinander im Prozess der Regierungsbildung von größerer Bedeutung sind als die Stimmen bei der vorangegangenen Wahl.

Nachdem die Parteien, die eine Koalition bilden wollen, einmal gefunden worden sind, müssen die Verhandlungen über ein gemeinsames Programm geführt werden. Obschon die Koalitionstheorie sich fast ausschließlich mit den Fragen beschäftigt, welche und wie viele Parteien in eine Koalition eintreten, ist die Regierungsbildung in Wirklichkeit vor allem eine Arena, in der inhaltliche Fragen behandelt werden (Timmermans 1998; Petersen et al. 1983). Während bis in die sechziger Jahre lediglich einige kontroverse Punkte verhandelt wurden, ist dieser Teil der Verhandlungen seit den siebziger Jahren beträchtlich ausgedehnt worden. Insbesondere in der Finanzpolitik sind die Absprachen seit den frühen siebziger Jahren immer detaillierter geworden und bilden heute die Grundlage für den jährlichen Haushaltsprozess. Wie gelingt es, aus den verschiedenen Wahlprogrammen der einzelnen Parteien ein gemeinsames Regierungsprogramm zu schmieden?

In diesem Prozess dienen die Wahlprogramme der Parteien dem Informateur lediglich zu einer erstem Orientierung über deren Ziele. Ein wichtiges Element, um einen Konsens zu erreichen, stellt bei den inhaltlichen Verhandlungen das Expertenwissen in der Form von amtlichen Berichten dar, die die vorangegangene Regierung für die Regierungsbildung erstellen lässt. Mit Bezug auf die Finanzpolitik sind jene von der Studiengruppe Haushaltsspielraum (Studiegroep Begrotingsruimte), der Zentralen Ökonomischen Kommission (Centrale Economische Commissie) und die den Berichten zugrundeliegenden Berechnungen des Zentralen Planbüros (Centraal Planbureau) von größter Bedeutung. Sie sollen im Folgenden näher beleuchtet werden: Die Studiengruppe Haushaltsspielraum ist eine Arbeitsgruppe, bestehend aus Spitzenbeamten verschiedener Ministerien, der niederländischen Zentralbank (De Nederlandsche Bank) und des Centraal Planbureau. Diese berät die kommende Regierung über den finanzpolitischen Spielraum in der folgenden Kabinettsperiode und empfiehlt Verbesserungen in der institutionellen Ausgestaltung des Haushaltswesens. Die Centrale Economische Commissie (CEC) ist beim Wirtschaftsministerium angesiedelt. Das Präsidium besteht aus Spitzenbeamten des Ministeriums für Allgemeine Angelegenheiten, des Finanzministeriums, des Wirtschaftsministeriums und des Ministeriums für Soziales und Arbeit. Außerdem sind Vertreter von De Nederlandsche Bank (DNB) und des CPB in der Kommission vertreten. Dieses Gremium berät die kommende Regierung über die wirtschaftspolitisch wünschenswerte Finanzpolitik und gegebenenfalls über notwendige Einsparungsmaßnahmen und deren beschäftigungspolitische, Effekte. Das Centraal Planbureau (CPB) ist das regierungsamtliche Wirtschaftsforschungsinstitut der Niederlande. Seine Aufgabe besteht in einer Art technischer Beratung der Regierung und der Wirtschaft mit Hilfe ökonometrischer Methoden. Den Berichten der oben genannten Gremien liegt das jeweils aktuelle makroökonometrische Modell des CPB zugrunde. Dank der außerordentlich hohen Reputation der ersten Direktoren, allen voran Nobelpreisträger Jan Tinbergen, genießt das CPB einen außerordentlich guten Ruf und seine Analysen bleiben weitgehend unbezweifelt. Somit dominiert das CPB das ökonomische Denken der niederländischen Regierungen und weiter Teile der Öffentlichkeit. Bis Anfang der sechziger Jahre beschäftigte sich das CPB vor allem mit der Erstellung des Centraal Economisch Plan (CEP) und der in jedem Herbst erscheinenden Macro Economische Verkenning (MEV), welche bei Erstellung des jährlichen Budgets eine wichtige Rolle spielen. Diese Publikationen enthalten Vorhersagen über einen Zeitraum von maximal 18 Monaten. Erst ab Mitte der Sechziger wurden auch mittelfristige Prognosen veröffentlicht, die bei den Koalitionsverhandlungen schließlich eine erhebliche Rolle spielten (Griffith 1980).

Aus der Basis dieser Informationen werden vom Informateur oftmals Arbeitsgruppen aus Sachverständigen der Fraktionen gebildet, die sich bestimmter Politikfelder annehmen und dort ein mehr oder minder detailliertes politisches Programm ausarbeiten. Manchmal werden dazu auch Beamte aus den Ministerien herangezogen. Der Bericht einer solchen Arbeitsgruppe kann sowohl bestimmte inhaltliche Ziele als prozessuale Kompromisse bei Konflikten zwischen den Parteien enthalten. Das Ergebnis einer Arbeitsgruppe wird dann schließlich in den Koalitionsvertrag eingebracht.

Neben diesen inhaltlichen Fragen muss schließlich die Zahl und die Verteilung der Ministerposten auf die Koalitionsparteien festgelegt werden. Insofern dies noch nicht geschehen ist, wird nun der Informateur dem Formateur Platz machen. Dieser ist zumeist der zukünftige Premier. Seine Aufgabe ist es nun, Minister und Staatssekretäre für die einzelnen Ressorts zu finden. Die Zahl der Minister im Kabinett lag immer deutlich unter dem internationalen Durchschnitt.

Der Koalitionsvertrag legt dabei bereits eine Beschränkung auf, weil die Minister mit dem darin festgeschriebenen Programm einverstanden sein müssen. Manchmal gelingt es den Kandidaten, durch weitere Verhandlungen Verbesserungen in ihrem Sinne zu erreichen. Die Bindung der Minister und der Koalitionsparteien an den Koalitionsvertrag ist zumeist im Vertrag selbst festgelegt. Es folgt die konstituierende Sitzung auf Einladung durch den Formateur und schließlich die Vereidigung durch die Königin. Die Verfassung der Niederlande bestimmt, dass der Finanzminister in jedem Jahr im Namen der vereidigten Regierung am dritten Dienstag im September (Prinsjesdag) den Haushaltsvorschlag für das kommende Jahr in die Tweede Kamer einbringt. Im folgenden Kapitel wird der institutionelle Kontext der niederländischen Haushaltspolitik bewertet.

3. Regierung und Parlament im Haushaltsprozess

Im theoretischen Teil wurde gezeigt, dass Institutionen das Allmendeproblem des öffentlichen Haushalts eindämmen können. Je stärker die Position des Premiers und des Finanzministers gegenüber den Fachministern, desto eher gelingt es der Regierung, die Staatsausgaben im kollektiv gewünschten Rahmen zu halten. Ähnliches gilt für eine starke Position der Regierung gegenüber dem Parlament. Wie ist der institutionelle Kontext in den Niederlanden zu bewerten? Um über einen angemessenen Referenzmaßstab zu verfügen, werden die Haushaltsinstitutionen in den Niederlanden wiederum mit den bekannten parlamentarischen Demokratien verglichen. Dabei wird auch auf einige Aspekte eingegangen, die die rein formelle Macht entweder beschränken oder ausdehnen können. Zunächst wird die Regierungsebene und danach die Beziehung zwischen Regierung und Parlament behandelt.

Im theoretischen Teil wurde deutlich gemacht, dass der Premier über eine starke Stellung verfügt, wenn er gegenüber seinen Ministern weisungsbefugt ist und sie sowohl ernennen als auch entlassen kann. Institutionell besteht eines der wenigen Vorrechte des niederländischen Regierungschefs gegenüber den Fachministern darin, dass im Falle einer Pattsituation im Kabinett seine Stimme den Ausschlag gibt. In der Praxis ist von diesem Vorrecht allerdings so gut wie nie Gebrauch gemacht worden. Er verfügt weder über das Recht, die Minister anweisen, noch kann er sie entlassen oder eine Kabinettsumstellung vornehmen, bei der die Fachminister in ein anderes Ressort gehen. Das Prinzip der individuellen Verantwortlichkeit der Minister bringt es überdies mit sich, dass es nicht in erster Linie der Premier ist, welcher die Politik der Regierung gegenüber dem Parlament vertritt. Tabelle A4 im Anhang zeigt, dass der Ministerpräsident in den Niederlanden auch im internationalen Vergleich eine schwache Position hat.

Besonders deutlich fällt die institutionell schwache Stellung des niederländischen Ministerpräsidenten im Vergleich zu den Regierungschefs im angelsächsischen Raum auf. Der klassische Vergleich mit dem britischen Premierminister führt dabei zu dem gleichen Ergebnis wie der mit den neuseeländischen, australischen und kanadischen Regierungschefs, da sie alle der Westminster-Tradition entstammen. Ihre Macht basiert auf Konventionen, die die kollektive Verantwortlichkeit der Minister betonen und dem Premier eine hierarchische Position gegenüber den anderen Ministern einräumen. Die neuseeländische Premierministerin kann nicht nur ihre Minister entlassen und ernennen, sondern auch die Prozeduren im Kabinett nach Belieben verändern (Cabinet Office 2001: 13-51). Seit Mitte der Neunziger kommt es allerdings zu Koalitionsregierungen, die die Machtfülle der Premierministerin auf nicht-institutionelle Weise einschränken. Auch der australische Premier verfügt über eine vergleichbare Machtfülle, ist aber im Falle einer Labour-Regierung durch die Regeln seiner eigenen Partei beschränkt (Jaensch 1997: 164-167). In Kanada verfügt der Premier formal über die gleichen Rechte, muss aber faktisch bei der Wahl seiner Minister die linguistische und ethnische Spaltung des Landes berücksichtigen (Schneider 2000: 102-106). Die institutionell mächtige Position des irischen Regierungschefs (Taoiseach) ist ebenfalls nach dem Vorbild des britischen Premiers gestaltet, mit dem Unterschied, dass sie in der Verfassung des Landes schriftlich fixiert ist (Elgie 1999: 237-247).

Aber auch der deutsche Bundeskanzler hat die grundgesetzlich verbriefte Richtlinienkompetenz (Art. 65 GG) inne und kann Minister auch entlassen.

Er hat das Recht, Streitfälle zwischen Ministern zu diskutieren, bevor sie das Kabinett erreichen (§ 17 (2) GeschO. der Bundesregierung). Demgegenüber nimmt sein österreichischer Kollege auf Grund von Artikel 69 und 70 der Bundesverfassung eher die Rolle des primus inter pares ein. Er kann zwar Vorschläge zur Ernennung und Entlassung von Ministern machen, diese aber nicht anweisen (Müller 1991: 21-22; Müller 1994: 119-122). Dies gilt auch für den schwedischen Ministerpräsidenten, dessen Kontrolle über die Fachminister nicht zuletzt auf Grund von Informationsdefiziten begrenzt ist (Larsson 1994: 175-176). Die Position des japanischen Premierministers ist kaum mit der eines seiner westlichen Kollegen zu vergleichen. In den meisten Fällen segnet das Kabinett lediglich zuvor getroffene Beschlüsse ab. Es ist nicht die Aufgabe des Premiers, sich gegenüber den übrigen Ministern eine Sonderrolle zu verschaffen (Hartmann 1992: 139-141). Am ehesten ist die Position des niederländischen Ministerpräsidenten mit der der Regierungschefs in Italien und Belgien zu vergleichen. Diese können die Minister ebenfalls weder anweisen noch entlassen (Criscitiello 1994; Wichard 1997: 364; Casses 1980: 184, 186). Dasselbe gilt für den norwegischen Premier, welcher keinerlei hierarchische Position gegenüber den anderen Ministern hat und dessen Position weder in der Verfassung noch in einfachen Gesetzen fixiert ist (Olsen 1980: 209-220).

Natürlich ist die institutionelle Position des Regierungschefs vis-à-vis dem Kabinett nicht mit den realen Machtverhältnissen zu verwechseln. So wie die tatsächliche Macht der angelsächsischen Premierminister unter Umständen durch nicht-institutionelle Faktoren, wie die linguistische Spaltung des Landes im Falle Kanada, beschränkt wird, so kann ein institutionell schwacher Premier durch seine Persönlichkeit und andere Einflüsse sicher viel wettmachen. Unter sonst gleichen Umständen verfügt sie oder er aber trotzdem über weniger Mittel, um die Regierungspolitik zu koordinieren. Der niederländische Premier verfügt kaum über hierarchische Befugnisse und kann sich daher nur durch geschickte Überzeugungsarbeit durchsetzen und das Allmendeproblem überwinden. Dennoch ist die Bedeutung des Premiers in den letzten Jahrzehnten durchaus gestiegen. Dass sich dies nicht in einer institutionell stärkeren Stellung niedergeschlagen hat, mag durchaus daran liegen, dass ein Regierungschef in Koalitionsregierungen weniger Macht hat als in Einparteienregierungen.

Neben dem Regierungschef kann vom Finanzminister erwartet werden, dass er die finanzpolitischen Ziele der Regierung gegenüber den Ressortinteressen der Fachminister verteidigt. Im theoretischen Teil wurde gesagt, dass der Finanzminister im optimalen Fall über eine gesetzlich oder gar verfassungsrechtlich begründete herausgehobene Stellung gegenüber den Fachministern verfügt. Er ist in einer starken Position, wenn die Haushaltsverhandlungen zwischen ihm und den Fachministern bilateral geführt werden. Strittige Fragen sollten zunächst in einem Kernkabinett diskutiert werden, in dem die Fachminister eine nur untergeordnete Rolle einnehmen. Bei der Entscheidung im Kabinett ist es für die Finanzministerin günstig, wenn sie mit einem Vetorecht gegenüber den Fachministern ausgestattet ist. Sie ist hingegen in einer schwachen Stellung, wenn das Einstimmigkeitsprinzip herrscht.

Welche Rolle nimmt der Finanzminister im niederländischen Haushaltsprozess ein? Die Verfassung bestimmt, dass der Finanzminister in jedem Jahr am Prinsjesdag den Haushaltsentwurf für das Reich in die Tweede Kamer einbringt. Dort hat er auch die sogenannte Miljoenennota zu präsentieren, welche eine Erläuterung der wichtigsten finanzpolitischen Entwicklungen für den gesamten öffentlichen Sektor enthält. Grundsätzlich gilt, dass die Fachminister für die Erstellung ihres Haushaltes selbst verantwortlich sind. Der Finanzminister nimmt aber auf Grund des sogenannten Comptabiliteitswet, welches der deutschen Bundeshaushaltsordnung entspricht, trotzdem eine besondere Rolle in diesem Prozess ein, da er für die allgemeine Finanzpolitik verantwortlich ist. Allerdings verfügt der Minister der Finanzen bei der Ausübung seiner Pflicht über allenfalls bescheidene hierarchische Befugnisse. Das Gesetz sieht immerhin vor, dass der Finanzminister über alle finanzpolitisch bedeutsamen Vorhaben unterrichtet werden muss, bevor sie veröffentlicht werden. Überdies sind in allen Ministerien Zentrale Abteilungen für finanzielle und wirtschaftliche Angelegenheiten eingerichtet, die den Finanzminister bei seiner Aufgabe unterstützen. In den Jahren nach dem letzten Kriege wurden die Verhandlungen über die von den Fachministern für ihren Haushalt geforderten Mittel noch bilateral geführt, im Laufe der Sechziger verlagerten sich die Verhandlungen aber immer mehr in den Ministerrat. Dort besteht seit Jahrzehnten eine Art Kernkabinett von vier oder fünf Ministern, welches viele Haushaltsfragen vorentscheidet. In diesem Kernkabinett sind der Premierminister und der Finanzminister immer vertreten. Bei den tatsächlich eher selten vorkommenden Abstimmungen im Kabinett gilt die Mehrheitsregel mit der oben erwähnten Sonderregelung für die Stimme des Ministerpräsidenten. Die Position des Finanzministers im Haushaltsprozess ist auf Grund der sehr weit variierenden Organisation im internationalen Vergleich außerordentlich schwer zu bewerten. Wie Tabelle A5 im Anhang zeigt, gibt es unter den ausgewählten 14 parlamentarischen Demokratien eine Reihe von Ländern, in denen der Finanzminister eine eindeutig stärkere Position hat als in den Niederlanden, allerdings mit der Ausnahme Norwegens, kaum eines, in dem die Position eindeutig schwächer ist.

Der britische Schatzkanzler ist das Paradebeispiel eines außerordentlich starken Finanzministers. Er ist durch Konvention der mächtigste Minister im Kabinett nach dem Premier (Neumark 1952: 563), hängt aber direkt von ihm ab. Die Aufgabe des Schatzkanzlers ist die Planung der Einnahmen, um die es beim jährlichen Budget geht. Dies geschieht in enger Abstimmung mit dem Premierminister, andere Minister müssen die Entscheidung hinnehmen (Hogwood/Mackie 1985: 50). Faktisch wird damit zugleich eine Obergrenze für die Ausgaben gezogen. Für die Ausgabenseite ist der Chief Secretary des Schatzkanzlers verantwortlich, der heute stets ein Minister von Kabinettsrang ist. Werden ausgabenwirksame Entscheidungen in einem Kabinettsausschuss getroffen, dann gilt seit 1976 die Regel, dass der Chief Secretary nicht überstimmt werden kann. Die Entscheidungen über die Forderungen der Fachminister werden jedoch zumeist in bilateralen Verhandlungen geklärt. Streitfälle, die in diesen Verhandlungen nicht geklärt werden konnten, sind auf Veranlassung der Premierministerin in den achtziger Jahren in einem Kabinettsausschuss weiter verhandelt worden, der überwiegend aus Ministern mit unbedeutenden Budgets bestand (von Hagen/Harden 1994: 398). Im Kabinett gibt es praktisch keine Abstimmungen, allerdings dominiert der Premierminister.

Das Haushaltssystem Neuseelands wurde seit Ende der achtziger Jahre grundlegend reformiert. Alle wichtigen finanzpolitischen Entscheidungen sollen danach soweit wie möglich in den Haushaltsprozess integriert und vom Kabinett beschlossen werden. Die Details werden jedoch zuvor im Kabinettskomitee für Öffentliche Ausgaben und Verwaltung behandelt. Wie in den meisten anderen Westminster-Demokratien wie z.B. Australien ist über den Entscheidungsprozess im Kabinett wenig bekannt, weil dieser der Geheimhaltung unterliegt. Es ist jedoch nicht allzu gewagt, von einer dominanten Position des Premiers auszugehen. Damit hängt auch die Position des Finanzministers letztlich vom Premier ab.

Für die kanadische Finanzpolitik sind der Präsident des Schatzamtes und der Finanzminister verantwortlich. Unter dem in den achtziger Jahren bestehenden Komiteesystem verlor der Finanzminister praktisch die Kontrolle über die Ausgaben. In der ersten Hälfte der neunziger Jahre wurde das System abgeschafft und durch einen Haushaltsprozess ersetzt, in dem die aus Ministern bestehenden Komitees zwar im Rahmen der Thronrede neue Ausgabeninitiativen vorschlagen, die letzte Entscheidung liegt aber beim Premier- und Finanzminister. Der Haushaltsentwurf ist den übrigen Ministern bei der Präsentation im Parlament nur in groben Zügen bekannt (OECD 1999: 5-14).

Der irische Finanzminister hat durch seine koordinierende und kontrollierende Funktion gegenüber den anderen Ministerien eine starke Position. Dem Finanzminister müssen überdies alle finanzpolitisch relevanten Gesetzentwürfe vorgelegt werden. Es ist dann die Aufgabe des Finanzministeriums, die finanzpolitischen Implikationen zu bewerten. Schließlich dürfen Finanzmittel, die vom Parlament bewilligt wurden, nur dann ausgezahlt werden, wenn das Finanzministerium vorher zugestimmt hat (Department of Finance 1998: A4). Die Vorgänge im Kabinett und in den Kabinettskomitees unterliegen strengster Geheimhaltung.

Neben den angelsächsischen Finanzministern verfügt auch der deutsche Finanzminister über eine recht starke Stellung, die in der Geschäftsordnung der Bundesregierung und der Bundeshaushaltsordnung festgeschrieben ist. Die Verhandlungen über das Budget werden bilateral zwischen Fachministerien und Finanzministerium geführt. Fragen, die auch nach einem Gespräch der Minister noch offen sind, werden in einem Gespräch mit dem Kanzler geklärt. Die Fachminister haben aber das Recht, ihr Anliegen vor das Kabinett zu bringen. Bei einer Abstimmung kann der Finanzminister nur durch eine Mehrheit unter Einschluss des Bundeskanzlers überstimmt werden.

Die Position des österreichischen Finanzministers ist sogar in der Verfassung begründet. Die Haushaltsverhandlungen werden ähnlich wie in Deutschland bilateral zwischen den Ministerien geführt. Allerdings herrscht im Kabinett das Einstimmigkeitsprinzip, so dass die Fachminister institutionell eine stärkere Position haben.

In Dänemark entscheidet das gesamte Kabinett im Rahmen einer Mehrjahresplanung zunächst über die Gesamthöhe der Ausgaben (von Hagen/Harden 1994: 352). Es folgen bilaterale Verhandlungen zwischen den Fachministerien und dem Finanzministerium. Auf dieser Grundlage erarbeitet der Finanzminister einen Vorschlag für die Verteilung der Gesamtsumme auf die einzelnen Ministerien. Über diesen wird im ökonomischen Komitee des Kabinetts entschieden, in dem der Finanzminister den Vorsitz hat und Fachminister nicht vertreten sind (Ministry of Finance 2001).

In den achtziger Jahren verfügte der Finanzminister in Belgien über eine schwache Position. Aufgrund der desolaten Lage der belgischen Finanzen hat man die finanzpolitischen Entscheidungen aus dem Kabinett heraus verlagert. Diese werden seit den Neunzigern im Hohen Rat für Finanzen getroffen, dem der Finanzminister vorsitzt und in dem Vertreter des Finanzministeriums und der Zentralbank einen großen Anteil der Mitglieder ausmachen (Stienlet 2000). Auch die Position des italienischen Finanzministers war bis in die neunziger Jahre außerordentlich schwach. Um an der Europäischen Währungsunion teilnehmen zu können, wurden seine Rechte jedoch ausgebaut (Hallerberg 1999). Bis zum Ende der Achtziger verfügte der Finanzminister in Schweden über eine recht schwache Position. Die Haushaltsinstitutionen sind jedoch in den Neunzigern grundlegend reformiert worden (Molander 2000; Molander 2001). Seitdem wird auch in Schweden über das jährliche Budget im Rahmen eines Mehrjahresplanes entschieden. Die Ausgabenobergrenzen werden für mehrere Jahre gesetzlich festgeschrieben. Der Finanzminister erarbeitet unter Berücksichtigung der Forderungen der Fachminister einen Vorschlag für die Verteilung der Gesamtsumme auf 27 Ausgabenbereiche. Der Vorschlag ist nur dem Premier und dem Finanzminister bekannt, wenn er wenige Tage vor der Haushaltssitzung des Kabinetts den Ministern zur Verfügung gestellt wird. Den Ministern bleibt nur wenig Zeit, sich auf die Sitzung vorzubereiten, und außerdem legt das Finanzministerium eine Höchstgrenze für Änderungsvorschläge fest. Ein Kernkabinett für Haushaltsfragen besteht nicht (Blöndal 2001). Zu beachten ist, dass die starke Position, die der Finanzminister in Schweden und in Dänemark innehat, eher auf einem Vertrag als auf einer gesetzlich etablierten hierarchischen Position beruht. Für Japan gilt wiederum, dass im Kabinett keine finanzpolitisch bedeutsamen Fragen geklärt werden. Das Ministry of Finance ist jedoch ein sehr starkes Ministerium. Der norwegische Finanzminister sticht durch seine außerordentlich schwache Position heraus. Er sammelt die Anforderungen der Minister, über die im Parlament entschieden wird.

Nachdem der Haushaltsentwurf einmal vom Kabinett verabschiedet ist, geht er zur Beratung an das Parlament. Hier stellt sich die Frage, wie die Beziehungen zwischen Exekutive und Legislative aussehen. Wie ist die Position der Regierung im internationalen Vergleich zu bewerten? Im Teil II wurde gesagt, dass die Regierung gegenüber dem Parlament in einer starken Position ist, wenn aus den Reihen des Parlamentes kein Haushaltsentwurf eingebracht werden kann und nur ein Haus des Parlamentes über den Entwurf entscheiden kann. Die Regierung befindet sich in einer noch stärkeren Position, wenn das Recht des Parlamentes, den Haushaltsentwurf zu verändern, beschränkt ist. Das niederländische Parlament besteht aus zwei Kammern, von denen die Tweede Kamer im Haushaltsprozess eine beachtliche Rolle spielt. Die Eerste Kamer, auch Senat genannt, kann den Haushalt nur annehmen oder ablehnen. Letzteres geschieht bei Haushaltsentwürfen jedoch nicht. Das Budget gehört zu den wenigen Gesetzen, die nicht von Abgeordneten eingebracht werden können. Allerdings ist zu berücksichtigen, dass dieses Recht in den Ländern, in denen es vorhanden ist, praktisch nicht gebraucht wird, weil die Erstellung eines Haushaltsentwurfes ein hohes Maß an technischem Wissen voraussetzt, welches nur in Finanzministerien vorhanden ist. Die Tweede Kamer verfügt über das Recht, den Haushaltsentwurf der

Regierung nach Belieben zu verändern. Dies schließt höhere Ausgaben oder eine Verringerung der Einnahmen ein. Es besteht allerdings die ungeschriebene Regel, dass Änderungsentwürfe von Seiten des Parlaments mit einem Vorschlag zur Finanzierung versehen werden sollten. Tabelle A6 im Anhang gibt einen Überblick über die Rechte des Parlamentes im Haushaltsprozess in 14 parlamentarischen Demokratien.

Es ergibt sich das gleiche Muster wie bereits auf der Regierungsstufe. Die institutionelle Stärke des niederländischen Parlamentes zeigt sich besonders im Verhältnis zu den drei Westminster-Demokratien Großbritannien, Irland und Kanada. In diesen Ländern beschränkt sich das Recht des Parlamentes darauf, dass eine Kammer den Haushaltsentwurf der Regierung debattieren und verabschieden kann. Bis 1996 gehörte Neuseeland auch in diese Reihe. Mit dem Wechsel zu einem neuen Wahlsystem nach deutschem Vorbild kam es zu den erwarteten Koalitionsregierungen. Um weiterhin eine starke Stellung der Regierung im Haushaltsprozess sicherzustellen, wurde der Regierung wie in Deutschland ein Vetorecht gegen Veränderungen von Seiten des Parlaments eingeräumt. Im Unterschied zur Bundesrepublik macht die Regierung von diesem Recht allerdings auch Gebrauch. In Deutschland hat die Regierungsmehrheit im Bundestag trotz des Vetorechts der Regierung immerhin einen gewissen Einfluss, der sich jedoch oftmals bereits im Haushaltsentwurf der Regierung niederschlägt. Auch in Japan ist die Position der Regierung gegenüber dem Parlament stärker als in den Niederlanden, weil die Abgrenzung zwischen der Veränderung des Haushaltsentwurfes und einem eigenen Haushaltsentwurf, welcher den Parlamentariern nicht zusteht, ungeklärt ist. In Australien ist die Rolle des Parlamentes recht groß, weil es das einzige Land ist, in dem zwei unterschiedlich besetzte Kammern dem Haushalt zustimmen müssen. In Italien müssen ebenfalls beide Kammern des Parlaments zustimmen. Diese sind allerdings im Unterschied zu der Situation in Australien weitgehend kongruent. Das italienische Parlament ist jedoch weitaus stärker, weil es Veränderungen am Haushaltsentwurf vornehmen kann, die allerdings das Defizit nicht erhöhen dürfen. Am ehesten ist die Position des niederländischen Parlamentes mit der des dänischen Folketing und seit den späten Neunzigern mit dem belgischen Parlament zu vergleichen. Nur in Österreich, Norwegen und Schweden ist die Rolle des Parlamentes zumindest institutionell noch stärker. Natürlich können auch hier andere Faktoren, wie etwa eine große Parteidisziplin, eine institutionell garantierte Stärke des Parlaments im Haushaltsprozess aushebeln. Dies dürfte insbesondere dann der Fall sein, wenn die Regierungschefin zugleich auch die Parteichefin ist.

Zusammenfassend lässt sich sagen, dass die institutionell verbürgten Kompetenzen des Ministerpräsidenten und des Finanzministers gegenüber den Fachministern und die Position der Regierung gegenüber dem Parlament im Vergleich zu anderen parlamentarischen Demokratien eher schwach ist. Im folgenden Kapitel sollen die Schlüsse aus den vorangegangenen Kapiteln für die Finanzpolitik in den Niederlanden gezogen werden.

4. Hypothesen zur Finanzpolitik in den Niederlanden

Welche Lehren lassen sich aus diesem Teil der Arbeit im Lichte des analytischen Rahmens ziehen? Auf den ersten Blick erscheinen die Prognosen, die sich ergeben, eher düster zu sein. Die Gesellschaft der Niederlande weist gesellschaftliche Spannungslinien auf, die die Entstehung eines Mehrparteiensystems zur Folge hatten. Dies setzte sich durch das strikt proportionale Wahlrecht bei nur einem Wahlkreis in eine im internationalen Vergleich hohe Zahl von Parteien im Parlament um. Auch die Zahl der Regierungsparteien war bis in die siebziger Jahre hinein recht hoch. Nur die Zahl der Minister im Kabinett war in den Niederlanden im internationalen Vergleich eher niedrig. Die Analyse der holländischen Haushaltsinstitutionen lässt kaum erwarten, dass es der Regierung in Den Haag gelingt, der Allmendeproblematik zu entgehen. So lange es den finanzpolitischen Akteuren in Regierung und Parlament nicht gelingt, freiwillige Vereinbarungen abzuschließen, wäre als Folge ein unerwünschter Anstieg der öffentlichen Ausgaben zu erwarten. Höhere Abgaben oder höhere Defizite wären die Folge. Auch die mit der Abgabenlast verknüpften negativen Beschäftigungseffekte wären damit höher, als die Regierung und ihre Mehrheit im Parlament bereit sind, in Kauf zu nehmen.

Wie steht es angesichts solcher Aussichten mit den Bedingungen für Kooperation auf der Basis freiwilliger Vereinbarungen? Hier offenbart sich gleichsam spiegelbildlich die Habenseite des parlamentarischen Systems der Niederlande. So erweisen sich bei näherem Hinsehen die Prozeduren der Koalitionsverhandlungen, welche im vergangenen Jahrhundert als Antwort auf das Mehrparteiensystem institutionalisiert worden sind, als ideale Arena für das Aushandeln von Vereinbarungen. So dürfte es von Vorteil sein, wenn die Verhandlungen über die Bestimmungen der finanzpolitischen Vereinbarung möglichst vor der Verteilung der einzelnen Portfolios stattfinden. Unter solchen Umständen erscheint es wahrscheinlicher, dass Entscheidungen über die Finanzausstattung eines Ministeriums sich an dem Nutzen für die Gemeinschaft und nicht an den Ressortegoismen einzelner Minister und der hinter ihnen stehenden Parteien orientieren.

Die in den Niederlanden weithin anerkannte ökonometrische Kompetenz des Centraal Planbureaus (CPB) erlaubt es der Studiengruppe Haushaltsspielraum, den Finanzierungsspielraum in der folgenden Legislaturperiode zu prognostizieren. Dank des überparteilichen und unumstrittenen Status des CPB können die Beamten in der Zentralen Ökonomischen Kommission (CEC) bei ihrer beratenden Tätigkeit auf ein zwischen den verhandelnden Parteien unumstrittenes ökonomisches Wissen zurückgreifen. Die Beratungsorgane haben somit einen großen Einfluss auf die Präferenzbildung der Parteien bezüglich der Höhe der gesamten Staatsausgaben. Ihre Analysen entscheiden darüber, ob bzw. inwiefern eine Verringerung der Abgaben in den Augen des Kabinetts zu einer Erhöhung der Beschäftigung führt. Somit nehmen sie die Entscheidung über das kollektiv gewünschte Niveau der Staatsausgaben, mit anderen Worten des Produktionsproblems, ein Stück weit vorweg. Für die Politik bedeutet dies eine erhebliche Vereinfachung, weil sie dann nur noch über die Verteilung der gegebenen Mittel entscheiden muss. Die Trennung von Produktions- und Verteilungsproblem dürfte die Schaffung einer finanzpolitischen Vereinbarung in nicht unerheblichem Maße erleichtern.

Eine finanzpolitische Vereinbarung stellt nur dann eine Lösung des Allmendeproblems dar, wenn darin umfassende und präzise Angaben über die Gesamthöhe der öffentlichen Ausgaben und ihre Verteilung gemacht werden. Die Höhe der Gesamtausgaben kann auch über die Höhe der gesamten Einnahmen inklusive des Defizits festgelegt werden, weil die Einnahmen des öffentlichen Haushalts den Ausgaben exakt entsprechen. Die Regelung bezüglich der Höhe der Ausgaben muss sich möglichst über den gesamten öffentlichen Sektor erstrecken, weil sonst Ausgaben auf andere Körperschaften verlagert werden bzw. deren Finanzmittel herangezogen werden. Idealerweise klärt eine finanzpolitische Vereinbarung den Verteilungskonflikt nicht nur auf der Ausgabe-, sondern auch auf der Einnahmeseite des Haushalts, weil ein egoistischer Politiker bei gegebener Ausgabenhöhe und -verteilung versuchen wird, den Finanzierungsanteil seiner Klientel zu verringern. Ort und Zeitpunkt der Einschnitte müssen dabei möglichst konkret festgelegt werden. Besteht hingegen keine Vereinbarung über die Verteilung der Einschnitte, dann werden die Minister und Parteien sich in zähen und zeitraubenden Verhandlungen erst einigen müssen. Dies kann dazu führen, dass auch die Ziele bezüglich des maximalen Niveaus der Ausgaben nicht erreicht werden. Die Ausarbeitung einer solchen finanzpolitischen Vereinbarung ist aufwändig und verlangt erhebliche Sachkenntnis. Im parlamentarischen System der Niederlande bestand allerdings zu Beginn des Untersuchungszeitraumes kein Beratungsgremium, das das Kabinett bei den Koalitionsverhandlungen mit Fachwissen über die durchaus schwierige Gestaltung von finanzpolitischen Vereinbarungen versorgt hätte. Insgesamt kann jedoch gesagt werden, dass die Prozeduren der Koalitionsverhandlungen unter Beteiligung von unabhängigen Sachverständigen gute Voraussetzungen für die Schaffung (supply) von gemeinwohlorientierten finanzpolitischen Vereinbarungen bieten. Problematisch erscheint nur das fehlende Fachwissen für die Gestaltung.

Unter der Bedingung eines einmal geschaffenen Vertrages können der Ministerpräsident und der Finanzminister ihre Verantwortung für die öffentlichen Finanzen dadurch wahrnehmen, dass sie die Einhaltung des Vertrages kontrollieren bzw. versuchen, diesen auch durchsetzen. So verfügt der Finanzminister zwar über keine hierarchischen Befugnisse gegenüber seinen Kollegen, ist aber durch die Zentralen Abteilungen für finanzielle und wirtschaftliche Angelegenheiten in den anderen Ministerien stets gut informiert und kann daher von den Vereinbarungen abweichendes Verhalten aufdecken. Ist die institutionelle Position des Finanzministers auch nicht so gut, dass er seinen Kollegen finanzpolitische Ziele diktieren kann, so reicht sie doch für eine effektive Kontrolle des Vertrages hin. Als Sanktion kommt erstens der Rücktritt des Finanzministers in Frage. Besteht eine finanzpolitische Vereinbarung, dann ist diese Drohung glaubwürdiger als ohne Vereinbarung, weil er darauf verweisen kann, dass der Bruch einer Absprache vorliegt. Ohne eine solche Vereinbarung kann der Finanzminister keine solche Linie verteidigen; seine Rücktrittsdrohung hat immer etwas Beliebiges. Zweitens kann eine Partei mit dem Ausstieg aus der Koalition drohen, wenn die Absprachen aus dem Koalitionsvertrag nicht eingehalten werden. Angesichts des holländischen Parteiensystems wiegt die Drohung schwer. Die hohe Zahl von Parteien im Parlament hat die Folge, dass keine Partei die Chance hat, allein die Mehrheit zu erringen. Die im internationalen Vergleich recht hohe Zahl der Parteien in der Regierung kann allerdings nicht allein als Ausfluss des Erfordernisses der Mehrheitsbeschaffung interpretiert werden, da viele der Koalitionen der Nachkriegszeit mehr Parteien umfassten, als dafür notwendig gewesen wäre. Dies zeigt, dass der Stimmenanteil bei einer Wahl allenfalls einen geringen Einfluss auf die Aussichten zur Teilnahme an der Regierung hat. Gleiches wurde oben für den Zugewinn an Stimmen festgestellt. Die Chance, an einer Regierung teilzunehmen, hängt mithin von den Beziehungen der Parteien zueinander ab. Mit Bezug auf die Bedingungen für eine wirksame finanzpolitische Vereinbarung bedeutet dies, dass eine Partei, die eine Vereinbarung bricht, damit rechnen muss, von der nächsten Regierungsbildung ausgeschlossen zu werden. Die vergleichsweise geringe Bedeutung von Stimmenanteilen und -zugewinnen vermindert überdies den Anreiz, die Vereinbarung kurz vor anstehenden Wahlen zu brechen. Die Aussichten für die Dauerhaftigkeit einer finanzpolitischen Vereinbarung sind damit gut, solange Wahlen im Vergleich zu strategischen Erwägungen der Parteien eine eher geringe Bedeutung haben. Dieser Aspekt des niederländischen Parteiensystems hat zur Folge, dass die Bestimmungen einer finanzpolitischen Vereinbarung kontrollierbar und durchsetzbar (monitoring) sind. Überdies wird dadurch auch gesichert, dass alle Beteiligten sich dauerhaft an die Vereinbarung halten (commitment). Das parlamentarische System der Niederlande lässt offenbar keine hierarchische Lösung des Allmendeproblems des öffentlichen Haushalts zu, erfüllt aber weitgehend die drei Bedingungen für eine effektive finanzpolitische Vereinbarung zur Lösung des Allmendeproblems.

Welche Hypothesen lassen sich aus dem analytischen Rahmen und der Kenntnis des parlamentarischen Systems der Niederlande über die Entwicklung der Finanzpolitik ableiten? Eine gewichtige Rolle muss vor allen politischen Faktoren dem Wirtschaftswachstum zugebilligt werden. Je höher das Wachstum (im Vergleich zu den Erwartungen), desto leichter wird es der Finanzpolitik fallen, ihre Ziele zu erreichen. Neben diesem gewichtigen Einflussfaktor ist zu erwarten, dass die finanzpolitischen Akteure eine wichtige Rolle spielen. Dies hängt erstens von dem ab, was sie wollen. Linke Parteien schätzen den Staatsanteil am Wirtschaftsprodukt positiver ein als rechte Parteien. Sind Politiker davon überzeugt, dass eine Ausdehnung des Staatsanteils keine Auswirkung auf die Beschäftigung hat, dann werden sie eher bereit sein, diese zu tolerieren, als wenn diese als beschäftigungsschädlich angesehen wird. Zweitens stellt sich die Frage, ob die Minister und Fraktionen ihr gemeinsames Ziel, nämlich eine Kontrolle der öffentlichen Ausgaben zugunsten der (privaten) Beschäftigung, angesichts des Allmendeproblems auch durchsetzen können. Da die hierarchische Lösung nicht zur Verfügung steht, werden die Politiker versuchen, eine finanzpolitische Vereinbarung abzuschließen, die es ihnen ermöglicht, dieses gemeinschaftliche Ziel auch zu erreichen. Scheitert der Versuch, eine präzise Vereinbarung über die Höhe der Ausgaben und ihre Verteilung zu erreichen, dann wird das Allmendeproblem zu steigenden Ausgaben und damit verbundenen Abgaben und Defiziten führen. Gelingt es ihnen hingegen, eine solche Vereinbarung auszuhandeln, dann ist zu erwarten, dass der Finanzminister und der Ministerpräsident die Einhaltung der Bestimmungen überwachen und sie verteidigen werden. Die Regierungsparteien werden sich an die Vereinbarung halten, wenn die Chance auf eine Beteiligung an der Regierung in einem hohen Maße von den Beziehungen der Parteien zueinander abhängt. Sie wird zerbrechen, wenn Stimmengewinne für die Chance auf Regierungsbeteiligung eine große Rolle spielen. Bevor diese Hypothesen überprüft werden, geht das folgende Kapitel zunächst auf das Ende des Keynesianismus und den Aufstieg der Arbeitskostentheorie in den Niederlanden ein.

Kapitel IV
Von der Zijlstra-Norm zum Ende von Vollbeschäftigung und Keynesianismus

In diesem Kapitel geht es darum, den historischen Hintergrund der Finanzpolitik ab 1977 darzustellen und zu analysieren. Die im ersten Abschnitt beschriebene Zijlstra-Norm bildete bis zur ersten Ölkrise einen befriedigenden Rahmen für die Fiskalpolitik in den Niederlanden. Im zweiten Abschnitt wird die Reaktion des Kabinetts Den Uyl auf die erste Ölkrise analysiert. Die einschneidende Rezession in der Folge der Energiepreiserhöhungen zeigte deutlich, dass eine keynesianische Politik allein nicht mehr hinreichend war, um die Vollbeschäftigung zu sichern. Die Konsequenz waren Arbeitslosigkeit und eine deutlich gestiegene Abgabenbelastung. Wie im dritten Abschnitt gezeigt wird, versuchte Finanzminister Duisenberg, den weiteren Anstieg der Abgabenlast zu beschränken, um eine Rückführung der Arbeitslosigkeit zu ermöglichen. Der letzte Abschnitt dieses Kapitels beschreibt das Mitte der Siebziger entwickelte makroökonomische Modell VINTAF II und die ihm zu Grunde liegende Arbeitskostentheorie. Schließlich werden die sich daraus ergebenden Konsequenzen für die Finanzpolitik analysiert. Doch zunächst zur Zijlstra-Norm.

1. Die Zijlstra-Norm

Anfang der Sechziger führte Finanzminister Jelle Zijlstra in den Niederlanden eine trendorientierte Fiskalpolitik ein (Zijlstra 1992). Die nach ihm benannte Zijlstra-Norm bildete bis zum Ende der Siebziger die Grundlage der Finanzpolitik. Der Finanzminister versuchte damit, die keynesianische Fiskalpolitik an Regeln zu binden und die Politik zu disziplinieren. Das zentrale Konzept der Norm war der „strukturelle Haushaltsspielraum" (Diamond 1977; Kertzman 1972/73). Dem lag die Beobachtung zugrunde, dass die Steuereinnahmen bei konstanten Steuersätzen auf Grund der Progression schneller steigen als das Volkseinkommen. Die dadurch anfallenden Mehreinnahmen sind der „Haushaltsspielraum" des Jahres. Wird dieser vollständig ausgegeben, dann steigt die Abgabenlast. Soll die Abgabenlast konstant bleiben, dann muss ein Teil des Haushaltsspielraumes durch eine Steuersenkung zurückgegeben werden. Die Idee dabei war, das Parlament zu einer klaren Entscheidung zwischen mehr öffentlichen Leistungen und Steuersenkungen zu zwingen.

Der Haushaltsspielraum wurde struktureller Haushaltsspielraum genannt, weil er für mehrere Jahre im Voraus auf der Grundlage des trendmäßigen, d.h. konjunkturbereinigten Volkseinkommens berechnet wurde. Dadurch wirkte der Haushalt als automatischer Stabilisator. Blieb das tatsächliche Wachstum hinter dem trendmäßigen Wirtschaftswachstum zurück, dann entstand ein Defizit, das sich stimulierend auf die Wirtschaftstätigkeit auswirkte, weil so zusätzliche Nachfrage generiert wurde. Während eines Booms entstanden hingegen Haushaltsüberschüsse, die die überschäumende Nachfrage abschöpften. Über den Konjunkturzyklus hinweg glich sich der Haushalt wieder aus. Die Zijlstra-Norm, welche eine elegante Antwort auf das Problem des Konjunkturzyklus bot, hatte jedoch selbst Probleme, die in den späten Siebzigern offenbar wurden. So war die Norm nur für den Reichshaushalt definiert. Ausgaben außerhalb des Reichshaushaltes und antizyklische Maßnahmen wurden durch die Norm nicht erfasst. Die Zijlstra-Norm war auch keine Vereinbarung darüber, wie hoch der Anteil der öffentlichen Hand am Volkseinkommen sein sollte. Oftmals wurde der Haushaltsspielraum daher als Verfügungsmasse betrachtet, statt als Anlass für eine Entscheidung (Barendregt/Visser 1997: 165). Trotz dieser Probleme funktionierte die Zijlstra-Norm bis zur ersten Ölkrise recht befriedigend. Die Staatsausgaben stiegen zwar an und zogen steigende Abgaben nach sich, führten aber unter den guten weltwirtschaftlichen Bedingungen der Sechziger nicht zur Entstehung von Arbeitslosigkeit. Außerdem verminderte die Zijlstra-Norm die Gefahr eines konjunkturellen Einbruchs, der dann eine Kettenreaktion aus steigenden Ausgaben, steigenden Abgaben und daraus resultierender struktureller Arbeitslosigkeit nach sich ziehen konnte. Erst bei dem schweren wirtschaftlichen Einbruch während der Ölkrise erwies sich die Zijlstra-Norm als unzureichend, um die Vollbeschäftigung zu sichern und die Staatsfinanzen in Ordnung zu halten. Dies ist der Gegenstand des folgenden Abschnitts.

2. Den Uyl und die keynesianische Reaktion auf OPEC I

Kurz bevor sich die Energiepreise weltweit vervielfachten, gelang es dem Sozialdemokraten Den Uyl in den Niederlanden, ein sozialdemokratisch geführtes Kabinett mit einem „progressiven" Anstrich zu bilden. Das Kabinett stützte sich auf eine Koalition aus PvdA, D'66, PPR und den beiden konfessionellen Parteien KVP und ARP. Die Verwirklichung der weitreichenden gesellschaftspolitischen Zielsetzungen der Regierung hing entscheidend von einer Fortsetzung des bereits etwa ein Vierteljahrhundert andauernden Nachkriegsbooms ab. Der reformerische Elan der Regierung wurde somit auf eine schwere Probe gestellt.

Volkswirtschaftlich stellte das Ansteigen der Ölpreise für die Niederlande Fluch und Segen zugleich dar. Einerseits wertete dies die eigenen Gasvorkommen massiv auf und andererseits war damit ein schwieriger Anpassungsprozess für viele Sektoren der Volkswirtschaft verbunden. Die Regierung Den Uyl interpretierte die Rezession, die dem Ölpreisanstieg folgte, in keynesianischer Sichtweise als einen Entzug effektiver Nachfrage in den Industrienationen. Dennoch verkannte sie nicht, dass auch ein angebotsseitiger Inflationsschub im Spiel war. Der Anstieg der Importpreise hatte sich in eine Lohn-Preis-Spirale übersetzt. Dementsprechend verfolgte die Regierung eine Strategie, die sowohl nachfrage- als auch angebotsseitig wirken sollte. Die Fiskalpolitik der Regierung zielte darauf ab, die Nachfrage durch eine Ausweitung des öffentlichen Defizits und der Staatsausgaben zu stützen. Die Regierung sah sich in ihrer Haltung durch die Tatsache bestärkt, dass die Niederlande im Gegensatz zu den meisten Industrienationen auf Grund ihrer Erdgasexporte einen Leistungsbilanzüberschuss aufwiesen. Gleichzeitig versuchte die Regierung mit den Gewerkschaften einen Lohnstopp auszuhandeln, um die angebotsseitige Inflation in den Griff zu bekommen (Den Uyl 1987: 278-280).

Als die Anzeichen für eine Rezession im März 1974 immer deutlicher wurden, forcierte die Regierung ihre expansive Fiskalpolitik. Ab Juli wurden Steuererleichterungen in der Lohn- und Einkommensteuer sowie spezielle Steuererleichterungen für Realinvestitionen vorgesehen. Außerdem wurden die (nominellen) Ausgaben angehoben, um die gestiegene Inflation zu kompensieren. Ein zusätzliches Beschäftigungsprogramm sollte die Folgen der Rezession auf dem Arbeitsmarkt abfangen. Im Jahre 1974 war die expansive Wirkung wegen Verzögerungen bei der Implementation nur schwach. Als sich die Rezession weiter verschärfte, wurde das reguläre Budget um antizyklische Maßnahmen erweitert und auch diese wiederum im November 1974 und im Frühjahr 1975 durch weitere Programme zur Ankurbelung der Wirtschaft ergänzt. Darin waren Einkommensteuersenkungen enthalten, die auf eine Lohnmäßigung hinwirken sollten. Zusätzliche staatliche Subventionen an die Sozialversicherung sollten eine Anhebung der Sozialversicherungsbeiträge vermeiden helfen und dienten so dem gleichen Zweck. Das Gesamtvolumen der Beschäftigungsprogramme und Steuersenkungen stellte die bisherigen Maßnahmen weit in den Schatten (OECD 1976: 28-31, 41-49). Der fiskalische Impuls war damit im Jahre 1975 durchaus substanziell. Die Regierung Den Uyl versuchte außerdem, an die Tradition der zentral ausgehandelten Lohnmäßigung der Nachkriegszeit anzuknüpfen, um Lohnzurückhaltung zu erreichen. Auch die fiskalischen Anreize konnten die Gewerkschaften nicht von einer freiwilligen Lohnmäßigung überzeugen. Die Verantwortung für die Lohnpolitik war mit dem Lohngesetz von 1970 zwar teilweise auf die sogenannten Sozialpartner verlagert worden, dennoch verblieben wichtige Befugnisse in der Hand der Regierung. Sie konnte weiterhin Lohnstopps verhängen (Visser 1990: 199). Das sogenannte Machtigingswet (Ermächtigungsgesetz) aus dem Januar 1974 ermöglichte es der Regierung, zum Schutz von Arbeitsplätzen in die Lohnbildung einzugreifen, ohne das Parlament zuvor zu konsultieren. Als die Verhandlungen schließlich scheiterten, machte die Regierung vom Lohnstopp Gebrauch. Immerhin gelang es dadurch, den Preisanstieg während der Gültigkeitsdauer zu dämpfen. Allerdings entsprach es den Gleichheitsvorstellungen der Regierung, dass nicht nur die Arbeitseinkommen, sondern alle Einkommen gemäß ihren Möglichkeiten mitwirken mussten (Albeda 1987: 307). Die oberen Einkommensgruppen und Profite wurden somit auch stärker belastet als niedrige Einkommen. Schließlich wurden die erzielten Effekte nach dem Ende des Lohnstopps durch Nachholeffekte teilweise wieder zunichte gemacht. Beschäftigungspolitisch war die keynesianische Reaktion nur in begrenztem Maße erfolgreich. Die Gesamtbeschäftigung als Anteil der Bevölkerung im erwerbsfähigen Alter ist in den Niederlanden mit etwa zwei Prozentpunkten stärker zurückgegangen als in den meisten parlamentarischen Demokratien.

Die keynesianische Fiskalpolitik war in dieser Rezession offenbar nicht hinreichend gewesen, um die Vollbeschäftigung zu erhalten. Als Allheilmittel hatte sie damit an Glaubwürdigkeit eingebüßt. Überdies hatte die Regierung für den begrenzten beschäftigungspolitischen Erfolg einen hohen Preis zu entrichten. Die Niederlande hatten zwischen 1972 und 1976 mit 7,1 Prozentpunkten den höchsten Anstieg der Staatsquote unter den hier verglichenen Demokratien zu verzeichnen. Damit lag die niederländische Staatsquote in der Abgrenzung der OECD in etwa im internationalen Mittelfeld. Das Defizit war hingegen mit 2,5 Prozentpunkten im internationalen Vergleich gering. Als Konsequenz stieg die Abgabenlast inklusive der gestiegenen Erdgaseinnahmen um 5,3 Prozentpunkte. Aus der Perspektive der vorliegenden Arbeit sind insbesondere die Steuern auf Arbeit von Interesse. Die direkte Abgabenlast als Anteil der gesamten Arbeitskosten stieg im Fall des durchschnittlichen Industriearbeiters zwischen 1972 und 1976 um 5,6 Prozentpunkte auf 48,0 Prozent an. Die Niederlande kletterten damit auf den zweiten Rang hinter Schweden (OECD 1978b: 90-91, 93 und 105). Die gestiegenen Abgaben wurden, wie der folgenden Abschnitt zeigt, nach dem Ende der Rezession zum zentralen Thema der Finanzpolitik.

3. Duisenbergs Ein-Prozent-Norm

Während der Aufstellung des Haushaltsentwurfes 1976 wurde die steigende Abgabenlast erstmals zum Thema im Kabinett. Im Sommer 1975 legte das Centraal Planbureau (CPB) die mittelfristige Schätzung wichtiger volkswirtschaftlicher Größen bis zum Jahre 1980 vor. Es korrigierte darin das erwartete durchschnittliche reale Wachstum des Volkseinkommens um einen halben Prozentpunkt auf nur noch 3 bis 3,25 Prozent herunter. Die Prognosen zeigten, dass die Abgabenlast bei unveränderter Politik bis 1980 jährlich um etwa 1,75 Prozentpunkte des Volkseinkommens zunehmen würden (OECD 1977: 34). Der verfügbare Reallohn des modalen Arbeiters würde dementsprechend nur noch geringfügig steigen. Auch bei der Arbeitslosigkeit waren die Aussichten ernüchternd. Die Wirtschaftsforscher erwarteten bis zum Ende des Jahrzehnts einen starken Anstieg der strukturellen Arbeitslosigkeit auf 300.000 Personen. Da die bisherige Haushaltsplanung von einem strukturellen Wirtschaftswachstum von 3,75 Prozent ausging, hätte eine Beibehaltung der bisherigen Schätzungen einen Regelbruch mit der Zijlstra-Norm und eine Erhöhung der strukturellen Finanzierungslücke bedeutet. Finanzminister Duisenberg betrachtete es infolgedessen als unmöglich, weiter die alten Zahlen zu verwenden, und drängte das Kabinett, sich mit dem geringeren Wachstum abzufinden und die Konsequenzen in Form von ausgabendämpfenden Maßnahmen zu ziehen. Am CPB waren bereits seit 1974 Entwicklungsarbeiten zum neo-keynesianischen „Jahrgangsmodell" geleistet worden, das im Gegensatz zu den bisherigen keynesianischen Modellen den Lohnkosten eine zentrale Bedeutung für die Beschäftigungsentwicklung zusprach. Berechnungen mit diesem Modell zeigten, dass Lohnmäßigung zu einer substanziellen Verbesserung der Beschäftigungssituation führen würde, wenn das somit verminderte verfügbare Einkommen wiederum durch eine weniger stark ansteigende Abgabenbelastung kompensiert würde. Die Wissenschaftler hielten 100.000 zusätzliche Arbeitsplätze für möglich. Duisenberg griff diese Überlegungen in einem Memorandum an das Kabinett auf. Sein Ziel war es, das Wachstum der Abgabenlast auf einen Prozentpunkt des Volkseinkommens pro Jahr zu begrenzen. Damit wurde die bei der Zijlstra-Norm offene Frage, inwieweit der Haushaltsspielraum verausgabt werden sollte, geklärt. Obschon der Finanzminister seine Kollegen mit dem schnellen Vorstoß überraschen konnte, traf er bald auf den Widerstand von Sozialminister Boersma (ARP) und Premier Den Uyl (PvdA). Boersma sah darin einen Anschlag auf die Politik des Sozialministeriums. Er argumentierte, dass die Planungen nicht zuverlässig seien und statt des Vorschlags von Duisenberg ein weiteres Konjunkturprogramm in Höhe von mindestens drei Milliarden Gulden in Kraft gesetzt werden sollte. Während der Premier den Sozialminister unterstützte, nahm Wirtschaftsminister Ruud Lubbers (KVP) eine Zwischenposition ein. Er war kein Gegner von Einsparungen, schloss jedoch auch eine kurzfristige Erhöhung des Defizits nicht aus. Praktische Unterstützung erhielt Duisenberg von DNB-Präsident Zijlstra, der sich weigerte, eine Fortsetzung der expansiven Fiskalpolitik monetär zu finanzieren. Zugleich erschien eine Finanzierung des Defizits über den Kapitalmarkt schwierig, weil dies negative Auswirkungen auf das Zinsniveau und damit letztlich auf die Beschäftigungssituation in zinsreagiblen Branchen wie dem Bausektor haben würde. Unter den gegebenen Umständen konnte der Finanzminister mit der Drohung, dass die Miljoenennota 1976 nicht herausgegeben werden könne, schließlich die Aufnahme der Ein-Prozent-Norm in die Miljoenennota durchsetzen (Tweede Kamer 1975-1976). Im Gegenzug musste Wim Duisenberg jedoch dem Sozialminister Zustimmung zu dem von ihm geplanten Konjunkturprogramm geben. Den Uyl gelang es, auf die Formulierung der Norm Einfluss zu nehmen. Jener Teil der Erdgaseinnahmen, der auf Nicht-Steuermitteln beruhte, wurde deshalb schließlich aus der Definition der Abgabenlast herausgenommen (Toirkens 1988).

Die Zentrale Ökonomische Kommission schätzte das mit der Ein-Prozent-Norm verbundene Kürzungsvolumen im Zeitraum bis 1980 auf etwa neun bis zehn Milliarden Gulden. Um Einsparungsmöglichkeiten zu finden, wurden die Staatsausgaben von zwei Kommissionen durchforstet. Die Lamers-Kommission sollte Kürzungsmöglichkeiten in den Sozialversicherungen und bei den Sozialleistungen, die über den Reichshaushalt finanziert wurden, vorschlagen. Für den verbleibenden Reichshaushalt im engeren Sinn wurde eine zweistufige Prozedur eingeführt. In der ersten Stufe sollten die Minister jene drei Prozent Ausgaben angeben, die ihnen am wenigsten wichtig erschienen. In der zweiten Stufe sollten weitere Kürzungsvorschläge von einer Kommission unter Koopmans gemacht werden (Toirkens 1988).

So nötig und erfolgreich die Überraschungstaktik von Duisenberg bei der Durchsetzung der Formulierung der Ein-Prozent-Norm war, so sehr wendete sich das bei der Umsetzung gegen ihn. Die Minister, die bei der Formulierung der Norm nicht eingebunden waren, widersetzten sich der Implementation. Staatssekretär Hendriks legte sein Veto gegen Kürzungen im Gesundheitsbereich ein. Das Verteidigungsministerium und das Bildungsministerium verweigerten die Mitarbeit an der Umsetzung der Norm zunächst gänzlich. Ein Vorschlag der Lamers-Kommission lief darauf hinaus, das notwendige Kürzungsvolumen durch einen Verzicht auf die Einführung des AAW (Algemene Arbeidsongeschiktheidswet) zu erreichen. Dieses Gesetz, welches eine Ausdehnung der Erwerbsunfähigkeitsversicherung auf Selbständige und von Geburt an Behinderte vorsah, war bereits seit den frühen sechziger Jahren diskutiert worden (LISV (Landelijk Instituut Sociale Verzekeringen) 1998: 93). Sozialminister Boersma protestierte gegen diese Idee. Stattdessen schlug Boersma vor, die Indexierung der Sozialleistungen an die Löhne zu verändern, um den durch die Einführung des AAW entstehenden Anstieg der Sozialversicherungsbeiträge durch Einsparungen zu kompensieren. Dem Sozialminister war aber sehr wohl bewusst, dass dieser Vorschlag gegen den Willen von Ministerpräsident Den Uyl und die PvdA nicht durchzusetzen war. Es handelte sich also eher um Taktik als um einen Vorschlag für Einsparungen (Toirkens 1988).

Berechnungen der CEC zeigten bald, dass die mit der Ein-Prozent-Norm verbundene Politik nicht hinreichen würde, um die Arbeitslosigkeit im Jahre 1980 auf das Niveau vor der Ölkrise zurückzudrängen. Die Prognose bei einer unveränderten Fortführung der Politik ergab für den Zeitraum von 1977 bis 1980 ein Absinken der Beschäftigung im Unternehmenssektor um ein halbes Prozent. Die Einhaltung der Norm von Duisenberg ergab lediglich eine Stagnation der Beschäftigung in diesem Bereich. Der Rat der CEC ging deshalb dahin, die Ein-Prozent-Norm mit einer langfristig angelegten Politik zur Steigerung der Investitionen zu verbinden. Hieraus resultierte schließlich das von Wirtschaftsminister Lubbers unterstützte Investitionsprogramm WIR (Wet Investeringsrekening). Die zugrunde liegende Idee bestand darin, dass die hohen Arbeitskosten die Profitabilität der Unternehmen gedrückt hätten. Deshalb wären in der Vergangenheit Investitionen unterlassen worden. Die Investitionen, die trotzdem vorgenommen worden waren, waren hauptsächlich arbeitsplatzsparende Investitionen gewesen. Die Fördermaßnahmen sollten die Investitionen wieder erhöhen. Die Investitionszuschläge waren so gestaffelt, dass arbeitsplatzschaffende Maßnahmen besonders bedacht wurden. Daneben enthielt das Programm auch Lohnkostensubventionen (OECD 1977: 34-35). Der Rücktritt von Ministerpräsident Den Uyl wegen Konflikten zwischen den Koalitionspartnern in der Bodenpolitik sorgte dafür, dass das WIR während seiner Regierungszeit nicht mehr verabschiedet werden konnte. Das AAW der letzte Meilenstein der Ausbauphase des niederländischen Wohlfahrtsstaates, trat im Oktober 1976 in Kraft. Die Einsparungen im Rahmen der Ein-Prozent-Norm konnten nicht mehr vollständig umgesetzt werden und stellten damit eine Herausforderung für das nachfolgende Kabinett Van Agt dar. Der folgende Abschnitt beschäftigt sich mit der in VINTAF II enthaltenen Arbeitskostentheorie, deren erste Ansätze zur Ein-Prozent-Politik geführt hatten.

4. Das VINTAF-Modell des Centraal Planbureau

Es gibt wahrscheinlich kaum ein Land in Europa, in dem die Anwendung von makroökonomischen Modellen eine derartig große Rolle spielt wie in den Niederlanden (Griffith 1980: 136). Das CPB verfügt bei der Versorgung der Regierung mit ökonometrischem Schätzungen praktisch über ein Monopol. Wenn das CPB, wie beim Übergang zu VINTAF II, für seine Prognosen ein neues ökonometrisches Modell verwendet, dann verändert es damit die Vorstellung der Regierung bzw. der verhandelnden Parteien während der Regierungsbildung über Abläufe in der Volkswirtschaft. Der Übergang zum VINTAF-Modell führte zu einer generell neuen Sichtweise der Rolle der öffentlichen Finanzen für die Beschäftigung.

In den sechziger Jahren verwendete man im CPB ein Modell für kurzfristige Prognosen, das vor allem auf die Nachfrageseite abhob. Seit 1967 gab es auch ein Modell, das neben konjunkturellen auch strukturelle Veränderungen in der niederländischen Volkswirtschaft berücksichtigte und daher auch mittelfristige Prognosen erlauben sollte. In der ersten Hälfte der siebziger Jahre sah sich das CPB jedoch dem Problem gegenübergestellt, dass keines seiner Modelle in der Lage war, den starken Anstieg der Arbeitslosigkeit seit 1972 zu erklären. Dies brachte das Centraal Planbureau dazu, ein neues Modell zu bauen. Dies hob erstmals die in keynesianischen Modellen normalerweise wenig beachteten Arbeitskosten hervor. Danach führten zu hohe Arbeitskosten zu einer beschleunigten Substitution von Arbeit durch Kapital. Dieses sogenannte Jahrgangsmodell wurde schließlich in ein Modell für die gesamte Volkswirtschaft, namentlich VINTAF eingebaut (Kloek 1978: 61-66). Im Nachfolgemodell VINTAF II wurden den öffentlichen Finanzen neben der Wirkung auf die effektive Nachfrage auch langfristige, angebotsseitige Effekte zugeschrieben. Der Anstieg der strukturellen Arbeitslosigkeit erklärte sich im Rahmen des Modells aus der arbeitskostenerhöhenden Wirkung der Abgabenlast etwa wie folgt:

Die seit den späten Sechzigern steigende Abgabenlast auf dem Faktor Arbeit führte zu einer Erhöhung der Arbeitskosten, weil es den Arbeitern gelang, die zusätzliche Last auf die Unternehmen abzuwälzen. Da die Unternehmen dies auf Grund der internationalen Konkurrenz nicht auf die Preise abwälzen konnten, sanken die realen Gewinne. Dies hatte dem Modell zufolge wiederum negative Auswirkungen auf die Investitionen. Auf Grund der gestiegenen realen Arbeitskosten wurde der Kapitalstock in verlustbringenden, arbeitsintensiven Industrien außer Dienst gestellt. Außerdem wurden arbeitssparende Investitionen getätigt. Später gingen die Investitionen insgesamt zurück, was negative Folgen für die Beschäftigung nach sich zog. Während in den Sechzigern der Nettozugewinn an Beschäftigung sank, kam es in den Siebzigern bereits zu Beschäftigungsverlusten und zur Entwicklung struktureller Arbeitslosigkeit (Centraal Planbureau 1978: 283-285).

VINTAF II bildete fortan die ökonometrische Grundlage für die Gutachten der Zentralen Ökonomischen Kommission. Diese wurde vom Wirtschaftsminister beauftragt, die wirschaftlichen Aussichten während der folgenden Legislaturperiode einzuschätzen. Den Berechnungen wurde eine trendmäßige Entwicklung der Weltwirtschaft und die Mehrjahresplanungen der Miljoenennota 1977 zugrunde gelegt. Die CEC betrachtete die letztere Annahme bereits als optimistisch, weil dies die Umsetzung der darin vorgesehenen Kürzungsmaßnahmen der Ein-Prozent-Norm voraussetzte. Die Ergebnisse der Studie (CEC 1978) waren ernüchternd. Es ergab sich für die Periode bis 1981 auch bei vollständiger Umsetzung der Ein-Prozent Politik nur noch ein Wachstum des Volkseinkommens von 3,5 Prozent. Das waren 0,25 Prozentpunkte weniger, als bisher bei vollständiger Umsetzung der Kürzungen prognostiziert. Die Inflation würde bei unveränderter Politik weiterhin hoch bleiben und die nominalen Lohnsteigerungen den zweistelligen Bereich erreichen. Auch die Lohnstückkosten würden auf Grund der zurückbleibenden Produktivitätsentwicklung weiterhin steigen und keine Aussichten für eine verbesserte Ertragssituation bieten. Folglich würde auch die Arbeitslosigkeit nach den neueren Schätzungen 250.000 bis 275.000 Mannjahre erreichen und damit deutlich höher sein als nach den älteren Schätzungen. Die Finanzierungslücke würde 1981 etwa 5,5 bis 6 Prozent erreichen und damit höher sein als die im Rahmen der strukturellen Haushaltspolitik als maximal vertretbar angesehenen fünf Prozent.

In ihrer Beurteilung der Ergebnisse der Prognosen kamen die Spitzenbeamten der Zentralen Ökonomischen Kommission zu dem Ergebnis, dass der strukturellen Haushaltspolitik in Zukunft das niedrigere strukturelle Wachstum des Volkseinkommens von nur noch 3,5 Prozent zugrunde gelegt werden dürfe, wenn die Finanzierungslücke nicht aus dem Ruder laufen sollte. Dies erforderte umfangreiche, zusätzliche Kürzungen. Die Arbeitslosigkeit würde nach Einschätzung der Kommission die zentrale politische Frage bleiben. Sie stellte überdies fest, dass zusätzliche Ausgaben eine allenfalls kurzfristige positive Wirkung auf den Arbeitsmarkt hätten. Langfristig konnte die

Finanzpolitik nur durch Senkungen der Abgabenlast eine positive Wirkung auf den Arbeitsmarkt entfalten. Angesichts der ohnehin hohen Finanzierungslücke war dies unweigerlich mit weiteren Einsparungen verbunden. Eine deutliche Verringerung auf die von der vorangegangenen Regierung angestrebten 150.000 Mannjahre sei nur mit eingreifenden Maßnahmen möglich. Zu diesem Zwecke ließ die CEC mehrere sogenannte Politikvarianten berechnen, die Hinweise darauf geben sollten, welche Effekte von bestimmten politischen Maßnahmen zu erwarten seien. In allen Varianten war die Einschränkung des Wachstums der öffentlichen Ausgaben und damit eine Dämpfung des Anstiegs der Besteuerung ein zentrales Element. Daneben wurden auch die Effekte einer vereinbarten Lohnmäßigung und von Frühpensionierungen simuliert. Auf Grund dieser Berechnungen empfahl die CEC eine Kombination dieser Möglichkeiten, bei der es aber vor allem um eine Verringerung der Arbeitskosten durch Lohnmäßigung und Abgabensenkungen ging. Zusammenfassend ist festzustellen, dass das Modell und die dahinter stehende Theorie eine Wende im Verhältnis von Finanzpolitik und Arbeitsmarkt in den Niederlanden bedeuteten. Der Weg zur Verringerung der Arbeitslosigkeit bestand fortan in einer Verringerung des Staatsanteils am Volkseinkommen. Höhere Ausgaben bzw. die notwendig damit verbundenen Abgaben wurden hingegen als beschäftigungsschädlich angesehen. Nachdem diese Einsicht erreicht war, stellte sich in aller Schärfe die Frage, ob die Regierung auch in der Lage war, Einsparungen vorzunehmen. Dies stellte das zentrale finanzpolitische Problem in der zweiten Hälfte der siebziger Jahre dar, welche im Folgenden besprochen wird.

Kapitel V
Der Weg in die Krise: 1977 bis 1982

In diesem Teil der Arbeit werden die Kabinette Van Agt im Lichte des in Kapitel 2 vorgestellten Rahmens analysiert. In beiden Legislaturperioden wird zunächst der Prozess analysiert, in dem die Regierung gebildet wird. Dabei wird erstens die Frage geklärt, welche Bedeutung der Parteienwettbewerb bei den Wahlen und schließlich bei der Regierungsbildung hat. Zweitens wird der Prozess der Koalitionsverhandlungen untersucht, um festzustellen, wie die Regierung zu ihren finanzpolitischen Präferenzen kommt. Daran schließt sich jeweils ein Abschnitt an, der die im Koalitionsvertrag niedergelegten finanzpolitischen Regelungen beschreibt und analysiert. Dort muss festgestellt werden, ob es sich um eine finanzpolitische Vereinbarung handelt und ob die Regierung damit ein arbeitsmarktpolitisches Ziel verfolgte. Es handelt sich um eine finanzpolitische Vereinbarung, wenn die Höhe der Ausgaben und die Verteilung der Einschnitte verbindlich und konkret festlegt wird. Ist dies nicht der Fall, dann handelt es sich eher um eine Absichtserklärung, die zwar die gemeinsamen Ziele der Koalitionsparteien zum Ausdruck bringt, aber darauf verzichtet, die konkreten und damit kontroversen Schritte zu diesem Ziel zu nennen. Anschließend werden die Haushaltsprozesse auf die Wirksamkeit der im analytischen Rahmen behandelten Variablen untersucht. Den Abschluss bildet ein Abschnitt, in dem überprüft wird, ob das Kabinett sein Ziel erreicht hat. Dieses Verfahren wird im ersten Kapitel auf das Kabinett Van Agt I angewandt, welches sich vor die von der Zentralen Ökonomischen Kommission formulierten Aufgabe gestellt sah, die öffentlichen Ausgaben zu beschränken, um die Arbeitslosigkeit zu reduzieren. In etwas modifizierter Form geht es im zweiten Kapitel um die kurze und turbulente Geschichte des Kabinetts Van Agt II, das zwei Anläufe zu brauchbaren finanzpolitischen Verträgen unternahm und schließlich an der Finanzpolitik scheiterte. Doch zunächst zum Kabinett Van Agt und seiner Blaupause '81.

1. Das Kabinett Van Agt I und die Blaupause '81

Die Wahlen des Jahres 1977 waren eine sehr deutliche Bestätigung der regierenden Koalition unter Ministerpräsident Den Uyl. Die Sozialdemokraten erlebten jedoch bei den nachfolgenden Koalitionsverhandlungen erstmalig das sogenannte „Trauma der Niederlage im Sieg", weil sich nach den 208 Tage andauernden Verhandlungen eine Koalition aus CDA und VVD bildete. Das Wahlergebnis spielte für die Zusammensetzung der Regierung offenbar kaum eine Rolle. Das Koalitionsabkommen berücksichtigte die mit VINTAF II gewonnenen wirtschaftspolitischen Ergebnisse und zielte darauf ab, den Anstieg der Abgabenlast zu dämpfen, um die strukturelle Arbeitslosigkeit zu senken. Das Koalitionsabkommen wies keine konkreten Angaben darüber auf, wie dieses Ziel erreicht werden sollte. Es hatte somit eher den Charakter einer Absichtserklärung als die einer effektiven finanzpolitischen Vereinbarung. Der Mangel wurde auch durch die nachfolgende Blaupause '81 nicht behoben, weil die konkreten Einschnitte wiederum auf den Haushaltsentwurf 1979 vertagt wurden. Der Finanzminister konnte jedoch weder 1979 noch bei den späteren Haushalten eine konkrete Einigung über die mit der Zielsetzung verbundenen Einschnitte erreichen. Stattdessen wurde die Entscheidung über unverbindliche Absprachen und kurzfristige Maßnahmen stets weiter hinausgeschoben. Auch die Unterstützung des Ministerpräsidenten war nur halbherzig. Finanzminister Andriessen zog die Konsequenzen und trat zurück. Sein Nachfolger hatte kaum mehr Erfolg. Im Ergebnis stiegen die Ausgaben und in der Konsequenz auch die Defizite und Abgaben als Anteil des Bruttoinlandprodukt rasant an.

Im ersten Abschnitt wird auf die Wahlen und die Regierungsbildung eingegangen. Der zweite Abschnitt beschäftigt sich mit den im Koalitionsvertrag enthaltenen finanzpolitischen Vereinbarungen. Darauf folgen mehrere Abschnitte, die sich mit den Haushaltsjahren 1979 bis 1981 beschäftigen. Im letzten Abschnitt werden die Haushaltsergebnisse mit den Zielsetzungen des Koalitionsvertrages und der Blaupause '81 verglichen.

1.1 Wahlen und Regierungsbildung 1977

Anders als bei den vorangegangenen Wahlen drehte sich der Wahlkampf 1977 vor allem um die Frage, wer mit wem regieren könnte. Die drei großen religiösen Parteien ARP, CHU und KVP traten erstmals unter einer Liste an. Im Jahre 1980 fusionierten sie schließlich endgültig zum CDA und wurden damit zu einer typischen christdemokratischen Partei. Sie reagierten damit auf die anhaltenden Stimmenverluste im Zuge der Säkularisierung und der verringerten Bedeutung von konfessionellen Gegensätzen. Inhaltlich stand bei ihnen der Widerstand gegen eine liberale Abtreibungsgesetzgebung im Vordergrund. Insbesondere durch das provokative Auftreten ihres Spitzenkandidaten Van Agt verschlechterten sich dadurch die Beziehungen zur PvdA. Van Agt verzichtete unter dem Beifall der drei Parteien auf eine Koalitionsaussage zugunsten irgendeiner Partei. Lediglich einzelne Personen aus der ARP machten deutlich, dass sie eine Koalition mit der PvdA bevorzugten. Die Einigungsbestrebungen der konfessionellen Parteien führten bei den Sozialdemokraten zu der Sorge, dass sie in einem künftigen Kabinett überflügelt werden könnten. Sie beschlossen daher bereits im Herbst 1976 die sogenannte Mehrheitsstrategie. Die Mehrheitsstrategie wurde von Den Uyl so interpretiert, dass die PvdA nur dann in eine Regierung eintreten würde, wenn sie mindestens die Hälfte der Minister (inkl. Ministerpräsident) stellen könnte (Brants/Kok/van Praag 1981: 22). Auf Grund der Polarisierung der vorangegangenen Jahre blieb der VVD nur die Möglichkeit, nach einer möglichst großen Zahl von Sitzen zu streben und sich dem CDA für eine Koalition anzubieten. Die D'66 war während der Legislaturperiode auf Grund von katastrophalen Umfragewerten praktisch abgeschrieben worden. In den letzten Monaten vor der Wahl konnten sie sich jedoch wieder erholen. Ihr Vorsitzender spekulierte schließlich öffentlich über die Sitzverteilung in einem zukünftigen Kabinett aus PvdA, CDA und D'66.

Das Wahlergebnis kam einem Donnerschlag gleich (vgl. Tabelle A7 im Anhang). Die PvdA errang mit 10 zusätzlichen Sitzen einen überragenden Wahlerfolg. Das war der höchste Zugewinn an Sitzen, den eine niederländische Regierungspartei jemals zu verbuchen hatte. Die PvdA war damit die erste Partei in den Niederlanden, die mehr als ein Drittel der Sitze in der Tweede Kamer erreichte. Trotzdem war sie noch weit von einer progressiven Mehrheit aus PvdA, D'66 und der sozialistischen PPR entfernt. Eine Neuauflage der Regierung Den Uyl war damit weiterhin auf Unterstützung aus dem konfessionellen Lager angewiesen. Andererseits gelang es auch den christlichen Parteien, ihren Niedergang zu stoppen und sogar einen Sitz hinzu zu gewinnen. Die VVD gewann deutlich an Stimmen, so dass eine knappe Mehrheit für eine Koalition aus CDA und VVD bestand.

Nach den Wahlen herrschte gemeinhin die Auffassung, dass die PvdA und der CDA durch die Wähler gleichsam zur Zusammenarbeit „verurteilt" seien, wie der Fraktionsvorsitzende der PvdA Ed Thijn sich ausdrückte. Dennoch führte diese Konstellation zur schwierigsten und mit 208 Tagen längsten Regierungsbildung der Nachkriegszeit. Unmittelbar nach der Wahl begann die übliche Prozedur der Regierungsbildung. Königin Juliana empfing die Fraktionsvorsitzenden der Parteien, welche ihr mit überwältigender Mehrheit empfahlen, Den Uyl unmittelbar zum Formateur zu ernennen und auf einen Informateur zu verzichten (Keesings Historisch Archief, 1. Juli 1977: 413-414). Nur eine kleine Minderheit der Fraktionsvorsitzenden verwies darauf, dass ein Formateur vielleicht eher in der Lage sein würde, die gegensätzlichen Auffassungen in der Boden- und Abtreibungspolitik zu überwinden. Zwischen den beiden wichtigsten Verhandlungspartnern, namentlich Den Uyl und Van Agt herrschten von Anfang an Konflikte. Als schicksalhaft stellte sich später heraus, dass Van Agt die Mehrheitsstrategie der Sozialdemokraten unbedingt blockieren wollte. Obschon bald eine Einigung über die Bodenpolitik schnell erreicht werden konnte, erwies sich die Einschätzung der Skeptiker nach wenigen Wochen als richtig; die Verhandlungen scheiterten erstmalig an inhaltlichen Fragen. Die sich daran anschließenden Interaktionen der wichtigsten Akteure machen deutlich, wie groß die Bedeutung von strategischen Positionen im Parteiensystem im Verhältnis zum Wahlergebnis ist. Die Sozialdemokraten und die VVD legten der Königin nahe, Van Agt mit der Bildung einer CDA/VVD-Regierung zu beauftragen. Ed van Thijn und Den Uyl hofften, dass die Regierungsbildung scheitern würde und die PvdA sich schließlich in einer strategisch besseren Situation wiederfände. In der Tat beauftragte die Königin Van Agt mit der Regierungsbildung. Dieser schätzte die Chancen einer CDA/VVD-Regierung ebenfalls nicht besonders hoch ein und lehnte den Auftrag ab, um seine bequeme Zentrumsposition nicht zu verlieren. Damit war wiederum die Königin am Zuge, die ein Mitglied des CDA-ARP, namentlich Albeda, zum Informateur mit dem Auftrag ausstattete, die während der von Den Uyl geleiteten Koalitionsverhandlungen aufgetretenen Meinungsverschiedenheiten auszuräumen. Programmatisch musste vor allem noch eine Einigung über die Einschnitte im Staatshaushalt erzielt werden. Albeda führte in weniger als zwei Wochen eine Einigung herbei. Das Problem daran war, dass dem finanzpolitischen Kompromiss noch die betroffenen Fraktionen zustimmen mussten. Gerade zu dieser Zeit erschien die bereits in Kapitel 4 beschriebene mittelfristige Prognose der CEC, welche auf der Basis von VINTAF II berechnet worden war. Dem Fraktionsvorsitzenden der PvdA erschienen diese Prognosen zu pessimistisch. Er ließ das Centraal Planbureau eine weitere Prognose auf der Basis des alten Modells des CPB erstellen. Dieses brachte etwas positivere Ergebnisse. Den Uyl hatte unterdessen seine finanzpolitische Planung ebenfalls beim Centraal Planbureau zur Berechnung eingereicht. In seinen Vorstellungen spielte eine autonome Lohnmäßigung durch die Verbände von Arbeit und Kapital eine große Rolle. Einschnitte in den Staatshaushalt wollte er hingegen auf nur vier Milliarden Gulden beschränken. Die Ergebnisse der Simulationen mit VINTAF II waren für die PvdA sehr ermutigend. Die Arbeitslosigkeit wäre im Jahre 1981 auf deutlich unter 150.000 gefallen. Das Problem an diesem Plan war natürlich die Frage, wie die strikte Lohnmäßigung erreicht werden sollte. In den Fraktionen des CDA und der PvdA wurde dies ausgiebig diskutiert. Aus heutiger Sicht ist es wenig überraschend, dass ein Plan, der die Hauptlast der Anpassung auf einen Dritten, namentlich die Gewerkschaften verlagerte, schließlich angenommen wurde, obschon er letztlich unrealistisch war. Nachdem diese Klippe umschifft war, wurde die sensible Thematik der Abtreibungen diskutiert. Hier war der Standpunkt Van Agts so unverrückbar, dass die Regierungsbildung erneut scheiterte und letztlich sogar über ein Minderheitskabinett nachgedacht wurde. Die Königin erteilte jedoch einem weiteren Formateur namens Veringa den Auftrag, auch für dieses Problem eine Lösung zu finden. Zur Überraschung der meisten Beobachter gelang ihm dies schließlich. Das endlich zu Stande gekommene Programm wurde den Fraktionen vorgelegt und von ihnen mit nur wenigen Gegenstimmen verabschiedet. Alles hing nun an der Frage der Sitzverteilung im Kabinett. Erneut versuchte die Königin, durch die Ernennung von zwei neuen Informateurs eine Übereinkunft zu erreichen. Trotz des ausgearbeiteten Koalitionsvertrages scheiterten die Verhandlungen schließlich nach 163 Tagen an eben dieser Frage.

Nach weiteren Beratungen mit den Fraktionsleitern ernannte die Königin den Juristen Van der Grinten zum Informateur und beauftragte ihn mit der Bildung eines Kabinetts, das sich auf eine Mehrheit im Kabinett stützen konnte. Dieser untersuchte erneut eine ganze Reihe der rechnerisch möglichen Koalitionen. Bald stellte sich eine CDA/VVD-Koalition für ihn als der einzig gangbare Weg heraus. Damit begannen vertrauliche Gespräche zwischen Van Agt und Wiegel über eine Koalition, die binnen kürzester Zeit erfolgreich beendet wurden. Die Einigung der beiden ähnelte der zuvor zwischen PvdA, CDA und D'66 sehr. Das Problem bestand nun noch darin, die Fraktionen davon zu überzeugen, den Vertrag zu akzeptieren. Zu diesem Zwecke mussten noch zahlreiche Veränderungen vorgenommen werden, die die Vereidigung der Regierung nochmals herauszögerten. Trotzdem gab es am Schluss der Verhandlungen in der Fraktion des CDA noch sechs Abgeordnete, die den Vertrag nicht akzeptierten, aber dennoch die Regierung stützen wollten. Rein rechnerisch gab es damit keine Mehrheit mehr für die Koalition, was im Konflikt mit dem Auftrag der Königin stand. Da die Regierung sich allerdings auf die Unterstützung der kleinen rechten Parteien verlassen konnte, blieb die daraufhin einsetzende Diskussion akademisch.

Am Ende der 208 Tage währenden Verhandlungen stand schließlich eine Mitte-Rechts-Regierung, die über eine nur äußerst knappe Mehrheit von zwei Sitzen in der Tweede Kamer verfügte. Die Analyse der Koalitionsverhandlungen dürfte deutlich gemacht haben, dass das Wahlergebnis kaum als Determinante der Zusammensetzung der Regierung in Erscheinung trat. Auch die Tatsache, dass es sich um die erste Zweiparteienregierung der Niederlande handelte, kann kaum auf das Wahlergebnis zurück geführt werden, da die VVD am liebsten in einer Koalition aus allen vier großen Parteien regiert hätte. Entscheidend waren vielmehr die Beziehungen zwischen den Parteien. Hier wird deutlich, wie wichtig Beziehungen zwischen den Parteien auf Grund des niederländischen Parteiensystems im Vergleich zu Stimmengewinnen sind. Das Kabinett bestand aus 16 Ministern. Im folgenden Abschnitt wird der mühevoll ausgehandelte Koalitionsvertrag in Bezug auf die finanzpolitischen Bestimmungen untersucht.

1.2   Der Koalitionsvertrag des Kabinetts Van Agt I

Die im Koalitionsvertrag (Tweede Kamer 1977-1978a) niedergelegten wirtschafts- und finanzpolitischen Zielsetzungen der neuen Regierung spiegelten die mit VINTAF II vorgenommene Analyse der wirtschaftlichen Lage wider. Die neue Regierung bezeichnete es als wichtigste Aufgabe ihrer Wirtschaftspolitik, etwas gegen den Mangel an Arbeitsplätzen und die hohe Inflation zu tun. An erster Stelle stand das konkrete Ziel, die strukturelle Arbeitslosigkeit auf unter 150.000 Mannjahre zurückzuführen. Die Inflation sollte auf das in der Bundesrepublik vorherrschende Niveau reduziert werden. Daneben wurde eine ganze Reihe von Zielen formuliert, wie etwa die Stärkung der Konkurrenzposition der Niederlande, energiesparende Technologien und soziale Wohlfahrt. Zu diesem Zweck sollten die Kosten für die Unternehmen gesenkt und die Investitionen in neue Arbeitsplätze erhöht werden. Wie im Bericht der Zentralen Ökonomischen Kommission empfohlen, sollte überdies die Arbeitsmarktpolitik verstärkt werden. Auch der von der Kommission betonte Zusammenhang zwischen steigenden Abgabenlasten und steigenden Arbeitskosten wurde anerkannt. Zugleich wurde allerdings festgestellt, dass die Kaufkraft der Einkommen bis hinauf zum Doppelten des Modalarbeitereinkommens erhalten bleiben müsse.

Der Koalitionsvertrag war in Bezug auf die finanzpolitischen Ziele außerordentlich vage. Konkret wurde für die strukturelle Finanzierungslücke eine maximale Höhe von fünf Prozent des Volkseinkommens am Ende der Legislaturperiode im Jahre 1981 festgeschrieben. Inwiefern diese Grenze tatsächlich die Obergrenze darstellte, sollte durch eine weitere Studie untersucht werden. Damit deutete sich eine Verschiebung der Aufmerksamkeit von der Kontrolle der Abgaben zur Eindämmung des Defizits an. Vorerst war jedoch die Fortführung der Ein-Prozent-Politik vorgesehen und damit in Zusammenhang stehende Kürzungen in Höhe von vier Milliarden Gulden geplant. Weitere Einsparungen wurden erwogen, ihr Umfang aber von der Lohnmäßigung der Sozialpartner abhängig gemacht. Auch die Fortführung der Arbeit der Lamers-Kommission wurde beschlossen, zugleich aber unter die Bedingung gestellt, dass Kürzungen soziale Mindestleistungen nicht betreffen dürften. Zusammenfassend lässt sich sagen, dass das Koalitionsabkommen die Zielsetzung erkennen lässt, durch eine Begrenzung des Ausgabenwachstums eine Senkung der Arbeitslosigkeit und anderer wirtschaftspolitischer Ziele zu erreichen. Allerdings enthält das Koalitionsabkommen keine deutlichen Angaben darüber, welche Programme den Kostendämpfungsbemühungen zum Opfer fallen sollten. Vielmehr wurde die Frage der Verteilung der Einschnitte auf ein noch auszuarbeitendes Papier, die Blaupause '81, vertagt, welche im folgenden Abschnitt besprochen wird.

1.3   Der Haushalt 1979 und die Blaupause '81

In der konstituierenden Sitzung des Kabinetts herrschte Übereinstimmung darüber, dass neue Programme angesichts des engen Finanzierungsspielraumes nur durch Umschichtungen im Haushalt zu finanzieren waren. Ferner stimmten alle Minister darin überein, dass die bereits im Rahmen der Ein-Prozent-Politik ins Auge gefassten Einsparungen in Höhe von vier Milliarden Gulden umgesetzt werden müssten. Dennoch beschloss die Regierung Ende Dezember 1977, keine Veränderungen an dem in der parlamentarischen Behandlung befindlichen Haushaltsentwurf der Regierung Den Uyl vorzunehmen. Notwendige Änderungen konnten nach Ansicht der neuen Regierung auch noch mit der Voorjaarsnota vorgenommen werden (Keesings Historisch Archief, 20. Januar 1978: 42). Die Probleme begannen, als Finanzminister Andriessen (CDA) außer den bisher geplanten vier Milliarden ein zusätzliches Kürzungsvolumen von sechs Milliarden Gulden forderte, um die im Koalitionsvertrag genannten Ziele zu erreichen. Obschon Ministerpräsident Van Agt die Position des Finanzministers grundsätzlich mittrug, ähnelten die Fronten in diesem Kabinett ansonsten bald denen im Kabinett Den Uyl. Einsparungen wurden vor allem vom Finanzminister und von Wirtschaftsminister Van Aardenne (VVD) befürwortet, während der Widerstand dagegen von den am meisten betroffenen Ministerien für Soziales, Bildung und Verteidigung kam. In den Verhandlungen über die Umsetzung der Einsparmaßnahmen, welche Anfang Februar 1978 stattfanden, wandte sich Sozialminister Albeda (CDA) mit keynesianischen Argumenten sowohl gegen den Gesamtumfang der Kürzungen als auch gegen den auf die Soziale Sicherheit entfallenden Anteil von 6,7 Milliarden Gulden. Nachdem sein Anteil an den Kürzungsmaßnahmen zurückgeschraubt wurde, waren seine Bedenken bezüglich der effektiven Nachfrage offenbar ausgeräumt und er stimmte den Einsparungen zu (Toirkens 1988). Hier zeigt sich, wie eng finanzpolitische Ideen und Verteilungsziele miteinander verzahnt sind.

Die anderen Ministerien wurden beauftragt, in ihren Bereichen in der Periode bis 1981 ein Einsparvolumen von insgesamt drei Milliarden Gulden zu finden. Dies sollte erreicht werden, indem jeder Minister denselben Prozentsatz an Sparmöglichkeiten in seinem Haushalt nannte (Toirkens 1988). Dadurch entstanden erhebliche Meinungsverschiedenheiten im Kabinett über den Umfang der notwendigen Kürzungen. Um diese zu überbrücken, wurde das Centraal Planbureau Ende April mit der Berechnung von weiteren Szenarien beauftragt. Die neuen Simulationsergebnisse zeigten, dass das umstrittene Kürzungsvolumen von zehn Milliarden Gulden nicht einmal hinreichen würde, um die Arbeitslosigkeit auf ein Niveau von 150.000 Mannjahren bis zum Ende der Legislaturperiode zurückzudrängen. Stattdessen erwartete das CPB im Jahre 1981 eine Arbeitslosigkeit von bis zu 200.000 Mannjahren. In seiner Reaktion auf diese Berechnungen forderte Sozialminister Albeda zusätzliche Mittel für Arbeitsbeschaffung und stellte den Sinn der Austeritätspolitik aus keynesianischer Perspektive in Zweifel. Angesichts der steigenden Arbeitslosigkeit war nach seiner Ansicht mehr „Flexibilität" in Bezug auf die Finanzierungslücke angebracht. Dem stand der Ende Mai erschienene Bericht der Studiengruppe Haushaltsspielraum (Tweede Kamer 1977-1978b) gegenüber, der empfahl, die Finanzierungslücke nicht über fünf Prozent des Volkseinkommens wachsen zu lassen. Der Widerstand der anderen Fachminister richtete sich auch nicht so sehr gegen Einsparungen im Allgemeinen, sondern gegen solche, die den eigenen Haushalt betreffen (Toirkens 1988: 55). In dem alljährlichen Bericht zur Ausführung des laufenden Haushalts, der sogenannten Voorjaarsnota, musste Finanzminister Andriessen ohnehin bekannt geben, dass die Finanzierungslücke des Reichshaushaltes wahrscheinlich etwa 0,9 Prozent des Volkseinkommens höher ausfallen würde als bisher geplant. Er führte dies auf den Haushaltsentwurf der alten Regierung zurück, welcher Kürzungen im Rahmen der Ein-Prozent-Politik enthalten hatte, die nicht umgesetzt worden seien (Keesings Historisch Archief, 18.8.78: 520). Die Tatsache, dass das Kabinett bewusst auf Veränderungen am Haushaltsentwurf des Kabinetts Den Uyl verzichtet hatte, ließ er dabei außer Acht.

Am 30. Juni 1978 erschien unter dem Titel Blaupause '81 (Bestek '81) (Tweede Kamer 1977-1978b) eine Ausarbeitung der bereits im Koalitionsabkommen beschriebenen finanzpolitischen Pläne der Regierung. Die zugrunde liegenden ökonomischen Ideen hatten sich nicht geändert, sondern entsprachen weiterhin den Annahmen des VINTAF-Modells. Es wurde daran festgehalten, dass eine Verringerung der Arbeitslosigkeit nur durch strikte Ausgabenkontrolle zu erreichen sei. Die Regierung machte deutlich, dass sie beabsichtigte, die strukturelle Arbeitslosigkeit bis 1981 auf 150.000 Mannjahre zu verringern und die Inflation auf drei Prozent zu senken. Angesichts der neuesten Schätzungen der Zentralen Ökonomischen Kommission, die das strukturelle Wachstum des Volkseinkommens bei höchstens drei Prozent sah und die Arbeitslosigkeit im Jahre 1982 auf etwa 255.000 bis 280.000 Mannjahre einschätzte, sah sich die Regierung zum Handeln gezwungen.

Das Kabinett beschloss daher, den Austeritätskurs zu verschärfen und die Abgabenlast als Prozentsatz des Volkseinkommens zu stabilisieren. Allerdings verschob sie die endgültige Entscheidung, auf welchem Niveau die Abgabenlast festgelegt werden sollte, auf den Haushalt 1979. Ferner sah das Kabinett es als notwendig an, die Finanzierungslücke mittelfristig auf nicht mehr als 4 bis 5 Prozent des Volkseinkommens anwachsen zu lassen. Nach den Berechnungen in der Blaupause '81, welche eine substanzielle Lohnzurückhaltung unterstellten, waren allein für die Stabilisierung der Finanzierungslücke Einsparungen in Höhe von sieben Milliarden Gulden notwendig. Um den Anstieg der Steuerlast in Grenzen zu halten, sah die Regierung weitere Einsparungen von drei Milliarden Gulden als notwendig an. Zu berücksichtigen ist, dass es sich hierbei immer um Kürzungen gegenüber Schätzungen bei unveränderter Politik handelte. Für den Fall, dass keine Lohnmäßigung zu Stande kommen würde, waren auf Grund der ausgabenerhöhenden Wirkung von Lohnsteigerungen Einsparungen über die bereits beschlossenen zehn Milliarden hinaus erforderlich (Toirkens 1988).

In Bezug auf die Frage der Verteilung der Einschnitte wurde global festgelegt, dass auf den Bereich Soziale Sicherheit, Gesundheit und Beamtengehälter (ICCK-Sektor) zwei Drittel der Kürzungen entfallen sollten und im Reichshaushalt das verbleibende Drittel aufgebracht werden musste. Darüber hinaus wurden die zu treffenden Maßnahmen in groben Zügen skizziert, d.h. die Abweichungen vom bisher existierenden Mehrjahresplan in Ziffern wiedergegeben. Die entscheidende Frage, wo die Einschnitte stattfinden sollten, wurde ebenfalls auf die Miljoenennota 1979 verschoben. In Anbetracht der Tatsache, dass auch die Blaupause bezüglich der Einschnitte vage blieb, kann sie kaum als vollständige finanzpolitische Vereinbarung angesehen werden. Es erscheint gerechtfertigt, sie als eine Art Absichtserklärung anzusehen.

Die Fachminister wussten diesen Spielraum zu nutzen. Bildungsminister Pais (VVD) verteidigte seinen Bereich gegen Kürzungen, indem er anführte, dass diese notwendig mit Arbeitsplatzverlusten im Bildungssektor verbunden seien. Verteidigungsminister Scholten (CDA) verwies darauf, dass die Verpflichtungen gegenüber der NATO im Falle von Einsparungen nicht durchzuhalten seien. Sozialminister Albeda drohte gar mit Rücktritt, um Gelder für das von ihm geforderte Arbeitsbeschaffungsprogramm zu bekommen. Den Forderungen der Minister Scholten und Albeda wurde soweit entgegengekommen, dass die vorgesehenen Kürzungen schon beim Erscheinen der Blaupause '81 im Gegensatz zu den konkreten Beschlüssen der Regierung standen (Toirkens 1988).

In der Miljoenennota 1979 (Tweede Kamer 1978-1979) war in Übereinstimmung mit der Blaupause '81 vorgesehen, dass die Abgabenlast im Vergleich zum Vorjahr praktisch nicht steigen sollte. Der Anstieg der Steuerlast um 0,4 Prozentpunkte wurde den Schätzungen zufolge durch eine Senkung der Sozialversicherungsbeiträge und anderer Lasten um 0,25 Prozentpunkte des Volkseinkommens fast kompensiert. Mit Bezug auf die Finanzierungslücke verwendete die Regierung nun die sogenannte „tatsächliche Finanzierungslücke" (feitelijk financieringstekort) als zentrale Zielmarke. Diese umfasste den Reichshaushalt und die Budgetfonds und sollte ein Niveau von 4,6 Prozent des Volkseinkommens erreichen. Das in der Blaupause anvisierte Ziel, die gesamtstaatliche Finanzierungslücke auf vier bis fünf Prozent des Volkseinkommens zu drücken, wurde nicht erreicht, da die Finanzierungslücke in dieser Abgrenzung im Haushaltsjahr 1979 sechs Prozent erreichen würde. Auch diese Ergebnisse wurden nur dadurch ermöglicht, dass einige Posten außerhalb des Budgets direkt über den Kapitalmarkt finanziert wurden (Toirkens 1988).

Im Parlament wurde der Haushalt von den Regierungsfraktionen unterschiedlich aufgenommen. Die VVD sah den Haushaltsentwurf generell als einen Erfolg an (Keesings Historisch Archief, 29.9.78: 616). Der Fraktionsvorsitzende des CDA Aantjes betrachtete den Haushaltsentwurf angesichts der schwierigen wirtschaftlichen Lage zwar als realistisch, aber zu einseitig. In seinen Augen konnte es nicht nur darum gehen, die Abgabenlast zu senken, um die Gewinnsituation der Unternehmen zu stärken. Im folgenden Abschnitt über den Haushalt 1980 wird deutlich, wie falsch die Einschätzungen der Haushaltslage waren.

1.4   Der Haushalt 1980

In der ersten Hälfte des Jahres 1979 wuchs die Finanzierungslücke auf Grund des unerwartet schwachen Wachstums schnell an und drohte auf 6,5 Prozent des Volkseinkommens zu steigen. Um dem entgegen zu wirken, griff das Kabinett jedoch nicht auf zusätzliche Einsparungen, sondern auf die sogenannte „Notbremsen-Prozedur" zurück. Diese bestand in einer befristeten Ausgabensperre und einer beschleunigten Steuereintreibung (Keesings Historisch Archief, 10.8.79: 505). Von Finanzminister Andriessen in Auftrag gegebene Szenarien der CEC zeigten, dass die Arbeitslosigkeit nicht mehr unter 200.000 zu drücken war und dass eine Politik, die das Defizit unter Kontrolle halten wollte, mit deutlichen Kaufkraftverlusten für die Masseneinkommen verbunden war. Dies führte zu einem ersten Konflikt zwischen Finanzminister Andriessen und Sozialminister Albeda bei der Aufstellung des Haushaltsentwurfes 1980 (Toirkens 1988: 60-62). Andriessen forderte weitere Einsparungen, um die Finanzierungslücke auf 5,25 Prozent des Volkseinkommens zurückzudrängen. Auch Abgabenerhöhungen waren seiner Ansicht nach unvermeidlich. Das Sozialministerium sollte auf Zuschüsse vom Reichshaushalt an die Sozialversicherung verzichten und diese durch erhöhte Beiträge ersetzen. Überdies forderte er gesetzliche Eingriffe in die Lohnbildungspolitik. Der Sozialminister sprach sich hingegen für eine Abkehr von der Austeritätspolitik und ein Festhalten an den Kaufkraftgarantien aus. Die Arbeitslosigkeit sollte ihm zufolge durch weitere Mittel für Arbeitsbeschaffung und Nachfragestützung bekämpft werden. Er lehnte jegliche Maßnahmen ab, die die Gewerkschaften von einer Kooperation bei der Lohnzurückhaltung abschrecken hätten können. Daneben sollte die Steuerbelastung der geringen und mittleren Arbeitseinkommen verringert werden und so eine freiwillige Lohnmäßigung der Sozialpartner erreicht werden. Der Streit konnte auch durch ein Kompromissangebot des Finanzministers nicht entschärft werden. Erst durch die Intervention von Van Agt konnte eine Einigung über die Finanzierung des Haushalts 1980 gefunden werden. Der Kompromissvorschlag des Ministerpräsidenten lief vor allem auf erhöhte Abgaben und defizitäre Finanzierung außerhalb des regulären Etats hinaus. Auch seine Lösung blieb nicht ungeschoren. Um Minister Albeda entgegenzukommen, umfasste sein Vorschlag zusätzliche Kürzungen im Reichshaushalt, die jedoch vom Ministerrat nicht akzeptiert wurden (Toirkens 1988).

Die in der Miljoenennota für das Jahr 1980 (Tweede Kamer 1979-1980a) niedergelegte Lösung sah eine Steigerung der Abgabenlast um 0,4 Prozentpunkte des Volkseinkommens gegenüber den Planungen des vorangegangenen Jahres vor. Die Regierung war sich bewusst, dass sie damit ihr Ziel aus der Blaupause nicht erreichte. Die „tatsächliche Finanzierungslücke" sollte nicht nur gegenüber den Planungen, sondern auch im Vergleich mit den Ergebnissen des Vorjahres sinken. Die gesamtstaatliche Finanzierungslücke sollte um einen halben Prozentpunkt auf 5,5 Prozent des Volkseinkommens fallen. Erneut wurde dieses scheinbar bessere Ergebnis dadurch möglich gemacht, dass etwa 1,7 Mrd. Gulden direkt auf dem Kapitalmarkt aufgenommen wurden. Diese tauchten entsprechend nicht im Haushalt auf. Dieser Betrag überstieg die gesamten geplanten Einsparungen.

Im Parlament wurde der Haushaltsentwurf von der CDA freundlich aufgenommen. Ihr Fraktionsvorsitzender Lubbers lobte vor allem Albedas Arbeitsbeschaffungsplan. Er unterstützte außerdem die Idee, die zusätzlichen

Erdgaseinnahmen auf konjunkturelle Maßnahmen zu verwenden. Die VVD stand dem Entwurf eher kritisch gegenüber, weil sie meinte, dass die öffentlichen Ausgaben einen zu hohen Anteil am Volkseinkommen einnehmen würden. Insbesondere bei den Sozialleistungen hätte sie gern tiefere Einschnitte gesehen (Keesings Historisch Archief, 28.9.79: 617). Dies hätte jedoch den Widerstand der Gewerkschaften auf den Plan gerufen, mit denen die Regierung ein Abkommen über Lohnmäßigung schliessen wollte. Die politische Ökonomie dieser Verhandlungen mit den Gewerkschaften wird im folgenden Abschnitt analysiert.

1.5   Der Haushalt 1981

Sozialminister Albeda machte am Ende des Jahres einen weiteren Versuch, die Gewerkschaften zu verstärkter Lohnmäßigung zu bewegen und über diesen Umweg die Kontrolle über die öffentlichen Ausgaben wiederzugewinnen. Für die Regierung hätte dies den Vorteil gehabt, dass sie den Anstieg der Staatsausgaben erreichen konnte, ohne selbst Einschnitte bei den öffentlichen Ausgaben vorzunehmen. Die Gewerkschaften hätten hingegen ihrer Klientel Lohnzurückhaltung schmackhaft machen müssen, um Einschnitte bei den öffentlichen Leistungen zu vermeiden, die die Regierung ohnehin kaum fähig war wirklich umzusetzen. Es erscheint daher wenig überraschend, dass die Gewerkschaften letzten Endes nicht bereit waren, Lohnzurückhaltung zu üben, weil dies praktisch bedeutet hätte, dass sie den Schwarzen Peter in Form von Lohnzurückhaltung bei sich gehabt hätten. Zur großen Enttäuschung von Sozialminister Albeda scheiterte der Versuch dann im sogenannten „Beinahe-Abkommen" von 1979 (Albeda 1987: 310-312). Der Sozialminister sah sich gezwungen, erneut zum Mittel des verordneten Lohnstopps zu greifen (Visser 1990: 212).

Finanzminister Andriessen schätzte die Situation grundlegend anders ein als der Sozialminister. Aus seiner Sicht würden weiterhin hohe Lohnforderungen verstärkte Einsparungen erfordern, um auch nur in die Richtung der in der Blaupause '81 anvisierten Ziele gehen zu können. Die Tatsache einer beständig ansteigenden Finanzierungslücke machte es aus seiner Sicht notwendig, die Wünsche von Gewerkschaften und Bürgern zu übergehen. Er forderte daher einen längerfristigen Lohn- und Preisstopp. Neue Prognosen des CPB verliehen den Forderungen des Finanzministers Nachdruck. Danach war kaum Wirtschaftswachstum mehr zu erwarten, und die verfügbaren Reallöhne würden sinken. Die CEC empfahl einen Lohnstopp und Einsparungen, um die Arbeitgeberbeiträge und damit die Lohnkosten senken zu können. De Nederlandsche Bank setzte Finanzminister Andriessen auch öffentlich unter

Druck, indem sie sich weigerte, den Kreditspielraum des Reiches zu erweitern. Unter diesem Druck forderte Andriessen von seinen Kollegen Einsparungen von drei Milliarden Gulden, die teilweise deshalb noch aufzubringen waren, weil globale in der Blaupause vorgesehene Kürzungen immer noch nicht konkretisiert worden waren. Andriessen war es aber unmöglich, sich gegen Sozialminister Albeda und Verteidigungsminister Scholten durchzusetzen. Letzterer wendete sich gegen die Pläne des Finanzministers, weil er besonders hart von den Kürzungen betroffen gewesen wäre. Van Agt machte noch einen Kompromissvorschlag, der Einsparungen in Höhe von 2,7 Milliarden vorsah. Andriessen konnte auch diesem Vorschlag nicht zustimmen, wobei er sich vor allem daran störte, dass die Kürzungen weiterhin nicht konkret genannt wurden, sondern lediglich global eingesetzt wurden. Deshalb sah sich der Finanzminister am 18. Februar 1980 zum Rücktritt gezwungen. In einer Pressekonferenz zu seinem Rücktritt fällte er ein für holländische Verhältnisse sehr hartes Urteil über die Politik der Regierung: „Die Kürzungs- und Mäßigungspolitik der Regierung ist mehr Schein als Sein. Es ist von allem zu wenig und das ist es, woran unser Land dauernd laboriert hat (Keesings Historisch Archief, 2001, Übersetzung des Verfassers)." Ministerpräsident Van Agt bezeichnete den Rücktritt hingegen öffentlich als übertriebene Reaktion. Nach seiner Meinung lagen die Positionen im Kabinett nicht so weit auseinander, als dass ein Rücktritt gerechtfertigt gewesen wäre.

Obschon es seinem Nachfolger Van der Stee sehr bald gelang, den Kreditspielraum bei DNB um eine Milliarde zu erweitern, tauchten die Finanznöte bei den Vorbereitungen für die Miljoenennota 1981 wieder auf. Die Folgen der zweiten Ölkrise erweiterten ständig das Loch in den öffentlichen Kassen. Van der Stee wollte zumindest eine Ausweitung der Finanzierungslücke verhindern. Um die Finanzierungslücke dauerhaft in den Griff zu bekommen, waren aus der Sicht des Finanzministeriums vor allem weitere Einschnitte notwendig. Stattdessen musste bereits bei der Veröffentlichung der Voorjaarsnota wieder auf eine Haushaltssperre zurückgegriffen werden (Keesings Historisch Archief, 18.7.80: 462). Für seine Sparpläne fand Van der Stee im Ministerrat wenig Unterstützung. Bildungsminister Pais erklärte die bisherige Kürzungspolitik für gescheitert und forderte tiefgreifende Einschnitte in allen Haushalten sowie neue Prioritäten im Reichshaushalt. Im gleichen Atemzug machte er jedoch auch deutlich, dass der Bereich Bildung hierzu keinen Beitrag leisten könne (Toirkens 1988: 70-71). Statt Einschnitte im eigenen Haushalt hinzunehmen, waren die Fachminister eher bereit, allgemeine Steuererhöhungen zu akzeptieren, um das Anwachsen der Finanzierungslücke zu hemmen. Nach monatelangen Verhandlungen machte Finanzminister Van der Stee schließlich im August einen Vorschlag, der auch Abgabenerhöhungen vorsah. Albeda lehnte weiterhin Eingriffe in die Lohnverhandlungen ab und forderte stattdessen eine Erhöhung der Einkommensteuer. Den Kompromiss präsentierte Finanzminister Van der Stee am 16. September der Tweede Kamer. Laut Miljoenennota 1981 (Tweede Kamer 1979-1980b) einigten sich die Minister auf Kürzungen mit einem Volumen von 3,6 Mrd. Gulden. Davon sollten 1,2 Mrd. in den Bereichen Soziale Sicherheit und Gesundheit aufgebracht werden. 800 Millionen entfielen auf Einschnitte bei den Entgelten im öffentlichen Dienst. Die verbleibenden 1,6 Mrd. mussten im Reichshaushalt eingespart werden. Die gesamten Einsparungen waren nun höher als zuletzt von Andriessen gefordert. Andererseits standen dem Beschluss neue Risiken bei den Steuereinnahmen gegenüber, die die angesprochenen Abgabenerhöhungen nötig machten. Um die Finanzierungslücke zu verringern, wurden zunächst Reichsbeiträge zur Sozialversicherung zurückgezogen und zur Kompensation die Sozialversicherungsbeiträge um 1,275 Mrd. angehoben. Die Steuerlast wurde damit auf den Faktor Arbeit im unteren und mittleren Einkommensbereich konzentriert. Außerdem wurde der ermäßigte Satz der Mehrwertsteuer angehoben. Geringfügige Mehreinnahmen sollte schließlich noch eine zeitlich begrenzte Anhebung der Einkommensteuersätze bringen. Als Konsequenz stieg die Abgabenlast den Planungen zufolge um 0,4 Prozentpunkte. Die „tatsächliche Finanzierungslücke" sollte hingegen auf 4,25 Prozent fallen. Auch die gesamtstaatliche Finanzierungslücke sollte den Planungen nach auf 5,25 Prozent des Volkseinkommens sinken. All dies wurde durch die sprudelnden Gaseinnahmen möglich gemacht, die insgesamt von 4,25 Prozent des Volkseinkommens im Jahre 1980 auf geschätzte 5,5 Prozent im Haushaltsjahr 1981 steigen sollten. Die Gaseinnahmen hatten den Vorteil, dass sie die Finanzierungslücke einnahmeseitig stopfen konnten, wobei nur die Einnahmen aus dem Inlandsgeschäft zur Abgabenlast gerechnet wurden. Insofern geben die hier präsentierten Zahlen ein geschöntes Bild der Finanzlage in den Niederlanden. Darüber hinaus wurde erneut von dem Haushaltstrick Gebrauch gemacht, einen Teil der Finanzierungslasten aus dem Budget herauszuhalten und damit die Notwendigkeit von Kürzungen zu verschleiern. So wurden erneut Sozialwohnungen im Wert von drei Milliarden Gulden (ca. 1% des Volkseinkommens) direkt über den Kapitalmarkt finanziert und tauchten deshalb nicht im Etat auf.

Bei den Regierungsparteien traf der Haushaltsentwurf auf ein einigermaßen positives Echo. Während der CDA aus einkommenspolitischen Erwägungen statt der Mehrwertsteuererhöhung lieber spezifische Verbrauchsteuern auf Luxusgüter gesehen hätte, forderte die VVD weitere Einschnitte bei den Sozialleistungen (Keesings Historisch Archief, 26.9.80: 620).

Bereits gegen Ende des Jahres 1980 sorgte die in der Rezession versinkende Wirtschaft dafür, dass die Finanzierung des rapide ansteigenden Defizits problematisch wurde. Zentralbankpräsident Jelle Zijlstra verwies darauf, dass die Finanzierung über die niederländische Zentralbank bereits drei Milliarden Gulden zu hoch sei und die Finanzierung eines solchen Volumens über den Kapitalmarkt das Wirtschaftsleben weiter belasten würde (Toirkens 1988). Stattdessen mahnte er Einschnitte bei den Transferausgaben an. Neuere mittelfristige Schätzungen des Centraal Planbureau zeichneten ein noch düsteres Bild als zuvor. Das Volkseinkommen sollte den Berechnungen zufolge in der Periode bis 1985 mit durchschnittlich nur noch ein Prozent pro Jahr wachsen. Die Arbeitslosigkeit sollte ein Niveau von 450.000 Mannjahren erreichen (Toirkens 1988: 76). Um die Abgabenquote zu stabilisieren und zugleich die Finanzierungslücke in einem noch zu verantwortenden Rahmen zu halten, wären danach 16 Milliarden Gulden einzusparen. Ministerpräsident Van Agt zog daraus die Konsequenz, eine Kommission einzusetzen, die Kürzungen von 20 Prozent im Vergleich zu den seinerzeit aktuellen Mehrjahresplänen vorschlagen sollte. Das Ergebnis sollte rechtzeitig zu den Koalitionsverhandlungen vorliegen. Er deutete an, dass die finanzpolitischen Schwierigkeiten seiner Regierung vor allem darauf zurückzuführen seien, dass sie nicht hinreichend Zeit für langfristigere Planungen gehabt habe (Keesings Historisch Archief, 27.2.81: 135-137). Die konjunkturelle Lage war im Frühjahr 1981 so schlecht, dass es auch nach Ansicht der CEC und des CPB nicht sinnvoll war, den konjunkturell bedingten Anstieg der Finanzierungslücke kompensieren zu wollen. Ende März legten Sozialminister Albeda und Finanzminister Van der Stee gemeinsam Vorschläge vor, die helfen sollten, einerseits die Finanzierungslücke zu reduzieren und andererseits ein Arbeitsbeschaffungsprogramm aufzulegen. Die Verringerung der Finanzierungslücke sollte über Einsparungen in Höhe von 2,5 Milliarden und zusätzliche Abgabenerhöhungen ermöglicht werden. Außerdem planten sie durch eine Mineralölsteuererhöhung 250 Millionen Gulden aufzubringen, die dann für das Arbeitsbeschaffungsprogramm verwendet werden sollten (Keesings Historisch Archief, 3.4.81: 213). Die Voorjaarsnota, welche Finanzminister Van der Stee Ende April 1981 bei der Tweede Kamer einreichte, stellte den finanzpolitischen Offenbarungseid des Kabinetts Van Agt dar, weil nochmals deutlich wurde, dass das Problem der Regierung nicht in dem von Van Agt beklagten Zeitmangel, sondern in der Unfähigkeit bestand, intern eine Einigung über die als notwendig erachteten Kürzungen zu erreichen. Neben weiteren konjunkturell bedingten Schwierigkeiten, welche der Regierung kaum anzulasten waren, musste der Minister einräumen, dass die Regierung sich nicht im Klaren darüber sei, wie die von Albeda und ihm selber vorgestellten Kürzungen genau aussehen sollten. Die geplanten zusätzlichen Mineralölsteuereinnahmen stießen hingegen auf Widerstand bei den Regierungsfraktionen in der Tweede Kamer, welche eine allgemeine Mehrwertsteuererhöhung bevorzugten (Keesings Historisch Archief, 22.5.81: 324). Im folgenden Abschnitt werden die Auswirkungen des Allmendeproblems auf die Umsetzung des Koalitionsvertrages bzw. der Blaupause 81 untersucht.

1.6 Koalitionsvertrag und Haushaltsergebnisse 1978-1981

Inwiefern hat das Kabinett seine eigenen Ziele erreicht? Im Vergleich zu den späteren Abkommen stehen dem einige Hindernisse entgegen. Erstens hat die Regierung ihre Ziele immer wieder etwas anders definiert. Zweitens hat der Finanzminister in keiner Miljoenennota einen Vergleich zwischen den Zielen und den tatsächlichen Ergebnissen vorgenommen, noch sind dort Daten veröffentlicht worden, die einen transparenten Vergleich unproblematisch ermöglicht hätten. Schließlich hat das Kabinett Lubbers viele Ausgaben außerhalb des Budgets gehalten, um seinen Zielen zumindest scheinbar etwas näher zu kommen. Es liegt daher nahe, später veröffentlichte Daten zu verwenden, bei denen Ausgaben, die außerhalb des Budgets gebracht wurden, wieder auftauchen.

Im Koalitionsvertrag von Ende 1977 wurde festgelegt, dass die strukturelle Finanzierungslücke nicht über fünf Prozent steigen und die Abgabenlast mit nicht mehr als einem Prozentpunkt pro Jahr ansteigen sollte. Ein halbes Jahr später verschärfte die Regierung ihren Austeritätskurs zumindest auf dem Papier. Fortan sollte die Abgabenlast stabil gehalten werden und die strukturelle Finanzierungslücke vier bis fünf Prozent des Volkseinkommens nicht mehr übersteigen.

Tabelle 1: Vereinbarungen und Haushaltsergebnisse 1978-1981

	1978	1979	1980	1981
Finanzierungslücke des Reiches	3,4	4,6	5,0	6,6
Finanzierungslücke des Reiches (inkl. außerhalb des Budgets)	3,8	4,9	5,6	7,6
Gesamtstaatliche Finanzierungslücke	4,5	5,6	7,7	9,2
Abgabenlast	50,1	51,7	52,7	52,8

Quelle: (Tweede Kamer 1985-1986b: 155)
Anmerkung: Der Haushalt 1979 war der erste Haushalt, den das Kabinett Van Agt I selbst aufgestellt und verabschiedet hat. Den Haushalt 1978 hat sie noch selbst verabschiedet.

Tabelle 1 zeigt, dass das Kabinett keines seiner Ziele erreicht hat. Immerhin gelang es der Regierung, im Zeitraum von 1978 bis 1981 den Anstieg der

Abgabenlast auf nur 2,8 Prozentpunkte des Volkseinkommens zu begrenzen. Da sich aber zu gleicher Zeit die gesamtstaatliche Finanzierungslücke verdoppelte und damit 2,6 Prozentpunkte über dem im Koalitionsvertrag festgelegten Maximalwert lag, wird deutlich, dass die Regierung auch dieses Ziel verfehlt hatte. Die in der Blaupause formulierten Ziele wurden entsprechend noch weiter verfehlt. Schließlich suchte die Regierung sich in der Miljoenennota 1979 ein neues Ziel, nämlich die Finanzierungslücke des Reiches, welches sie bereits im ersten Jahr nur durch Haushaltstricks erreichte. Danach wurde auch dieses neue Ziel dauerhaft verfehlt. Es muss kaum erwähnt werden, dass das Kabinett Van Agt seine Zielsetzungen bezüglich des Arbeitsmarktes in der Rezession nicht erreichen konnte. Bei alledem sollte nicht verkannt werden, dass die Finanzierung des Anstiegs der Staatsquote durch Kredite statt Abgaben zumindest teilweise als Versuch interpretiert werden kann, den finanzpolitischen Absichtserklärungen nachzukommen. Das folgende Kapitel beschäftigt sich mit der Finanzpolitik der nachfolgenden Regierung Van Agt und ihrem Scheitern an der Finanzpolitik.

2. Das Kabinett Van Agt II in der Krise

Den Wahlen des Jahres 1981 kam nur insofern eine Bedeutung für die Regierungsbildung zu, als dass sie die Fortführung der alten Regierung ausschloss. Tendenziell begünstigte dies die Bildung einer Koalition aus CDA, PvdA und D'66. In den Koalitionsverhandlungen trafen die gegensätzlichen wirtschaftspolitischen Ansichten von CDA und PvdA aufeinander. Das Koalitionsabkommen umfasste deshalb nur vage Absichtserklärungen zu finanzpolitischen Fragen. Die Ungenauigkeiten, die den Abschluss des Koalitionsvertrages ermöglichten, führten schließlich dazu, dass die Koalition bereits nach wenigen Wochen zerbrach, weil sich zeigte, dass Ausgabenforderungen der PvdA nicht mit dem Ziel des CDA, die Finanzierungslücke zurückzudrängen, vereinbar waren. Der Riss in der Koalition konnte jedoch noch einmal gekittet werden. Nachdem sich die wirtschaftliche Situation nochmals verschlechtert hatte, zerbrach das Kabinett im Mai 1982 endgültig. Das darauf folgende Übergangskabinett stellte den Haushaltsentwurf 1983 auf und beauftragte die Studiengruppe Haushaltspielraum damit, die institutionellen Ursachen der finanzpolitischen Misere zu untersuchen. Der erste Abschnitt beschäftigt sich mit den Wahlen und der Regierungsbildung 1981. Der zweite Abschnitt analysiert die Bestimmungen des Koalitionsvertrages. Es folgt ein Abschnitt, der sich mit der Geschichte des Kabinetts Van Agt II auseinandersetzt. Der vierte Abschnitt beschäftigt sich mit dem Übergangskabinett und der Erstellung des Haushaltsentwurfes 1983. Der letzte Abschnitt des Kapitels beschäftigt sich mit dem Zwischenbericht der Studiengruppe Haushaltsspielraum.

2.1 Wahlen und Regierungsbildung 1981

Die großen Themen bei den Wahlen waren die Stationierung amerikanischer Cruise Missiles in den Niederlanden und die Folgen der zweiten Ölkrise in Form von rapide steigender Arbeitslosigkeit und Haushaltsdefiziten. Der CDA verfolgte die Strategie der einstigen „ewigen Regierungspartei" KVP: Er verteidigte die Regierungspolitik und wies zugleich auf seine eigenen Erfolge hin. In Bezug auf die Koalitionen deutete der CDA eine Vorliebe für die Fortsetzung der Regierung aus CDA und VVD an, schloss aber keine Koalitionsmöglichkeit mit einer der anderen drei großen Parteien aus. Die VVD ging mit ihrem populären Spitzenmann Hans Wiegel sehr geschlossen in den Wahlkampf. Sie ließ verlauten, dass sie sich eine nationale Regierung der vier großen Parteien oder eine Fortsetzung der bestehenden Koalition eventuell unter Einschluss der D'66 wünschte. Die PvdA stand mit ihrer Wahlkampfstrategie vor einem Dilemma. Sie fürchtete ihre Stimmgewinne der Wahlen von 1977 wieder abzugeben, wenn sie sich nicht um ihren linken Flügel kümmerte. Andererseits versprach eine Strategie, wie sie schon bei den Koalitionsverhandlungen 1977 enttäuschende Ergebnisse hervorgebracht hatte, wenig Aussicht auf eine Regierungsbeteiligung. Dieses Dilemma kam durch die Kernwaffenproblematik zum Vorschein. Weite Teile der Partei wollten während der folgenden Legislaturperiode Atomraketen aus den Niederlanden verbannen. Den Uyl wollte jedoch nach seinen Erfahrungen aus dem Jahre 1977 keine Maximalforderungen aufstellen, um die Koalitionsfähigkeit seiner Partei nicht zu gefährden. Er drohte, nicht als Spitzenkandidat zur Verfügung zu stehen, wenn dies eine Forderung seiner Partei würde. Die PvdA sah zwar weiterhin eine „progressive" Mehrheit als ihre erste Wahl für eine Koalition an, mochte aber insbesondere auf Grund der Haltung der D'66 nicht daran glauben. Sie musste daher mit einer moderateren Haltung im Wahlkampf auf eine Koalition unter Einschluss des CDA setzen. Die D'66 hatte sich seit ihrer verheerenden Wahlniederlage von 1977 von der Idee einer „progressiven" Mehrheit abgewendet, die dazu geführt hatte, dass die Partei mehr und mehr als Beiwerk der PvdA wahrgenommen wurde. Sie setzte auf eine Regierungskoalition mit dem CDA und der PvdA oder der VVD und der PvdA. Koalitionen mit der Kombination aus CDA und VVD oder eine Koalition unter Einschluss der Kommunisten schloss sie aus (Brants/Kok/van Praag 1981).

Vom Ergebnis der Wahlen konnte kaum auf eine deutliche Präferenz der Wählerschaft für die zukünftige Regierungskoalition geschlossen werden. Wie im Anhang in Tabelle A7 gezeigt, verlor der CDA einen Sitz und wurde trotzdem stärkste Partei. Allerdings verlor auch die VVD zwei Sitze, was immerhin eine Fortsetzung der bestehenden Regierungskoalition ausschloss. Dies machte eine Koalition des CDA mit der PvdA wahrscheinlich, obschon letztere neun Sitze verloren hatte und nur noch zweitgrößte Partei war.

Königin Beatrix setzte bereits drei Tage nach den Wahlen die konstitutionelle Maschinerie in Gang. Sie ernannte die Christdemokraten Lubbers und De Koning zu Informateurs und beauftragte sie, eine Regierung zu bilden, die sich auf eine möglichst große Unterstützung im Parlament stützen konnte. Daraufhin untersuchten sie die Möglichkeit einer Koalition aus CDA, PvdA und D'66. Als erstes großes Hindernis stellte sich dabei die Frage heraus, wer in einer solchen Koalition Ministerpräsident werden solle. Der CDA hatte mehr Sitze in der Tweede Kamer, aber Van Agt war bei den Sozialdemokraten sehr unbeliebt (Hillebrand/Irwin 1999: 117-121). Unter dem Druck der D'66 musste Den Uyl jedoch Van Agt als Ministerpräsident akzeptieren. Auf Wunsch der PvdA ernannte Königin Beatrix den Sozialdemokraten Van Thijn als dritten Informateur. Gemeinsam gelang es ihnen, bis Anfang August ein Konzept-Abkommen auszuhandeln. Als kritisch erwies sich dabei der von Lubbers verfasste Teil zu finanzpolitischen und sozioökonomischen Fragen. Die Spannung lag darin begründet, dass die Sozialdemokraten und der CDA recht unterschiedliche finanzpolitische Ansichten vertraten. Die PvdA wollte der Arbeitslosigkeit durch ein großzügig angelegtes Arbeitsbeschaffungsprogramm zu Leibe rücken, während der CDA die Finanzierungslücke zurückdrängen wollte, um so die Zinsen zu senken und den Arbeitsmarkt zu beleben. Kompromisse mussten auf Grund dieser inhaltlichen Differenzen so formuliert werden, dass ihnen beide großen Parteien zustimmen konnten und andererseits so präzise sein, dass die Umsetzung auch gewährleistet wurde. Das Konzept-Abkommen ging davon aus, dass eine Verminderung der Finanzierungslücke trotz der kurzfristigen negativen Wirkung auf die Nachfrage eine insgesamt positive Wirkung auf den Arbeitsmarkt haben würde. Der Grund wurde darin gesehen, dass eine Senkung der Finanzierungslücke ein Sinken der Zinsen nach sich ziehen würde. Aus diesem Grunde sollte unabhängig von der konjunkturellen Entwicklung eine Senkung der Finanzierungslücke um zwei Prozentpunkte bei stabiler Abgabenlast vorgenommen werden.

Das Konzeptabkommen war in keiner Fraktion unumstritten, andererseits wurde es jedoch als hinreichende Grundlage für eine Regierungsbildung angesehen. Van Agt nahm jedoch Kritik von der Zentralbank und dem CPB zum Anlass, seine Fraktion unter Androhung seines Rücktritts zur Ablehnung zu bewegen. Nach seiner Ansicht mussten erst die Meinungsverschiedenheiten bezüglich der Kürzungspolitik ausgeräumt werden, ehe das Koalitionsabkommen akzeptiert werden konnte. Nach weiteren langwierigen Verwicklungen, in deren Verlauf er tatsächlich von Lubbers als Fraktionsvorsitzendem abgelöst wurde, gelang es ihm, weitere kleine Konzessionen bei der Finanzierungslücke zu erreichen (Keesings Historisch Archief, 2001). Um nach den Verlusten bei den vorangegangenen Wahlen eine Regierungsbeteiligung zu erreichen, hatte Den Uyl bereits erhebliche Zugeständnisse machen müssen. Am Ende der Verhandlungen stand eine Regierungskoalition, die mit der D'66 eine Partei mehr aufwies, als zur Mehrheitsbeschaffung notwendig gewesen wäre. Die Wahlen hatten somit eine geringe Bedeutung für die Zusammensetzung der Regierungskoalition und gar keine Bedeutung für die Zahl der darin vertretenen Parteien. Im folgenden Abschnitt wird das Koalitionsabkommen des Kabinetts Van Agt II untersucht, das für die 15 Minister das Regierungsprogramm bilden sollte.

2.2 Der Koalitionsvertrag des Kabinetts Van Agt II

Das schließlich verabschiedete Koalitionsabkommen verdeckte die Spannungen kaum, unter denen es zu Stande gekommen war. Für die Sozialdemokraten war ein weitreichendes Arbeitsbeschaffungsprogramm vorgesehen, welches unter anderem den Bau von 500.000 Wohnungen vorsah. Der CDA stellte sicher, dass die Senkung der Finanzierungslücke als wichtiges Instrument für die Schaffung von mehr Beschäftigung genannt wurde. Man räumte auch im Koalitionsabkommen ein, dass durch eine Senkung der Finanzierungslücke zwar ein Nachfrageausfall entstehen würde, meinte aber, dass dies durch sinkende Zinsen bald kompensiert würde. Deshalb wurde eine Senkung der Finanzierungslücke um zwei Prozentpunkte in den ersten beiden Jahren der Legislaturperiode festgeschrieben. Man erhoffte sich davon, dass die Zinsen um 1,5 Prozentpunkte sinken und sich entsprechende positive Effekte bei den Investitionen und im Baugewerbe zeigen würden. Allerdings wurde es unterlassen, das Ausgangsniveau der Finanzierungslücke festzulegen.

Die Abgabenlast sollte stabilisiert werden. Auch hier wurde kein Ausgangsniveau festgeschrieben, stattdessen aber die Definition der Abgabenlast eingeschränkt. Auf Veranlassung der Sozialdemokraten wurde nun unter anderem auch der aus dem Inlandsgeschäft stammende Teil der Erdgaseinnahmen aus der Definition der Abgabenlast herausgenommen.

Um diese vage formulierten Ziele erreichen zu können, veranschlagte das Abkommen ein notwendiges Kürzungsvolumen von 7,5 Milliarden Gulden. Hinzu kamen noch zwei Milliarden an nicht durchgeführten Kürzungen des vorangegangenen Kabinetts. In Bezug auf die Verteilung der Einschnitte war das Abkommen noch weniger konkret als die Blaupause '81. Mit der Einschränkung, dass bei der Aufstellung des kommenden Haushalts 1982 noch mehr unausgeführte Kürzungen auftauchen könnten, wurde ein grober Verteilschlüssel für die vier nicht näher definierten Bereiche Sozialversicherung, Gesundheit, Dritter Sektor und übrige öffentliche Ausgaben mit dem Verhältnis 3:1:3:2 angegeben. Da weder die Ziele bezüglich des Niveaus der Gesamteinnahmen deutlich waren noch die Verteilung der Einschnitte geregelt war, kann man hier keinesfalls von einer vollständigen finanzpolitischen Vereinbarung sprechen. Bestenfalls handelt es sich um eine vage Absichtserklärung. Im folgenden Kapitel werden die Konsequenzen dieser Undeutlichkeit für das zweite Kabinett Van Agt beleuchtet.

2.3   Der Kollaps des Kabinetts Van Agt II

Das Kabinett Van Agt II hatte bereits bei seinem Antritt am 11. September 1981 mit großen finanzpolitischen Problemen zu kämpfen. Auslöser waren die weiterhin hinter den Erwartungen zurückbleibenden Einnahmen. Im Jahresdurchschnitt schrumpfte die Wirtschaftstätigkeit gegenüber dem Vorjahr. Die zweite Ölkrise traf die niederländische Volkswirtschaft deutlich härter als die erste und auch stärker als den Durchschnitt der anderen untersuchten parlamentarischen Demokratien. Der alte und neue Finanzminister Van der Stee (CDA) wollte an dem im Koalitionsvertrag festgeschriebenen Ziel, die Finanzierungslücke im Jahre 1982 um einen Prozentpunkt des Volkseinkommens zurückzuführen, festhalten. Da bei Abschluss des Koalitionsvertrages von einer Finanzierungslücke von 7,5 Prozent des Volkseinkommens ausgegangen worden sei, forderte er weitreichende zusätzliche Einsparungen bzw. Abgabenerhöhungen, um die Finanzierungslücke auf 6,5 Prozent des Volkseinkommens zu verringern. Für das von den Sozialdemokraten geforderte Arbeitsbeschaffungsprogramm sah er keine nennenswerten finanziellen Spielräume mehr (300 Mio. Gulden). Sozialminister Den Uyl interpretierte den Koalitionsvertrag jedoch anders. Er fühlte sich durch den Koalitionsvertrag lediglich verpflichtet, die Finanzierungslücke um einen Prozentpunkt zu reduzieren. Da die tatsächliche Finanzierungslücke 1981 aber beinahe acht Prozent des Nationaleinkommens betragen habe, sah er die Forderungen des Finanzministers als überzogen an. Die Ungenauigkeiten, die den Abschluss des Koalitionsvertrages ermöglicht hatten, drohten die Koalition nun zu sprengen, bevor sie mit der Arbeit beginnen konnte. Andere Fachminister forderten unter Berufung auf den Koalitionsvertrag eine Erhöhung ihrer Mittel und verschärften die Kabinettskrise dadurch noch. Obwohl die Koalition noch einige Schritte unternahm, um die Krise zu lösen, brach die Regierung Van Agt II am 16. Oktober 1981 auseinander.

Der Rücktritt der Regierung wurde jedoch zunächst nicht angenommen, um zwei Informateurs die Möglichkeit zu geben, den Riss in der Koalition zu kitten. Es handelte sich dabei um die Volkswirtschaftsprofessoren De Galan und Halberstadt, welche von Königin Beatrix den Auftrag erhielten, die Verhandlungen über den finanzpolitischen Teil des Koalitionsvertrages zu leiten. Die Informateurs lösten die Finanznöte der Regierung vor allem durch Erhöhungen von Abgaben. Für das von Den Uyl gewünschte Arbeitsbeschaffungsprogramm sollte eine Sonderabgabe erhoben werden. Die Finanzierungslücke wurde verringert, indem erneut Kredite außerhalb des Haushalts aufgenommen wurden. Außerdem wurden noch mehr Einnahmen aus dem Gasgeschäft für die Finanzierung laufender Ausgaben verwendet. An dieser Stelle zeigt sich erneut, dass ohne einen hierarchisch agierenden Finanzminister oder eine klare finanzpolitische Vereinbarung ein gegebenes Defizit kaum durch Einsparungen zu reduzieren ist. Nichtsdestotrotz verblieb ein Betrag von zwei Milliarden Gulden, die noch bei den Verhandlungen über die Voorjaarsnota eingespart werden mussten. Der Tweede Kamer wurde zugesichert, dass Informationen über den Ort der Einschnitte Anfang März vorliegen würden. Nach dreiwöchigen Gesprächen sah das Kabinett sich in der Lage, die Zusammenarbeit fortzusetzen, und verzichtete auf den Rücktritt. In der Regierungserklärung stellte Ministerpräsident Van Agt fest, dass die Finanzierungslücke des Jahres 1982 6,5 Prozent des Volkseinkommens nicht überschreiten sollte (Toirkens 1988).

Auch dieser Versuch hat die Gründe für das vorzeitige Scheitern der Koalitiongaben nicht beheben können. Die wirtschaftliche Entwicklung trübte sich weiter ein und die Finanzierungslücke des Jahres 1981 wurde bald auf über acht Prozent des Volkseinkommens geschätzt. Damit brach der Streit zwischen Van Agt und Den Uyl über die maximale Höhe der Finanzierungslücke im Jahre 1982 erneut aus. Zwischen Letzterem und Finanzminister Van der Stee bestand außerdem Uneinigkeit über die Finanzierung des Arbeitsbeschaffungsprogramms. Auf Vorschlag von Van Agt wurde die Entscheidung darüber auf die Zeit nach den Provinzwahlen Ende März 1982 verschoben. Die PvdA verlor bei diesen Wahlen nochmals deutlich, was ihre Position in der Regierung schwächte. Die drei Parteien konnten sich schließlich erst am 9. April 1981 über die Eckpunkte der Voorjaarsnota einigen. Dieses sogenannte Karfreitagsabkommen umfasste Einsparungen in Höhe von ca. 3,5

Mrd. Gulden. Das Abkommen sah nur noch 300 Mio. Gulden an zusätzlichen Ausgaben für das Arbeitsbeschaffungsprogramm vor und stellte zugleich 500 Mio. Gulden für Steuererleichterungen für die Unternehmen bereit. Die Bestimmungen über die Erhöhungen der Beitragssätze zu den Sozialversicherungen führten Schätzungen zufolge bei den Mindesteinkommen zu einem realen Verlust an Kaufkraft von zwei Prozent (Volkskrant, 10.4.1982: 1 und 3). Der Sozialminister akzeptierte trotzdem und geriet dadurch in einen Konflikt mit PvdA-Chef Van den Berg. Dieser bezeichnete unter Berufung auf das Koalitionsabkommen das Karfreitagsabkommen in Bezug auf die Mindesteinkommen als inakzeptabel und wollte die PvdA-Minister zum Rücktritt zwingen (Volkskrant 16.4.1982: 3). Auch der Gewerkschaftsflügel wollte Teile des ausgehandelten Kompromisses, namentlich die Änderungen am Krankengeld (ZW), nicht akzeptieren. Den Uyl gelang es noch, diese Angriffe zurückzuweisen und mit den anderen Koalitionspartnern eine für die Gewerkschaften akzeptable Veränderung des Abkommens auszuhandeln (Keesings Historisch Archief, 21.5.82: 321-327). Da der neue Kompromiss aber ohne Van Agt ausgehandelt worden war, fühlte der sich hintergangen, was das Ende der Koalition bedeutete. Nach kaum neun Monaten reichte das Kabinett am 11. Mai 1982 seinen Rücktritt ein (Tweede Kamer 1981-1982). Angesichts der Tatsache, dass das Kabinett Van Agt II weder einen Haushalt aufgestellt hat noch in der Lage war, den Anstieg der Ausgaben bzw. des Defizits zu bremsen, erübrigt sich ein Vergleich der unklaren Regelungen der beiden Koalitionsabkommen mit finanzpolitischen Daten. Stattdessen wendet sich der folgende Abschnitt dem Übergangskabinett Van Agt zu.

2.4 Das Übergangskabinett Van Agt und der Haushaltsentwurf 1983

Um die Zeit bis zu den Neuwahlen zu überbrücken, wurde in nur 17 Tagen ein Übergangskabinett aus CDA und D'66 mit Van Agt an der Spitze gebildet. Es verabschiedete im Rahmen der Voorjaarsnota die meisten der im Karfreitagsabkommen vorgesehenen Maßnahmen. Die zentrale finanzpolitische Aufgabe des Minderheitskabinetts bestand jedoch in der Aufstellung des Haushalts 1983. Die zu dieser Zeit verfügbaren Schätzungen deuteten auf eine Finanzierungslücke von fast zehn Prozent des Volkseinkommens hin. Finanzminister Van der Stee plante, diese um ca. sechs Milliarden Gulden zurückzudrängen. Davon sollten 5,5 Mrd. im ICCK-Bereich und 0,5 Mrd. im Reichshaushalt im engeren Sinn aufgebracht werden. Der neue Arbeits- und Sozialminister De Graaf (CDA) wollte nicht nur weniger, sondern auch andere Einsparungen und schlug vor, die Kürzungen im Bereich der sozialen Sicherung auch für Beitragssenkungen zu verwenden. Die Einschnitte bei seiner Klientel wären damit gewissermaßen durch Abgabenerleichterungen kompensiert worden. Zu Beginn der Haushaltsverhandlungen Mitte Juli 1982 forderte der Finanzminister nur noch Einsparungen von insgesamt 5,5 Milliarden. Bis zum 16. Juli gelang es den Fachministern, diesen Betrag auf nur noch etwa 4,7 Milliarden zu stutzen. Selbst diese Kürzungen wurden vom Sozial- und Arbeitsministerium nur teilweise umgesetzt. De Graaf berief sich darauf, den Vereinbarungen nur unter der Bedingung zugestimmt zu haben, dass die realen Sozialleistungen nicht sinken. Wie seine Vorgänger macht er fortan geltend, dass scharfe Einschnitte in der Rezession die Finanzierungslücke nur unwesentlich verringern können, während die Arbeitslosigkeit dadurch weiter verschärft wird. Das Finanzministerium, das Wirtschaftsministerium und das CPB stellten dem die langfristige Notwendigkeit der Verringerung der Finanzierungslücke entgegen (Toirkens 1988).

Mit der Miljoenennota 1983 präsentierte Finanzminister Van der Stee am 21. September die Lösung des Konfliktes. Das wichtigste Ziel bestand darin, den Anstieg der tatsächlichen Finanzierungslücke um 4,5 Mrd. zu beschränken. Zu diesem Zwecke wurden in der Sozialversicherung durch Einschnitte und Beitragserhöhungen Finanzierungsspielräume geschaffen, die dann genutzt wurden, die Beiträge des Reiches zur Sozialversicherung um 6,4 Mrd. Gulden verringern zu können. Ein Teil der Mittel musste verwendet werden, um nicht umgesetzte Einsparungen zu kompensieren. Der Haushaltsentwurf des Übergangskabinetts nahm damit vergleichsweise tiefe Einschnitte vor, dennoch stieg die Abgabenlast nach den Planungen um 1,5 Prozentpunkte an und überstieg 60 Prozent des Volkseinkommens. Auch die Finanzierungslücke stieg unabhängig von der gewählten Abgrenzung weiter an, wobei die Finanzierungslücke unter Einschluss der direkt auf dem Kapitalmarkt aufgenommenen Mittel fast zwölf Prozent des Volkseinkommens erreichen sollte. Im Unterschied zu den vorangegangenen Kabinetten Van Agt tauchte diese Art der Verschuldung damit wieder in der Miljoenennota auf. Außerdem gingen die Planungen von einem kaum noch steigenden Beitrag der Erdgaseinnahmen von insgesamt 20 Milliarden aus. Trotz dieser ersten Anzeichen zur Besserung zeichnete die Miljoenennota 1983 ein Bild zerrütteter Finanzen. Die wachsende Verschuldung führte bei hohen Realzinsen zu rasch steigenden Zinszahlungen, die wiederum durch Abgaben finanziert werden mussten.

Auch die Arbeitslosigkeit stieg konjunkturell bedingt weiter an und erreichte 1983 mit 9,7 Prozent und über einer halben Million Arbeitslosen ein Rekordniveau. Die Miljoenennota 1983 stellte insofern einen Wendepunkt dar, weil sie nicht nur ein Bild des Niedergangs zeichnete, sondern auch die institutionellen Gründe dafür benannte. Im folgenden Abschnitt wird daher der als Teil der Miljoenennota 1983 veröffentlichte Zwischenbericht der Studiengruppe Haushaltsspielraum in seinen Grundzügen vorgestellt.

2.5 Der Zwischenbericht der Studiengruppe Haushaltsspielraum

Im Februar 1982 beauftragte der Finanzminister die Studiengruppe Haushaltsspielraum erstmalig, ein Gutachten zur Steuerbarkeit der öffentlichen Finanzen zu erstellen. Um den Parteien die bereits verfügbare Information rechtzeitig zu den Koalitionsverhandlungen zur Verfügung stellen zu können, verfasste die Studiengruppe einen Zwischenbericht (Tweede Kamer 1982-1983a), der als Beilage zur Miljoenennota 1983 veröffentlicht wurde. Die Spitzenbeamten analysierten darin verschiedene Aspekte des Haushaltsprozesses vor allem seit der Mitte der siebziger Jahre. Darüber hinaus sprachen sie weitreichende Empfehlungen bezüglich zukünftiger finanzpolitischer Empfehlungen aus. Dies stellte den ersten Schritt zur Überwindung des Allmendeproblems des öffentlichen Haushalts dar. Die Analyse und die Empfehlungen werden daher in diesem Abschnitt kurz wiedergegeben.

Der Studiengruppe zufolge war der Haushaltsprozess bis zum Beginn der Siebziger durch ein hohes Maß an Stabilität gekennzeichnet. Dem Wachstumseinbruch nach 1973 folgten bald Probleme im Entscheidungsprozess. Die beiden zentralen Probleme sahen die Gutachter zum einen bei den Verhandlungen während der Haushaltsvorbereitung und zum anderen in der Haushaltsplanung. In Bezug auf den ersten Punkt stellten die Gutachter fest, dass die Verhandlungen bei der Aufstellung des Haushaltsentwurfes den Charakter eines Gefangenendilemmas (Tweede Kamer 1982-1983a: 152) aufwiesen. Kein Fachminister wäre bereit, bei den bilateralen Haushaltsverhandlungen Kürzungen hinzunehmen, wenn er nicht sicher wüsste, dass seine Kollegen ebenso einen Beitrag zu den Einsparungen leisten. Die während der Koalitionsverhandlungen aufgestellten Budgetnormen waren zwar im Laufe der Siebziger immer umfassender geworden, blieben jedoch wenig konkret. Mit Bezug auf den zweiten Punkt konstatierte die Studiengruppe, dass das Wirtschaftswachstum bei der Ausarbeitung langfristiger finanzpolitischer Pläne beständig überschätzt wurde. Die deshalb auftretenden Probleme hätten die Kabinette dazu verleitet, der trendorientierten Haushaltspolitik den Rücken zuzukehren und stattdessen eine kurzfristige, auf die Finanzierungslücke ausgerichtete Politik zu betreiben. Grundsätzliche politische Veränderungen seien damit ausgeschlossen und durch langfristig unwirksame oder gefährliche Maßnahmen ersetzt worden. Zu diesen gehörten das Verschieben von Finanzierungslasten in das jeweils folgende Jahr oder gar außerhalb des Haushalts und die Finanzierung eines wachsenden Anteils der öffentlichen

Ausgaben mit unsicheren Erdgaseinnahmen. Hinzu kämen die Verwendung von unkonkretisierten Einsparungen und unerwarteten Mehreinnahmen zur Kompensation von Einnahmeausfällen und Ausgabenüberschreitungen. Die ständigen Kürzungsoperationen und Haushaltssperren machten eine sinnvolle Ausgabenpolitik mit klarer Abwägung von Prioritäten insbesondere deshalb unmöglich, weil bestimmte Bereiche durch vorab gestellte Bedingungen vor Einsparungen geschützt waren.

Die Beamten empfahlen angesichts der Besorgnis erregenden Lage der öffentlichen Finanzen, während der Koalitionsverhandlungen mehrjährige Vereinbarungen zu schließen, welche auf einer vorsichtigen Schätzung des verfügbaren Haushaltsspielraumes beruhen. Die Studiengruppe schlug eine Wachstumsannahme von 1 Prozent ohne eine Verringerung der Arbeitslosigkeit als realistisch vor. Neben einfachen Zielmarken für die Abgabenlast und die Finanzierungslücke seien im Koalitionsabkommen die Folgen davon für konkrete Politikbereiche festzuschreiben. Allgemeine Verteilungsschlüssel und Absprachen, die Einsparungen in bestimmten Bereichen an Bedingungen knüpfen oder gar ausschließen, seien hingegen zu vermeiden. Nach den Vorstellungen der Gutachter sollte dies in eine rollende Planung münden, bei der die neuesten finanzpolitischen Schätzungen mit den Zielen der Regierung bezüglich der Abgabenlast und der Finanzierungslücke verglichen werden. Daraus sollte nach den Vorstellungen der Gutachter pro Jahr nicht mehr als eine Kürzungsoperation resultieren. Der nach den Einsparungen in der Mehrjahresplanung noch verbleibende Haushaltsspielraum sei nicht als Verfügungsmasse anzusehen, sondern käme für weitere Kürzungen in Betracht. Dauerhaft könnten die öffentlichen Ausgaben besser gesteuert werden, wenn der Umfang der zeitlich unbegrenzten Ausgabenbewilligungen, wie sie in der Sozialversicherung üblich sind, begrenzt würde. Auch die Indexierung von Sozialleistungen und der Löhne im öffentlichen Sektor an die im privaten Bereich sei grundlegend zu überdenken.

Um die Einhaltung der Zielmarken besser überwachen zu können, sei in zukünftige Miljoenenotas eine Übersicht aufzunehmen, die den Vergleich zwischen Ist- und Sollzustand erleichtert. Die Finanzierung außerhalb des Budgets sollte nach den Vorschlägen der Studiengruppe beendet werden und, solange dies noch nicht geschehen ist, in zukünftigen Miljoenennotas auch die Finanzierungslücke inklusive der direkt auf dem Kapitalmarkt aufgenommenen Mittel ausgewiesen werden. Viele Empfehlungen der Studiengruppe wurden in den folgenden Jahrzehnten tatsächlich in den Koalitionsvereinbarungen und Miljoenennotas umgesetzt und ermöglichten so die Wende in der niederländischen Finanzpolitik, mit der sich das folgende Kapitel auseinandersetzt.

Kapitel VI
Katastrophe und Umkehr: 1983 bis 2002

Dieser Teil der Arbeit beschäftigt sich mit den Kabinetten Lubbers und Kok in der Periode von 1983 bis 2002. Zumindest die ersten beiden Kabinette von Lubbers standen dabei vor der kaum abweisbaren Aufgabe, den katastrophalen Zustand der öffentlichen Finanzen zu verbessern und etwas gegen die Massenarbeitslosigkeit zu tun.

Die Analyse der Finanzpolitik der einzelnen Legislaturperioden erfolgt dabei nach dem gleichen Schema wie bei den Kabinetten Van Agt. Zuerst wird untersucht, welche relative Bedeutung Stimmengewinnen und den Beziehungen der Parteien zueinander während des Wahlkampfes und für die Regierungsbildung zukam. Dies ist notwendig, um die Stabilität von finanzpolitischen Vereinbarungen beurteilen zu können. Außerdem wird, soweit dies angesichts der geheimen Koalitionsverhandlungen möglich ist, untersucht, wie die finanzpolitischen Regelungen im Koalitionsvertrag zu Stande kamen. Danach wird geprüft, ob im Koalitionsvertrag eine Obergrenze für die staatlichen Ausgaben vorgesehen ist und ob die Einschnitte konkret vereinbart wurden. Nur in diesem Falle kann von einer finanzpolitischen Vereinbarung gesprochen werden. In Abschnitten über die einzelnen Haushalte wird untersucht, ob und gegebenenfalls wie es dem Finanzminister gelingt, die Begehrlichkeiten der Fachminister mit Hilfe der finanzpolitischen Vereinbarungen in die Schranken zu weisen. Bei allen fünf Kabinetten wird abschließend untersucht, inwiefern das Kabinett die in den finanzpolitischen Vereinbarungen festgelegten Ziele erreicht hat. Dieses Verfahren wird zuerst für die Analyse der Finanzpolitik des Kabinetts Lubbers I angewandt, das sich in seinem Koalitionsvertrag sehr ehrgeizige finanzpolitische Ziele setzte. In den darauf folgenden Kapiteln wird die Finanzpolitik der Kabinette Lubbers II und III analysiert. In den letzten beiden Kapiteln dieses Teils der Arbeit geht es um den Einfluss der Zalm-Norm auf die Finanzpolitik der beiden Kabinette Kok. Doch nun zum Kabinett Lubbers I, das versuchte, mittels einer detailliert ausgearbeiteten finanzpolitischen Vereinbarung zu gesunden öffentlichen Finanzen und langfristig zu weniger Arbeitslosigkeit zurückzukehren.

1. Das Kabinett Lubbers I im Aufschwung

Aus den Wahlen des Jahres 1982 ging die PvdA als größte Partei hervor und erlitt bei der nachfolgenden Regierungsbildung das zweite Mal das sogenannte Trauma der Niederlage im Sieg. Nach dem unrühmlichen Ende des Kabinetts Van Agt II hatten weder die Rechtsliberalen noch die Christdemokraten ein Interesse an einer Koalition mit den Sozialdemokraten. War die Regierungsbildung insofern eher von den Beziehungen der Parteien zueinander abhängig als von den jeweiligen Stimmenanteilen, so war das Wahlergebnis dennoch nicht völlig belanglos, weil sich durch die nun reduzierten Koalitionsmöglichkeiten eine gewisse Lagerbildung abzeichnete.

Das Koalitionsabkommen des Kabinetts Lubbers I berücksichtigte in hohem Maße die Empfehlungen im Zwischenbericht der Studiengruppe Haushaltsspielraum. Die Parteien arbeiteten in den Koalitionsvertrag eine finanzpolitische Vereinbarung ein, die sowohl eine Zielmarke für die maximale Höhe der Abgabenlast als auch einen Zeitplan für die Rückführung der Finanzierungslücke festlegte. Darüber hinaus wurden konkrete Schritte zur Umsetzung der Einsparungen genannt. So wurde beispielsweise ein nominales Einfrieren der Sozialleistungen in Aussicht gestellt. Die Koalitionsparteien verfolgten damit das Ziel, langfristig die Arbeitslosigkeit zu senken. In den Haushaltsjahren 1984 bis 1986 gelang es daher vergleichsweise leicht, die im Koalitionsvertrag vorgesehenen Kürzungsvolumina zu erreichen. Vor allem der Finanzminister, aber auch der Ministerpräsident pochten erfolgreich auf die Einhaltung der Bestimmungen des Koalitionsabkommens. Allerdings konnten die Zielmarken nur dann erreicht werden, wenn die Regierung über das im Koalitionsvertrag vorgesehene Maß Einsparungen vornahm. Dies war wiederum mit zähen Verhandlungen verbunden. Nichtsdestotrotz kann davon gesprochen werden, dass es mit Hilfe der finanzpolitischen Vereinbarungen gelungen war, das Allmendeproblem erheblich zu mildern.

Insofern Abweichungen vom Koalitionsvertrag festzustellen waren, bestanden diese auch weniger in Ausgabenüberschreitungen als in der Art der Einsparungen und der Verwendung der entstandenen Finanzierungsspielräume. Die Kürzungen bestanden fast ausschließlich in Manipulationen an der Preiskomponente der öffentlichen Leistungen. Maßnahmen, die auch das Volumen der öffentlichen Leistungen verringerten, wurden nicht umgesetzt. Schließlich erwies es sich für das Kabinett trotz hinreichender Einsparungen als problematisch, den vorgesehenen Zeitplan für die Rückführung der Finanzierungslücke einzuhalten, weil die Einsparungen hauptsächlich in der Sozialversicherung anfielen und damit keine Auswirkung auf die Finanzierungslücke hatten. Innerhalb der Regierung stieg zugleich das Interesse an Abgabensenkungen, um die Lohnmäßigung zu fördern. Im Ergebnis wurde die Abgabenlast während des Kabinetts Lubbers I rasch gesenkt, obschon im Koalitionsabkommen nur eine Stabilisierung vorgesehen war. Der erste Abschnitt beschäftigt sich mit den Wahlen und der Regierungsbildung 1982 und der zweite Abschnitt analysiert den Koalitionsvertrag des Kabinetts Lubbers I. In den folgenden drei Abschnitten geht es um die Haushalte 1984 bis 1986. Der sechste Abschnitt behandelt die Vorbereitungen für den Haushalt 1987 und den sogenannten Erdgasbrief. Im abschließenden siebten Abschnitt wird überprüft, inwiefern die Regierung ihre Ziele erreicht hat.

1.1 Wahlen und Regierungsbildung 1982

Der Rücktritt des Kabinetts Van Agt II machte Neuwahlen nötig, welche am 8. September 1982 abgehalten wurden. Die PvdA, die ein halbes Jahr zuvor bei den Provinzwahlen noch erhebliche Verluste zu verzeichnen hatte, konnte nicht nur den Verlust wieder wettmachen, sondern gewann sogar noch drei Sitze hinzu und wurde damit die größte Partei. Wie aus Tabelle A7 im Anhang ersichtlich ist, verlor der CDA drei Sitze und wurde nur noch zweitgrößte Partei. Allerdings verloren die Demokraten (D'66) elf Sitze und die VVD gewann zehn Sitze hinzu, so dass der CDA und die Rechtsliberalen zusammen auf eine hinreichende Mehrheit von 81 der 150 Sitze in der Tweede Kamer kamen.

Theoretisch waren damit viele Möglichkeiten zur Bildung einer Koalition vorhanden. Im CDA stand nach den Erfahrungen der Regierung Van Agt II jedoch niemandem der Sinn nach einer Neuauflage der alten Koalition. Noch am Wahlabend sprachen sich Politiker des CDA und der VVD trotz der Stimmengewinne der PvdA für eine Koalition der beiden Parteien aus. Die Königin erteilte jedoch trotzdem zunächst einem Politiker aus den Reihen der größten Fraktion in der Tweede Kamer den Auftrag, sie über die Möglichkeiten einer Regierungsbildung mit möglichst breiter Unterstützung in der Tweede Kamer zu informieren. Nach 20 Tagen schloss dieser jedoch, dass ein Kabinett unter Mitarbeit der PvdA nicht erkennbar wäre. Für die Sozialdemokraten war dies nach 1977 das zweite Trauma der Niederlage nach dem Wahlsieg. Trotz ihrer Stimmengewinne war sie auf Grund ihrer außerordentlich schwierigen Beziehungen zum CDA und zur VVD von der Regierungsbildung ausgeschlossen.

Die Königin ließ sich erneut von den Fraktionsvorsitzenden beraten und beauftragte den CDA-Politiker Scholten zu untersuchen, wie in kurzer Zeit ein Kabinett gebildet werden könne, das fruchtbar mit dem Parlament zusammenarbeiten könne. Scholten versuchte zunächst schnell zu klären, ob ein Kabinett mit der Unterstützung des CDA, der VVD gebildet werden könne. Zunächst fragte er die Fraktionsvorsitzenden Lubbers (CDA) und Nijpels (VVD), ob diese an einer Mitarbeit der Demokraten interessiert seien, was von beiden bejaht wurde. Auf Anfrage lehnte D'66 jedoch ab. Zeitgleich bildete er zwei Arbeitsgruppen, von denen eine sich mit der Frage der Finanzpolitik und der Einkommenspolitik in den folgenden vier Jahren auseinandersetzen und die sich daraus für den Haushaltsentwurf 1983 ergebenden Konsequenzen benennen sollte. Diese sogenannte Arbeitsgruppe A, die unter dem Vorsitz des von Wirtschaftsministers Van Aardenne tagte, konnte sich auf eine Prognose und darauf basierende Empfehlungen der Zentralen Ökonomischen Kommission (CEC) stützen (Tweede Kamer 1982-1983b). Den Ausgangspunkt bildete die Feststellung, dass sowohl die Arbeitslosigkeit als auch die Finanzierungslücke ein untragbares Niveau erreicht hätten. Als besonders beunruhigend wurde die Tatsache angesehen, dass die Niederlande diesbezüglich schlechter dastünden als viele andere Industrienationen. Der Schlüssel zur Gesundung der niederländischen Volkswirtschaft wurde daher nicht nur in externen Faktoren wie hohen Zinsen und schwachem Welthandel, sondern auch in der niederländischen Finanzpolitik gesucht. Der Kern der Begründung lag darin, dass sich durch die hohen Staatsausgaben und die große Finanzierungslücke das Klima für Investitionen sehr weit verschlechtert hätte. Einen Ausweg sah die Kommission in einer Reduzierung des Defizits durch Rückführung der Ausgaben. Die CEC ließ diese Vermutung durch Simulationen mit dem FREIA-Modell des CPB prüfen. Das CPB berechnete jeweils zwei Varianten, die sich in den Annahmen über die Entwicklung des Welthandels und im Ausmaß der Einsparungen unterschieden. Die politisch bedeutsame Botschaft, die sich aus den Simulationen ziehen ließ, war, dass sich die Arbeitslosigkeit in allen Varianten zunächst gegenüber der Prognose bei unveränderter Politik erhöhen würde. Erst nach etwa sechs Jahren würde die Arbeitslosigkeit auf das Niveau bei unveränderter Politik fallen. Danach würden die durch die Einsparungen ausgelösten zusätzlichen Investitionen dauerhaft mehr Beschäftigung und weniger Arbeitslose nach sich ziehen. Das grundlegende politische Problem bestand aus der Sicht der CEC in einem Tausch kurzfristiger Nachteile gegen langfristige Vorteile. Um die Regierung in die Lage zu versetzen, eine solche langfristige Strategie auch durchzuführen, griff die CEC auf die Empfehlungen aus dem Zwischenbericht der Studiengruppe Haushaltsspielraum zurück und empfahl Verbesserungen an den bestehenden Haushaltsinstitutionen.

Nachdem die beiden Arbeitsgruppen am 12. Oktober ihre Arbeit abgeschlossen hatten, wurden ihre Berichte Gegenstand der Verhandlungen zwischen den Fraktionsvorsitzenden. Wenige Tage später konnte auf dieser Basis ein Konzept-Koalitionsabkommen an die beiden Fraktionen in der Tweede Kamer geschickt werden. Der CDA sprach sich einstimmig für das Koalitionsabkommen aus, während der Fraktionsvorsitzende Nijpels keine Rücksprache mehr nehmen musste. Scholten fragte die D'66, ob sie auf der Grundlage des Koalitionsabkommens zu einer Teilnahme an der Regierungsverantwortung bereit wäre. Dies wurde erneut verneint. Damit war der Weg für die weithin erwartete Koalition aus CDA und VVD frei. Dem Wahlverlierer D'66 war zweifach angeboten worden, an der Regierung teilzunehmen, obschon die Partei für eine Mehrheit in der Tweede Kamer nicht notwendig war. Der Wahlgewinner PvdA war hingegen gleich ausgeschlossen worden. Insofern ist eine nur geringe Bedeutung des Wahlergebnisses für die Regierungsbildung festzustellen. Andererseits war eine gewisse Lagerbildung zu konstatieren, weil die ökonomischen Themen auf Grund der wirtschafts- und finanzpolitischen Lage eine dominierende Rolle in der öffentlichen Diskussion einnahmen. Überdies bestanden erhebliche Differenzen zwischen dem CDA und der PvdA in der Frage der Stationierung von Atomraketen. Im folgenden Abschnitt wird der in den Koalitionsverhandlungen erarbeitete Koalitionsvertrag näher analysiert.

1.2 Der Koalitionsvertrag des Kabinetts Lubbers I

Die Arbeitsgruppe A verarbeitete sowohl die Empfehlungen der CEC als auch die der Studiengruppe Haushaltsspielraum recht weitgehend im Koalitionsabkommen (Tweede Kamer 1982-1983c). Auch in diesem Koalitionsvertrag beherrschte die Logik des neuesten Modells des Centraal Planbureaus die finanzpolitische Planung der Regierung. Wie im Gutachten der CEC vorgesehen, sollte die Sanierung der öffentlichen Finanzen die Vorraussetzung für mehr Investitionen und schließlich mehr Beschäftigung schaffen. Der Zusammenhang zwischen der Finanzpolitik und der Beschäftigung war damit indirekter geworden, aber aus der Sicht der Regierung trotzdem zentral, da der Zentralen Ökonomischen Kommission zufolge der Abbau der Finanzierungslücke und die Stabilisierung der Abgabenlast eine notwendige Bedingung für die Verringerung der Arbeitslosigkeit waren. Bei der Ermittlung des dazu erforderlichen Kürzungsvolumens ging die Arbeitsgruppe von einem durchschnittlichen Wachstum des Welthandels von drei Prozent jährlich aus. Dies war zwar kein vorsichtiges Szenario, wie von der Studiengruppe Haushaltsspielraum gefordert, aber eben auch keine optimistische Annahme, wie sie noch der Blaupause'81 zugrunde lag. Im Nachhinein erwies sich die Annahme als realistisch. Das tatsächliche Wachstum des Welthandels in der Periode 1983-1986 betrug nach Angaben des CPB in dieser Periode 3,7 Prozent. Das exakte Einsparvolumen hing nach den Berechnungen des Centraal Planbureau allerdings nicht nur von der Annahme über das Wachstum des Welthandels, sondern auch von der Lohnpolitik ab. Bei Lohnmäßigung würde sich das notwendige Kürzungsvolumen gegenüber Varianten ohne Lohnzurückhaltung deutlich verringern. Das gab der Regierung einen deutlichen Anreiz, auf Lohnmäßigung hinzuwirken. Die Regierung war bereit, einen Lohnstopp auszusprechen und Arbeitsplatzumverteilung anzuordnen, wenn keine Vereinbarung der Verbände von Arbeit und Kapital zu Stande käme (Wolinetz 2001: 158-160; Visser/Hemerijck 1998: 137-143). Den sogenannten Sozialpartnern wurde somit ein klares Signal gegeben. Hierin liegt auch der Grund für das Mitte der neunziger Jahre berühmt gewordene Abkommen von Wassenaar zwischen den Verbänden von Arbeit und Kapital (Seils im Erscheinen). Die Verantwortung für dieses Feld wurde damit den sogenannten Sozialpartnern zugedacht, die durch Lohnmäßigung und Arbeitsumverteilung ihren Beitrag zur Verringerung der Arbeitslosigkeit leisten sollten.

Global wurde festgelegt, dass die Abgabenlast bis 1986 auf dem für das Jahr 1982 vorgesehenen Niveau von 53,8 Prozent des Volkseinkommens stabilisiert werden sollte. Noch vor der konstituierenden Sitzung wurden auf Drängen des neuen Finanzministers, Onno Ruding (CDA), entsprechende jährliche Zielmarken für die Finanzierungslücke festgelegt. Die gesamtstaatliche Finanzierungslücke inklusive der direkt auf dem Kapitalmarkt aufgenommenen Mittel sollte danach jährlich um 1,5 Prozentpunkte des Volkseinkommens sinken (OECD 1986: 36).

Um die oben beschriebenen Ziele zu erreichen, sollten in den Haushaltsjahren 1984 bis 1986 insgesamt 21 Milliarden Gulden eingespart werden. Davon entfielen jeweils sechs Milliarden auf die Bereiche Reichshaushalt im engeren Sinne, Gehälter im öffentlichen Dienst und Soziale Sicherheit. Die übrigen drei Milliarden sollten im Gesundheitsbereich aufgebracht werden. In Bezug auf die Frage, wie die Einschnitte verteilt werden sollten, beschränkte sich das Koalitionsabkommen allerdings nicht nur auf die Angabe eines solch groben Verteilungsschlüssels, sondern konkretisierte sie für den Bereich des Reichshaushaltes mit präzisen Einsparungsmaßnahmen, deren Effekte während der Legislaturperiode in tabellarischer Form angegeben wurden. Im Bereich der Arbeitsbedingungen wurde verabredet, dass so bald wie möglich Verhandlungen mit den Gewerkschaften des öffentlichen Dienstes aufgenommen werden sollten. Im Bereich der Sozialen Sicherheit blieben die Angaben im Vertrag eher allgemein. Es wurde lediglich darauf verwiesen, dass die Einsparungen sowohl durch Systemreformen (Volumenstrategie) als auch durch Veränderungen bei den jährlichen Anpassungen erreicht werden sollten (Preisstrategie). Damit war die während des Kabinetts Van Agt noch unantastbare Indexierung der Sozialleistungen suspendiert. Die Einsparungen im Gesundheitsbereich sollten durch Veränderungen im Budgetierungssystem und durch Maßnahmen wie die Verringerung der Zahl der Betten in Krankenhäusern vorgenommen werden. Im Unterschied zu den Koalitionsverträgen der Kabinette Van Agt handelte es sich hierbei um eine finanzpolitische Vereinbarung, die das Volumen, die Verteilung und den zeitlichen Ablauf der Einsparungen bindend und präzise festlegte. Um die im Koalitionsvertrag vorgesehenen Kürzungen von sieben Milliarden Gulden pro Jahr auch umsetzen zu können, folgten die Parteien wiederum dem Gutachten der Studiengruppe Haushaltsspielraum und schrieben einige Haushaltsspielregeln in ihrem Koalitionsvertrag fest. Danach sollte die Haushaltsvorbereitung frühzeitig beginnen, die Verhandlungen mit den Gewerkschaften des öffentlichen Dienstes unmittelbar begonnen werden und jegliche Finanzierung außerhalb des Budgets unterbleiben. In den folgenden Abschnitten über die Haushaltsjahre 1983 bis 1986 wird überprüft, inwiefern es dem Kabinett mit Hilfe der Vereinbarung gelungen ist, das Allmendeproblem des öffentlichen Haushalts in den Griff zu bekommen.

1.3 Die Haushaltsverabschiedung 1983 und der Haushaltsprozess 1984

Die neue Regierung unter Ministerpräsident Ruud Lubbers ging ihr Vorhaben beherzt an. In deutlichem Gegensatz zum Kabinett Van Agt I im Jahre 1977 ließ sie noch während der parlamentarischen Behandlung des Haushaltsentwurfes 1983 Veränderungen vornehmen. Darin wurden geplante Abgabenerhöhungen durch weitere Kürzungen ersetzt. Die Entschlossenheit, mit der die neue christlich-liberale Regierung mit Ruud Lubbers als Ministerpräsident antrat, erlahmte durch die weiterhin negative wirtschaftliche Entwicklung jedoch bald. Bei den Verhandlungen für die Voorjaarsnota im März 1983 forderte Finanzminister Ruding, das entstandene Finanzloch von 3,5 Mrd. Gulden vollständig durch Kürzungen und Steuererhöhungen zu schließen. Mit dieser Position konnte er sich jedoch gegen den Widerstand des gesamten Kabinetts, einschließlich des Ministerpräsidenten, nicht durchsetzen. Stattdessen wurden im Kabinett Einsparungen von zwei Milliarden beschlossen. Ein Teil der Kürzungen sollte dadurch erreicht werden, dass die Gehälter im öffentlichen Dienst ab dem 1. Juli um zwei Prozent gekürzt werden sollten. Dies traf auf den Widerstand von Innenminister Rietkerk (VVD), der mit den Verbänden des öffentlichen Dienstes zu Beginn des

Jahres eine Vereinbarung getroffen hatte, die eine Stagnation der Gehälter im Tausch gegen drei freie Tage vorsah. Diese Meinungsverschiedenheit wurde im April dadurch überbrückt, dass man übereinkam, dies Verhandlungen zwischen den Gewerkschaften und dem Kabinett zu überlassen. Dabei sollte Arbeitszeitverkürzung gegen Lohnmäßigung getauscht werden. Das Ergebnis sollte am 1. Oktober implementiert werden. An diesem Tag sollten auch sämtliche Sozialleistungen um zwei Prozent gekürzt werden. Würden die Kürzungen der Gehälter allerdings geringer ausfallen als die der Sozialleistungen, dann wäre der Gleichschritt zwischen Sozialleistungen und Gehältern faktisch aufgehoben worden. Eben dieser Kompromiss führte zu Auseinandersetzungen zwischen den Fraktionen des CDA und der VVD im Parlament. Für den Fraktionsvorsitzenden des CDA, De Vries, war es nicht akzeptabel, die Sozialleistungen insgesamt um zwei Prozent zu kürzen, wenn die Beamtengehälter nicht in gleichem Umfang verringert würden. Die VVD sah hingegen kein Problem in einer Entkopplung der Gehälter im öffentlichen Dienst von den Sozialleistungen. Der Fraktionsvorsitzende der VVD, Nijpels, forderte sogar, die AOW-Renten von den am 1. Oktober des Jahres anstehenden Kürzungen auszunehmen. Dies hätte eine Ungleichbehandlung verschiedener Sozialleistungsempfänger zugunsten der Rentner bedeutet. Der Vorstoß von Nijpels erwies sich als wenig erfolgreich. Der Staatssekretär im Sozial- und Arbeitsministerium De Graaf (CDA) wies darauf hin, dass der Koalitionsvertrag für die Forderung Ed Nijpels keine Grundlage bot (Keesings Archief, 6.5.1983: 278-280). Auch Premier Lubbers und der Fraktionsvorsitzende der CDA, De Vries, sprachen sich gegen eine Privilegierung der Rentner und Beamten aus (NRC Handelsblad, 18.5.1983: 3).

Interessanterweise drehten sich die Fronten während der parlamentarischen Behandlung der Voorjaarsnota um. Trotz ihrer weiterhin bestehenden Forderung nach höheren Ausgaben für ausgesuchte Klientele pochte die VVD nun auf eine strikte Interpretation des Koalitionsvertrages mit stärkeren Kürzungen und einer verringerten Finanzierungslücke. Die CDA-Fraktion wollte hingegen mit Rücksicht auf die seit Abschluss des Koalitionsvertrages weiter verschlechterte Wirtschaftslage zusätzliche Einsparungen vermeiden. Letztendlich konnten sich beide Fraktionen mit ihren Forderungen nicht durchsetzen (Keesings Archief, 3.6.1983: 343-344).

Bevor das Kabinett die Problematik um die Voorjaarsnota gelöst hatte, konfrontierte der Finanzminister seine Kollegen bereits mit den Kürzungen, die notwendig wurden, um den Haushalt 1984 mit den Zielvorgaben des Koalitionsvertrages in Übereinstimmung zu bringen. Ruding bezifferte die insgesamt erforderlichen Einsparungen auf 12,5 Milliarden. Davon waren sieben Milliarden bereits im Koalitionsabkommen vorgesehen. Die verbleibenden 5,5 Mrd. wollte der Finanzminister nach dem im Koalitionsabkommen vorgesehenen Schlüssel verteilen. Die Fachminister liefen gegen dieses Vorhaben jedoch Sturm (Toirkens 1988: 114-120). Die Verhandlungen wurden jedoch durch pessimistischere Schätzungen überholt. In ihrem Gutachten für die Erstellung der Miljoenennota 1984 bezifferte die CEC das für eine Stabilisierung der Finanzierungslücke auf dem Niveau des Jahres 1983 notwendige Einsparungsvolumen auf 14 Milliarden Gulden. Das war exakt das Doppelte dessen, was im Koalitionsvertrag vorgesehen war. Finanzminister Ruding stimmte mit der CEC darin überein, dass allenfalls ein Einsparvolumen von zwölf Milliarden erreichbar war. Bei den außerordentlich schwierigen Verhandlungen im sogenannten „Fünfeck", dem inoffiziellen Kernkabinett in den Niederlanden, standen sich Innenminister Rietkerk (VVD) auf der einen Seite und Finanzminister Ruding und Wirtschaftsminister Van Aardenne (VVD) auf der anderen Seite gegenüber. Trotz verschiedener Vorschläge gelang es ihnen nicht, den Widerstand des Innenministers gegen Kürzungen in seinem Bereich zu überwinden. Nach einigen Verhandlungsrunden im Sommer 1983 wurde schließlich ein Kürzungsvolumen von 10,6 Mrd. im Kabinett akzeptiert. Nachdem die Einigung erzielt worden war, kam erneut Kritik von Nijpels, die sich auf die Verteilung der Einschnitte bezog. Dessen Ansicht, die CDA-Minister würden nicht hinreichend sparen, wurde von Lubbers unter Bezugnahme auf die im Koalitionsvertrag festgelegte Verteilung der Einschnitte zurückgewiesen (Toirkens 1988).

Den Kompromiss stellte der Finanzminister in der Miljoenennota 1984 vor. Die genannten Einsparungen in Höhe von 10,6 Milliarden Gulden überstiegen das im Koalitionsvertrag festgelegte Volumen um 3,6 Milliarden. Dennoch reichten sie nicht aus, um die Ziele des Koalitionsvertrages zu erreichen. Der Reichshaushalt musste 2,9 Milliarden und der Bereich Gesundheit 1,2 Mrd. aufbringen. Im Bereich der Sozialversicherung wurde der größte Teil der beizusteuernden 3,4 Milliarden Gulden durch die sogenannte Preisstrategie, also Einsparungen durch Kürzungen der Leistungen erreicht. So wurden sämtliche Sozialversicherungsleistungen nominal eingefroren. Darüber hinaus sollten die Sätze für die Arbeitslosenversicherung, das Arbeitslosengeld und die Erwerbsunfähigkeitsversicherung um 3,5 Prozent gekürzt werden. Auch die Einsparungen in Höhe von drei Milliarden im Bereich der Gehälter im öffentlichen Dienst wurden auf ähnliche Weise erreicht. Trotz der umfangreichen Einschnitte lag der für die Finanzierungslücke geplante Wert mit 12,1 Prozent des Volkseinkommens deutlich über dem im Koalitionsabkommen anvisierten Wert von 10,5 Prozent. Um auch nur dies möglich zu machen, mussten die Finanzierungsspielräume, die durch Einschnitte im Bereich der Sozialversicherung erreicht worden waren, zur

Verringerung der Finanzierungslücke umgelenkt werden. Da die Strategie, die Reichsbeiträge zur Sozialversicherung zu kürzen, wegen des nun extrem geringen Staatsanteils kaum noch etwas bringen konnte, mussten stattdessen Steuern angehoben werden. Dies lag wiederum im Streit mit der Absicht der Regierung, die Steuern zu senken. Im Ergebnis sank daher die Abgabenlast den Planungen zufolge auf 55 Prozent und damit etwas stärker als die Finanzierungslücke.

Bei der Haushaltsdebatte zeigten sich beide Regierungsparteien außerordentlich zufrieden mit dem Ergebnis (NRC Handelsblad, 299, 20.9.1983: 3). Der Präsentation der Miljoenennota folgte ein Streit zwischen Innenminister Rietkerk und den Verbänden des öffentlichen Dienstes (NRC Handelsblad, 299, 20.9.1983: 1) über die geplante Senkung der Gehälter im öffentlichen Dienst. Nach wochenlangen Auseinandersetzungen willigte Ministerpräsident Lubbers ein, die Senkung auf drei Prozent (statt 3,5%) zu beschränken. Um die Parallelität der Entwicklung der Gehälter im öffentlichen Dienst mit den Sozialleistungen zu gewährleisten, musste in der Folge auch die Senkung der Leistungen für Arbeits- und Erwerbslose auf drei Prozent beschränkt werden. Die Beamtengewerkschaften forderten darüber hinaus die Garantie, dass die Beschäftigung im öffentlichen Sektor nicht der Kürzungspolitik zum Opfer fallen dürfe. Finanzminister Ruding war im Gegensatz zum Ministerpräsidenten nicht bereit, Konzessionen zu machen oder Garantien zu geben. Er forderte eine mehr am Volumen der Staatsausgaben ansetzende Sparpolitik, um den Rückstand bei der Verringerung der Finanzierungslücke gegenüber der Planung des Koalitionsvertrages aufzuholen. Im folgenden Abschnitt wird sich zeigen, inwiefern der Finanzminister sich mit seinen Forderungen im Aufschwung durchsetzen konnte.

1.4 Die wirtschaftliche Erholung und der Haushalt 1985

Im Frühling des Jahres 1984 konnte die Regierung erstmalig substanziell von der sich bessernden Konjunkturlage profitieren. Die prognostizierte Finanzierungslücke verringerte sich so um vier Milliarden Gulden (Ministry of Finance 1984). Dies ließ im Kabinett eine Diskussion um die Frage aufkommen, ob die Einsparungen nicht auch zur Verringerung der Abgabenlast eingesetzt werden sollten, statt sie ausschließlich für die Verringerung der Finanzierungslücke zu verwenden. Diese Frage wurde aktuell, weil das höhere Wirtschaftswachstum vorrangig zu Einsparungen im Bereich der Sozialversicherungshaushalte führte und mithin keine Auswirkung auf die Finanzierungslücke hatte. Finanzminister Ruding wollte stattdessen die Beiträge zur Sozialversicherung senken und zugleich die Mehrwertsteuer anheben. Der Sinn der geplanten Operation bestand wiederum darin, die Einsparungen für die Verringerung der Finanzierungslücke nutzbar zu machen und nicht nur die Abgabenlast der Zielmarke des Koalitionsabkommens näher zu bringen. Der Ministerpräsident sprach sich aber bereits Anfang März dafür aus, die konjunkturellen Mehreinnahmen teilweise für eine Senkung der Abgaben zu verwenden. Zugleich betonte er aber, dass die im Koalitionsvertrag vorgesehenen Kürzungen durchgeführt werden müssten (NRC Handelsblad, 3.3.84: 1). Diese Pläne wurden von beiden Regierungsfraktionen unterstützt (NRC Handelsblad, 16.3.84: 1).

Neben der Frage, welcher Anteil des Haushaltsspielraumes für die Verringerung der Finanzierungslücke und wie viel für Abgabenerleichterungen aufgewendet werden sollte, entstand ein Konflikt darüber, wo die Einsparungen vorgenommen werden sollten. Widerstand gegen die von Onno Ruding geforderten Kürzungen kam im Kabinett von den Ministern für Bildung, Gesundheit und Wohnungen. Bildungsminister Deetman zeigte sich entsetzt über die von ihm geforderten zusätzlichen Einsparungen, da er bis dahin die nach dem Koalitionsvertrag von ihm geforderten Kürzungen stets rasch umgesetzt hatte. Er erklärte, dass weitere Einsparungen im Bereich Bildung seinen Rücktritt zur Folge hätten (NRC Handelsblad, 21.3.84: 3). Auf diese Weise gelang es den Fachministern, sich zumindest ein Stück weit gegen den Finanzminister durchzusetzen (Toirkens 1988: 122-129). Der Umfang der Kürzungen wurde reduziert und der Rücktritt Deetmans konnte abgewendet werden.

Im Mai 1984 musste der Finanzminister gegenüber dem Parlament einräumen, dass sich die öffentlichen Finanzen besser entwickelten, als in der Miljoenennota 1984 geschätzt. Dies ließ die Rufe nach Abgabensenkungen und verminderten Einsparungen wieder lauter werden. Der Ministerpräsident und der Minister für Soziales und Arbeit traten erneut dafür ein, die Einsparungen im Bereich der Sozialversicherung teilweise für Abgabenentlastungen zu verwenden, um die Lohnzurückhaltung zu unterstützen. Mitte Mai einigten sich die Minister im „Fünfeck" darüber, insgesamt 9,4 Milliarden einzusparen und 1,5 Mrd. für eine Senkung der Beiträge zur Sozialversicherung und der Entlastung der Arbeitgeber zu verwenden (NRC Handelsblad, 15.5.84: 1 und 15). Während der Haushaltsverhandlungen im Juli 1984 stellte Lubbers die Einigung wieder in Frage. Im Ministerrat machte er den Vorschlag, das Kürzungsvolumen für den Bereich „Gehälter im öffentlichen Dienst" zu senken. Ruud Lubbers gelang es, das Kabinett in dieser Angelegenheit hinter sich zu bringen. Mit dem Rücken zur Wand blieb dem Finanzminister nur noch der Rückgriff auf den Koalitionsvertrag. Neue Berechnungen zeigten, dass die Finanzierungslücke trotz der verbesserten wirtschaftlichen Aussichten auf Grund von Ausgabenüberschreitungen und neuen politischen Initiativen nur von geschätzten 10,7 (1984) auf 10,1 (1985) Prozent des Volkseinkommens zurückgehen würde. Ruding stellte einen für ihn inakzeptablen Rückstand von 1,6 Prozentpunkten des Volkseinkommens gegenüber dem Zeitplan des Koalitionsabkommens fest. Er forderte daher, dass die Finanzierungslücke um mindestens einen Prozentpunkt des Volkseinkommens reduziert werden müsse. Nach zähen Verhandlungen einigte man sich schließlich in der zweiten Augusthälfte auf die in der Miljoenennota präsentierte Lösung (Toirkens 1988).

Das Zahlenwerk der Miljoenennota (Tweede Kamer 1984-1985) bildete die Ergebnisse der Haushaltsverhandlungen präzise ab. Insgesamt sollten 9,3 Milliarden Gulden eingespart werden. Das waren erneut 2,3 Milliarden mehr als im Koalitionsabkommen vorgesehen. Der Reichshaushalt war mit 3,1 Milliarden Gulden besonders stark betroffen, da die Finanzierungslücke so direkt zurückgebracht werden konnte. Außerdem konnten so die unpopulären Kürzungen im Bereich der Gehälter im öffentlichen Dienst und der Sozialversicherung auf jeweils 2,5 Milliarden beschränkt werden. Die Einsparungen in der Sozialversicherung zielten erneut vor allem auf die Höhe der Leistungen ab. Allein der letzte Schritt in der Verringerung der Leistungen in der Arbeitslosenversicherung (WW und WWV) auf 70 Prozent des letzten Lohnes sollte 1,1 Mrd. erbringen. Auch beim Krankengeld wurde die Leistung um fünf Prozentpunkte des letzten Gehaltes gekürzt. Die verbleibende Summe wurde aufgebracht, indem die Leistungen weiter nominal eingefroren blieben. Der Bereich Gesundheit musste 1,2 Milliarden zu den Kürzungen beitragen.

Die Abgabenentlastungen beliefen sich auf 1,5 Milliarden Gulden und sollten vornehmlich in Form einer Verringerung der Sozialversicherungsbeiträge der Arbeitgeber erfolgen. Es ging, wie in der Miljoenennota 1985 auch explizit anerkannt wurde, nicht mehr nur darum, die Finanzierungslücke zu schließen, sondern wo dies möglich erschien, auch die Abgabenlast zu verringern (Ministry of Finance 1984). Die Konsequenz war, dass die Abgabenlast gegenüber den mutmaßlichen Ergebnissen des Jahres 1984 um stattliche 1,8 Prozentpunkte sinken sollte und mit 52,6 Prozent deutlich unter die für 1986 anvisierte Obergrenze des Koalitionsabkommens (53,8%) fallen würde. Obschon also die Einsparungen hingereicht hätten, um in der Haushaltsplanung beiden Zielmarken gerecht zu werden, blieb die Finanzierungslücke nach der Miljoenennota mit 9,7 Prozent hinter dem Koalitionsabkommen zurück. Die Regierungsparteien, CDA und VVD, zeigten sich mit dieser Politik durchaus einverstanden (Keesings Archief, 4.10.1984: 620). Der nächste Abschnitt beschäftigt sich mit den Folgen dieser Politik.

1.5 Der Haushalt 1986: Echte Einsparungen und Buchhaltungstricks

Kurz nach der Verabschiedung des Haushalts 1985 begann im Regierungslager erneut die Diskussion über weitere Einsparungen. Sozial- und Arbeitsminister De Koning sagte im Januar 1985, dass er keinen Anlass für Einsparungen über die im Koalitionsvertrag festgelegten sieben Milliarden sehe (NRC Handelsblad, 21.1.85: 1). Dafür wurde er von der VVD-Fraktion scharf kritisiert, die diese Bemerkung als vorschnell bezeichnete. Der finanzpolitische Sprecher der VVD-Fraktion verwies darauf, dass große Löcher im Haushalt drohten. Der Grund dafür war, dass die bereits im Koalitionsabkommen geplanten Einsparungen durch die Reform der Systeme für Arbeitslose und Erwerbsunfähige (WWV, WW, WAO, AAW) sich durch die zahlreichen Mitwirkungsrechte und Beratungsgremien beständig verzögerten (De Jong/Herweijer/de Wildt 1990: 47-54). Die VVD forderte daher, einen Kürzungsbetrag von zwei Milliarden, der erst für das Jahr 1986 geplant war, bereits ab dem Juli 1985 einzusparen (NRC Handelsblad, 22.1.85: 9). Dies wurde jedoch von Finanzminister Ruding und Staatssekretär De Graaf abgelehnt (NRC Handelsblad, 23.1.85: 3). Im Februar sorgte Finanzminister Ruding selbst für Unruhe, weil er forderte, dass 1986 nicht nur – wie im Koalitionsvertrag – festgelegt die gesamtstaatliche Finanzierungslücke auf 7,5 Prozent des Volkseinkommens zurückgefahren werden müsste, sondern auch die darin enthaltene Finanzierungslücke des Reiches auf 5,7 Prozent reduziert werden sollte. Der Hintergrund bestand darin, dass die Verringerung der gesamtstaatlichen Finanzierungslücke zu einem bedeutenden Anteil auf die gesunkene Neuverschuldung der Gemeinden zurückzuführen war. Die öffentliche Forderung trug ihm scharfe Kritik von Seiten der Regierungsfraktionen ein (NRC Handelsblad, 15.2.85: 1 und 9). Die finanzpolitischen Sprecher der beiden Fraktionen verwiesen darauf, dass sie sich zwar auf die im Koalitionsvertrag niedergelegte Zielmarke für die gesamtstaatliche Finanzierungslücke verpflichtet hätten, sich an die weiter gehenden Forderungen des Finanzministers aber nicht gebunden fühlten. Auch Lubbers wandte sich gegen seinen Finanzminister, stellte aber sogleich fest, dass weitere Kürzungen nicht vorab auszuschließen seien (NRC Handelsblad, 23.2.85: 1).

Die Schätzungen der CEC, welche sie Anfang März veröffentlichte, zeigten, dass die gesamtstaatliche Finanzierungslücke bei unveränderter Politik im Jahre 1986 etwa einen Prozentpunkt über der Zielmarke des Koalitionsvertrages liegen würde. Daraus ergab sich für den Reichshaushalt ein Kürzungsvolumen von knapp vier Milliarden Gulden. Die Zentrale Ökonomische Kommission sah es jedoch als unmöglich an, den Reichshaushalt innerhalb eines Jahres um dieses Volumen zu stutzen. Sie empfahl, daher nur zwei Milliarden zu kürzen. Der Finanzminister griff diese Empfehlung in seinem Rahmenbrief auf und blieb damit weit hinter seinen noch im Februar erhobenen Forderungen zurück. Er beabsichtigte die Kürzungen in eben den Bereichen anzusetzen, die für die Ausgabenüberschreitungen in der Vergangenheit verantwortlich waren. Dies betraf die Bereiche Studienfinanzierung und Mietsubventionen. Die Finanzierungslücke sollte Ruding zufolge 1986 im Vergleich zu 1985 um mindestens einen Prozentpunkt fallen (Toirkens 1988).

Wie nicht anders zu erwarten war, wehrten sich die am stärksten von den Kürzungen betroffenen Fachminister am heftigsten. Bildungsminister Deetman und der Staatssekretär Brokx im Ministerium für Wohnungen und Raumordnung drohten sogar mit ihrem Rücktritt. Der Minister für Soziales und Arbeit, De Koning, unterstützte hingegen den Finanzminister, weil sein Ministerium von den Einschnitten ausgenommen war. Immerhin gelang es den übrigen Fachministern, das geplante Sparvolumen auf 800 Millionen Gulden zu verringern. Ministerpräsident Lubbers hielt diesen Betrag für ausreichend, weil sich einige Zahlungen in das folgende Haushaltsjahr verschieben ließen. Das Kabinett hoffte, damit die Haushaltsverhandlungen für das Jahr 1986 hinter sich gebracht zu haben, und beschloss, auch dann keine weiteren Einsparungen mehr vorzunehmen, wenn die Zielmarke für die Finanzierungslücke nicht erreicht würde (Toirkens 1988).

Eine weitere Schätzung der CEC, die dem Kabinett im Juni 1985 zuging, machte diese Hoffnung zunichte. Die Kommission stellte fest, dass die Finanzierungslücke im Jahre 1986 trotz der vorgesehenen Kürzungen im Vergleich zu 1985 nicht fallen würde. Die wichtigsten Gründe für diese Entwicklung seien die steigenden Zinszahlungen und sinkende Erdgaseinnahmen. Die CEC machte außerdem deutlich, dass die Einsparungen im Bereich der Sozialversicherung bei der Verringerung der Finanzierungslücke kaum zu Buche schlagen würden. Überdies waren die geplanten Kürzungen auf Grund der oben erwähnten Verzögerungen bei der Reform der Sozialversicherung außerordentlich unsicher. Angesichts der ernüchternden Aussichten wollte Ruding die Finanzierungslücke wenigstens unter acht Prozent des Volkseinkommens drücken. Das Kabinett schloss sich dem an und gab damit die Zielmarke von 7,4 Prozent des Nationaleinkommens auf, wie sie im Koalitionsabkommen festgeschrieben war. Um die Finanzierungslücke wenigstens unter acht Prozent senken zu können, beschloss der Ministerrat, sämtliche weiteren Forderungen nach Geldern abzuweisen (Toirkens 1988).

Das Kabinett verwandte noch einige Geschicklichkeit darauf zu verschleiern, dass es im Haushaltsentwurf sein Ziel bezüglich der Finanzierungslücke nicht erreicht hatte. So wurden einige Ausgaben noch in das

Haushaltsjahr 1985 vorgezogen, um das Absinken der Finanzierungslücke im Jahre 1986 deutlicher ausfallen zu lassen. Außerdem wurden, wie in den Zeiten vor dem Zwischenbericht der Studiengruppe Haushaltsspielraum, die Erdgaseinnahmen schneller eingetrieben.

Die Miljoenennota 1986, die am 17. September 1985 in der Tweede Kamer eingereicht wurde, bildete sowohl die echten Sparbemühungen als auch die kreative Buchführung der Regierung in Zahlen ab (Ministry of Finance 1985). Den Planungen zufolge wurden die Ausgaben um insgesamt acht Milliarden Gulden gekürzt. Das gesamte Kürzungsvolumen überstieg damit den im Koalitionsabkommen vorgesehenen Betrag um eine Milliarde. Davon entfielen 3,2 Mrd. auf den Reichshaushalt im engeren Sinne. Der hohe Anteil ging darauf zurück, dass Kürzungen außerhalb des Reichshaushaltes im engen Sinn kaum mehr geeignet waren, die Finanzierungslücke zu verringern, und die verfügbaren Einkommen im öffentlichen Sektor im Wahljahr nicht sinken sollten. Die Sozialversicherung trug 1,8 Mrd. Gulden zu den Einsparungen bei. In diesem Bereich dominierten erneut Einsparungen bei der Preiskomponente der Sozialausgaben. Die Leistungen des Krankengeldes wurden ab dem 1. Januar 1986 von 75 auf 70 Prozent des letzten Gehaltes abgesenkt. Die Leistungen sämtlicher Sozialversicherungen blieben weiterhin eingefroren. Maßnahmen, die auch die Volumenkomponente der Sozialausgaben betrafen, wie etwa die Abschaffung der „konkreten Betrachtungsweise" in den beiden Erwerbsunfähigkeitsversicherungen, wurden mit der geringfügigen Summe von 50 Mio. Gulden angesetzt. Der Grund dafür lag darin, dass nicht mehr erwartet wurde, dass die Reformen vor Mai 1986 in Kraft treten könnten. Die Gehälter im öffentlichen Dienst mussten mit zwei Mrd. ein Viertel der gesamten Einsparungen im Haushalt 1986 schultern. Auch hier wurde ein Großteil der Einsparungen (1,4 Mrd.) dadurch erreicht, dass die Löhne und einige andere Leistungen nominal eingefroren blieben. Die verbleibenden Kürzungen waren im Wesentlichen Verschiebungen. Das Frühverrentungsprogramm der öffentlich Angestellten wurde fortan nicht mehr aus dem Reichshaushalt, sondern aus dem Pensionsfonds der Beamten gezahlt. Der Bereich Gesundheit musste eine Milliarde an Einsparungen aufbringen. Um die Finanzierungslücke im laufenden Haushaltsjahr etwas größer erscheinen zu lassen, wurden Ausgaben für öffentlichen Bauarbeiten im sogenannten Oosterschelde-Projekt vorgezogen (Toirkens 1988; Toirkens 1990). Dadurch vergrößerte sich die Differenz zwischen der aktuellen Finanzierungslücke und der des folgenden Haushaltsjahres 1986 etwas. Auch im Bereich der Einnahmen wurden rein optische Maßnahmen durchgeführt, die die Erdgaseinnahmen im Haushaltsjahr 1986 einmalig um ca. 1,4 Mrd. Gulden anhoben. Dies wurde dadurch erreicht, dass diese Einkünfte fortan auf direktem Wege und nicht mehr über einen staatlichen Betrieb in den Haushalt eingingen. Der Sinn dieser Operation lag ebenfalls darin, das Absinken der Finanzierungslücke im Jahr 1986 etwas beeindruckender aussehen zu lassen. Auf Grund der Tatsache, dass die Einsparungen im Bereich der Sozialversicherung nicht für die Verringerung der Finanzierungslücke nutzbar gemacht wurden, sank die Abgabenlast um 1,4 Prozentpunkte des Volkseinkommens auf geplante 51,8 Prozent. Die Senkung der Finanzierungslücke wurde auf nur 0,2 Prozentpunkte veranschlagt und erreichte damit 7,8 Prozent des Volkseinkommens. Erneut waren die gesamten Einsparungen mehr als ausreichend, um beide Zielmarken zu erreichen; nur war das Kabinett nicht bereit, die dazu notwendigen Steuererhöhungen vorzunehmen.

Der letzte Haushalt der Legislaturperiode wurde von den Koalitionspartnern in der Tweede Kamer gegenüber der Öffentlichkeit als Erfolg der von ihnen getragenen Regierung präsentiert (NRC Handelsblad, 299, 17.9.85: 3). Während beim CDA Unmut darüber geäußert wurde, dass das Kindergeld weiterhin eingefroren blieb, hätte die VVD gern Programme gegen die Langzeitarbeitslosigkeit gesehen. Wie sich im folgenden Abschnitt zeigen wird, war der bisherige Erfolg des Kabinetts zu einem bedeutenden Teil den weiterhin hohen Energiepreisen geschuldet.

1.6 Der Erdgasbrief

In die Miljoenennota 1986 waren Prognosen aufgenommen worden, die von einem deutlichen Sinken der Gaseinnahmen in den Jahren 1986 und 1987 auf Grund der fallenden Nachfrage ausgingen. Danach wären die Einnahmen aus dieser Quelle 1986 um etwa ein Viertel (5,9 Mrd.) und 1987 um nochmals 14% gefallen. Neuere Schätzungen erwarteten auf Grund des Kursverfalls des Dollars ein noch deutlicheres Absinken der Einnahmen. Der Grund dafür war rechnerischer Natur. Rohöl wird in US-Dollar gehandelt und der Preis von Erdgas ist daran gekoppelt. Fällt der Wert des Dollars gegenüber dem Gulden, dann führt dies zwangsläufig dazu, dass der Erlös (in Gulden) aus dem Verkauf einer gegebenen Menge Erdgas sinkt. Diese Wechselkursverluste stellten für den Haushalt 1987 ein ernsthaftes Problem dar.

Ministerpräsident Lubbers griff diese Problematik in seinem an das Kabinett gerichteten sogenannten "Erdgasbrief" vom 21. Januar 1986 auf. Seiner Einschätzung zufolge würden durch diesen Effekt weitere Einnahmeausfälle in Höhe von fünf Mrd. Gulden (1,25% des Volkseinkommens) entstehen. Überdies bestünde eine Notwendigkeit zu frühzeitigem Handeln, weil viele Maßnahmen Zeit bräuchten, um zusätzliche Einsparungen bzw. erhöhte Einnahmen zu liefern. Der Premier präsentierte in seinem Brief, den er vorab

120

bereits an Finanzminister Ruding und Wirtschaftsminister Van Aardenne geschickt hatte, auch Ansätze zur Lösung des Haushaltsproblems. Diese bestanden aus Einsparungen bei den WIR-Subventionen und einzelnen Preiserhöhungen beim Gas. Der Ministerpräsident schloss radikale Mittel zur Stabilisierung der Finanzierungslücke im Jahre 1987 nicht aus und warnte zugleich, dass das "Einfrieren" von Leistungen auf Grund der niedrigen Inflation keinen besonders großen Beitrag zur Konsolidierung mehr leisten könnte (Keesings Historisch Archief, 13.3.1986: 166-167).

Lubbers' Brief löste Konflikte über die Fragen aus, wann die Entscheidungen über die Maßnahmen getroffen werden sollten und ob es sich um Abgabenerhöhungen oder Einsparungen handeln sollte. Die erste Frage war für die VVD mit der Befürchtung verbunden, dass der CDA die VVD im Wahlkampf für die unpopulären Einschnitte verantwortlich machen könnte, um dann eine Koalition mit der PvdA einzugehen. Im Kabinett trat Van Aardenne daher für eine Verschiebung der Entscheidung über die notwendigen Maßnahmen auf die kommende Regierungsbildung ein. Dabei gab er weitergehenden Einsparungen den Vorzug gegenüber neuen Belastungen für die Wirtschaft. Um die Entscheidungsfindung eines neuen Kabinetts zu beschleunigen, könne man Dossiers mit Kürzungsmöglichkeiten anlegen (NRC Handelsblad, 28.1.1986: 1). Auf Verlangen von PvdA-Fraktionsführer Den Uyl wurde eine Debatte der Tweede Kamer über den Erdgasbrief einberufen. Es zeigte sich, dass auch die Regierungsfraktionen über die oben genannten Fragen gespalten waren. Der CDA wollte die Entscheidung über die Kompensation der sinkenden Erdgaseinnahmen zwar ähnlich wie die VVD einem zukünftigen Kabinett überlassen, wollte aber eher die Abgaben erhöhen als die Kürzungspolitik verschärfen. Für die Fraktion der VVD sprach sich ihr Vorsitzender Nijpels gegen Belastungen der Wirtschaft aus, weil dies die Wettbewerbsposition der niederländischen Unternehmen gegenüber dem Ausland verschlechtern würde.

Nach monatelangen Verhandlungen beschloss das Kabinett Anfang April ein Paket, das für den Haushalt 1987 Einschnitte in Höhe von 5,25 Mrd. Gulden und Abgabenerhöhungen von vier Milliarden Gulden umfasste. Der Kompromiss wurde im sogenannten Rahmenbrief für den Haushalt 1987 bei der Tweede Kamer eingereicht (Tweede Kamer 1985-1986a). Das Kabinett hielt es wie bereits in der Miljoenennota 1986 für nötig, den Reichshaushalt im engen Sinne mit 2,25 Mrd. besonders zu belasten. Um die Befürchtungen der VVD zu entschärfen, wurde vereinbart, von diesem Betrag zunächst nur eine Milliarde tatsächlich umzusetzen. Abweichend vom Koalitionsabkommen sollte dieser Betrag nach einem proportionalen, d.h. unpolitischen Schlüssel verteilt werden. Davon wurden allerdings das Verteidigungsministerium und das Ministerium für Entwicklungshilfe ausgenommen. Die Bereiche Sozialversicherung (1,2 Mrd.), Gehälter im öffentlichen Dienst (1,2 Mrd.) und Gesundheit (600 Mio.) sollten den im Koalitionsvertrag vorgesehenen Anteil aufbringen (Keesings Historisch Archief, 19.6.1986: 389). Auf der Seite der Einnahmen wurden verschiedene steuerliche Abzugsmöglichkeiten in der Einkommen- und Körperschaftsteuer beschnitten und beide Sätze der Mehrwertsteuer zeitweise erhöht. Es war geplant, diese bei einem Wiederanstieg des Ölpreises durch eine Rücknahme der Erhöhung oder durch eine Verringerung der Lohn- und Einkommensteuerbelastung ungeschehen zu machen. In der Debatte über den Rahmenbrief, welche etwa einen Monat vor den Wahlen am 23. und 24. April stattfand, differierten die Positionen der Regierungsparteien vor allem in der Frage, inwiefern in der kommenden Legislaturperiode weiter gekürzt werden müsse, um Steuererleichterungen möglich zu machen. Im folgenden Abschnitt wird geprüft, inwiefern das Kabinett Lubbers I seine eigenen Zielsetzungen erreicht hat.

1.7 Der Koalitionsvertrag und Haushaltsergebnisse 1983-1986

Der Koalitionsvertrag aus dem Jahre 1982 stellte das Kabinett Lubbers I vor die Aufgabe, ein außerordentlich anspruchsvolles Sparprogramm umzusetzen. In diesem Abschnitt soll überprüft werden, inwiefern es dem Kabinett Lubbers I gelungen ist, die Zielmarken einzuhalten. Dabei ist zu berücksichtigen, dass der Haushalt 1984 der erste war, den das Kabinett Lubbers aufgestellt hat. Der Haushalt 1983, welcher noch vom Übergangskabinett Van Agt aufgestellt worden ist, umfasste zusätzliche sechs Milliarden Gulden an Einsparungen. Ein Blick in die Miljoenennota dieses Jahres (Tweede Kamer 1986-1987b: 76) zeigt, dass die Vereinbarungen des Koalitionsabkommens über die Kürzungen nicht nur eingehalten, sondern sogar überschritten wurden, um die Zielmarken bezüglich der Abgabenlast und der Finanzierungslücke einzuhalten.

Dabei fällt auf, dass der Reichshaushalt besonders stark von zusätzlichen Kürzungen betroffen war, da so direkt und ohne Steuererhöhungen die Finanzierungslücke zurückgedrängt werden konnte. Die Einsparungen waren jedoch nicht immer in der Weise zu Stande gekommen, wie dies im Koalitionsabkommen vorgesehen war. So wurden die Einsparungen im Bereich der Sozialversicherung und im Bereich der Gehälter im öffentlichen Dienst vor allem über die Preisstrategie erreicht. Die vorgesehenen Maßnahmen bezüglich des Volumens der Sozialausgaben wurden nicht umgesetzt, weil diese der Verzögerungstaktik der sogenannten Sozialpartner zum Opfer fiel. Dank der realistischen Schätzung des Wirtschaftswachstums führte dies in den meisten Jahren dazu, dass die Zielmarken aus dem Koalitionsabkommen trotz der pessimistischeren Haushaltsentwürfe am Ende tatsächlich erreicht wurden. So zeigt Tabelle 2, dass die Zielmarke bezüglich der Abgabenlast bereits im Jahre 1985 erreicht wurde. Auch die Ergebnisse bezüglich der Finanzierungslücke lagen von Anfang an in jedem Jahr in dem vom Koalitionsabkommen vorgesehenen Rahmen. Allerdings muss hier einschränkend hinzugefügt werden, dass dieses gute Ergebnis, wie von Ruding kritisiert, zu einem substanziellen Teil auf die Sparbemühungen der Gemeinden zurückzuführen war.

Tabelle 2: Koalitionsabkommen und Haushaltsergebnisse, 1983-1986

	1983	1984	1985	1986
Abgabenlast	55,5	54,4	53,2	51,8
Koalitionsabkommen				53,8
Differenz	+1,7	+0,6	-0,6	-2
Koalitionsabkommen	-11,9	-10,5	-9,0	-7,4
Finanzierungslücke	-10,7	-9,3	-8,0	-7,3
Differenz	-1,2	-1,2	-1	-0,1

Quelle: (Tweede Kamer 1985-1986b; Tweede Kamer 1986-1987c).

Im Großen und Ganzen kann aber festgehalten werden, dass das Kabinett die anspruchsvollen Ziele des Koalitionsabkommens erreicht hat. Das folgende Kapitel setzt sich mit der Fortsetzung der Sparpolitik während des Kabinetts Lubbers II auseinander.

2. Lubbers II im Boom der späten Achtziger

Nach der Wahl des Jahres 1986, bei der der Stimmenanteil für die Regierungsbildung ein vergleichsweise hohes Gewicht eingenommen hatte, wurde die Koalition aus CDA und VVD fortgesetzt. Das zweite Kabinett Lubbers wollte die Finanzpolitik der Jahre 1983 bis 1986 weiterführen. Bei der Regierungsbildung 1986 wurden daher erneut finanzpolitische Zielmarken und Maßnahmen zu ihrer Umsetzung festgeschrieben, die auf umfangreiche Einsparungen hinausliefen, um die Abgaben stabil zu halten und die Finanzierungslücke zu senken. Hinzu kamen strikte Spielregeln für die Haushaltsdisziplin, die unter anderem besagten, dass Mehreinnahmen nicht für Mehrausgaben verwendet werden durften. Die Umstände, mit denen das Kabinett zu kämpfen hatte, waren jedoch gänzlich andere als die der vorangegangenen Legislaturperiode. Politische Programme, die auf der Basis unbegrenzter Ausgabenbewilligungen arbeiteten, sorgten auf der Ausgabenseite für ständige Überschreitungen. Zugleich brachte die anspringende Konjunktur mit ihren Mehreinnahmen die Verlockung mit sich, diese für die Finanzierung der Überschüsse zu verwenden. Als entscheidend erwies sich, dass mit der sinkenden Popularität der Regierung für die Regierungsfraktionen Wählerstimmen an Bedeutung gewannen. Ihr Druck sorgte dafür, dass die Regeln für die Haushaltsdisziplin außer Kraft gesetzt wurden und fortan zusätzliche Ausgaben über konjunkturell bedingte Mehreinnahmen finanziert wurden. Die Profilierungsversuche der VVD brachten die Regierung schließlich zu Fall. Das Kabinett erreichte die finanzpolitischen Zielmarken auf Grund der boomenden Wirtschaft dennoch. Im ersten Abschnitt werden die Wahl und die Regierungsbildung analysiert. Danach werden die finanzpolitischen Vereinbarungen des Koalitionsvertrages dargelegt. Es folgen drei Abschnitte, die die Haushaltsprozesse der Jahre 1988 bis 1990 analysieren. Den Abschluss bildet ein Abschnitt, der untersucht, inwiefern das Kabinett Lubbers II dennoch seine Ziele erreicht hat.

2.1 Wahlen und Regierungsbildung 1986

Im Wahlkampf 1986 sprach sich der CDA für eine Fortsetzung der Koalition mit der VVD aus. Die VVD reagierte zustimmend. Eine solche Koalitionsaussage stellt in den Niederlanden einen durchaus ungewöhnlichen Schritt dar. Insofern war wie zu Zeiten der Polarisierungsstrategie der PvdA der

Boden für einen Lagerwahlkampf bereitet. Die Parteien beachteten dennoch bei ihren Wahlkampfstrategien die Wirkung auf die nachfolgenden Koalitionsverhandlungen. Dies schlug sich darin nieder, dass praktisch keine der Streitfragen der Zeit im Wahlkampf thematisiert wurde. Die PvdA verzichtete darauf, die Frage von Nuklearwaffen auf niederländischem Boden zu thematisieren, weil sie kaum hoffen konnte, dadurch so viele Stimmen zu gewinnen, dass es sich gelohnt hätte, die letzten Chancen auf eine Koalition mit dem CDA aufzugeben. Die Thematik der „Entsäulung" des Fernsehprogramms, mit dem die VVD hätte punkten können, wurde von ihr nicht aufgegriffen, weil sie fürchtete, sich dadurch den CDA abspenstig zu machen (Van der Eijk/Irwin 1986). Der Wahlkampf wurde mit anderen Worten kaum inhaltlich geführt. Obschon die Parteien im Wahlkampf mögliche Optionen für Koalitionen berücksichtigten, war die entscheidende Frage, ob die beiden Regierungsparteien hinreichend viele Stimmen erreichen würden, um die Koalition fortzusetzen.

Wie Tabelle A7 im Anhang zeigt, gelang es den beiden Regierungsparteien, ihren Sitzanteil zu behaupten, weil die Stimmverluste der VVD allseits unerwartet von den Stimmgewinnen des CDA aufgewogen wurden, welcher damit mehr Stimmen erreichte als je eine Partei zuvor in den Niederlanden. Damit konnte die Regierung zwar im Amt bleiben, die Machtverhältnisse verschoben sich aber deutlich zugunsten des größeren Koalitionspartners. Der Partei- und Fraktionsvorsitzende Nijpels trat daraufhin von seinen Ämtern zurück. Dadurch entstand ein Machtvakuum in der VVD, das zur Quelle beständiger Konflikte wurde. Die PvdA und D'66 konnten ebenfalls Sitze hinzugewinnen (Koeneman/Lucardie/Noomen 1987: 3-4), spielten allerdings auf Grund der Koalitionsaussage keine Rolle bei der Regierungsbildung. Den Wahlen im Mai 1986 kam durch die Koalitionsaussage eine eher große Bedeutung zu, weil der Wähler sich für oder gegen die Fortführung der alten Regierung entscheiden konnte.

Auf Grund der deutlichen Mehrheit für die Regierungsparteien und ihrer Präferenz für ein zweites Kabinett Lubbers, ging der Auftrag für die Regierungsbildung an den Sozial- und Arbeitsminister De Koning (CDA). Der königliche Auftrag lautete, in Bälde herauszufinden, welche Hindernisse einer Fortführung der Koalition aus CDA und VVD entgegen stünden und wie diese ausgeräumt werden könnten. Im Gegensatz zur Regierungsbildung 1982 ließ Informateur De Koning bei den Verhandlungen keine direkte Beteiligung von Beamten zu. Es wurden auch keine Arbeitsgruppen zu bestimmten Themenkomplexen gebildet, sondern eine große Anzahl von Teilbereichen in kleinen Zirkeln von Abgeordneten beider Parteien beraten. Trotz der daraus resultierenden Freude am Detail umschrieb der Koalitionsvertrag 1986 den Spielraum der Regierung weniger eng als jener aus dem Jahre 1982, der weithin als Diktat empfunden worden war. Eine Besonderheit der Regierungsbildung 1986 entsprang der Tatsache, dass es sich um die Fortsetzung einer bestehenden Regierung handelte. Dies erhöhte den Einfluss jener Minister, die ihr Regierungsamt behielten, in signifikantem Ausmaß. Finanzminister Ruding nutzte dies, um für den Bereich der Finanzpolitik auch im Koalitionsabkommen 1986 präzise finanzpolitische Zielmarken und Prozeduren festzuschreiben (Andeweg 1986: 3-8). Das Ergebnis wird im folgenden Abschnitt vorgestellt.

2.2 Der Koalitionsvertrag des Kabinetts Lubbers II

Das Koalitionsabkommen nannte die Bekämpfung der Arbeitslosigkeit als das zentrale Ziel der Finanz- und Wirtschaftspolitik (Reggeerakkoord Twee-de Kabinet-Lubbers 1986). Aufgabe der Finanzpolitik blieb es, die Ausgaben zu verringern und so eine Verringerung der Finanzierungslücke und zumindest eine Stabilisierung der Abgabenlast zu erreichen. Große Bedeutung wurde dabei der Verringerung der Steuerbelastung von Arbeit beigemessen. Im Prinzip sollten daher Einsparungen bei der Sozialen Sicherheit zu Beitragssenkungen führen. Konkret wurde beschlossen, dass Arbeitgebern, die Langzeitarbeitslose einstellten, für eine bestimmte Zeit die Sozialversicherungsbeiträge erlassen werden sollten. Auch die Einkommensteuer sollte gemäß den Vorschlägen der Oort-Kommission grundlegend reformiert werden. Allerdings war dies aufkommensneutral geplant. Die vorgesehenen Maßnahmen waren den Berechnungen des CPB zufolge dazu geeignet, die Arbeitslosigkeit bis zum Ende der Legislaturperiode im Jahre 1990 auf 500.000 Personen zurückzudrängen. Diese Berechnungen gingen von aktualisierten Annahmen der Projektionen der Publikation Centraal Economisch Plan für die Periode 1987-1990 aus. Die zugrunde liegende Wachstumsannahme für das reale Volkseinkommen lag bei durchschnittlich 2,3 Prozent. Das entsprach etwa dem Wachstum in der vorangegangenen Legislaturperiode. Das tatsächliche Wachstum des Volkseinkommens erwies sich mit 3,1 Prozent als deutlich höher. Dieser dennoch recht niedrig erscheinende Wert ist auf die Stagnation des Volkseinkommens im Jahre 1987 zurückzuführen. In den Jahren 1989 und 1990 lag das Wachstum bei fünf Prozent.

Der Koalitionsvertrag legte fest, dass die Abgabenlast während der Legislaturperiode auf dem für 1986 in den Mehrjahresplänen vorgesehenen Niveau von 52,1 Prozent des Volkseinkommens stabilisiert werden sollte. In Bezug auf das Defizit wurde fortan die Finanzierungslücke des Reichshaushalts an Stelle der umfassenderen gesamtstaatlichen Finanzierungslücke als

Zielmarke verwendet. Dabei wurde die nur scheinbare Entlastung des Haushalts durch die vorzeitigen Rückzahlungen von Darlehen nach dem Wohnungsbaugesetz an das Reich (Keesings Historisch Archief, 2.10.1986: 631-632) aus der Berechnung der Finanzierungslücke herausgehalten. Der Grund dafür war, dass die Ablösungen zwar kurzfristig zu Mehreinnahmen führten, aber auf lange Sicht Einnahmeausfälle mit einem mindestens ebenso großen Volumen nach sich zogen. Die so definierte Finanzierungslücke sollte um einen Prozentpunkt pro Jahr fallen. Eine Ausnahme bildete das Jahr 1990, in dem vorgesehen war, dass die Finanzierungslücke um nur 0,75 Prozentpunkte auf 5,25 Prozent des Volkseinkommens reduziert würde (Tweede Kamer 1989-1990c: 10).

Das Sparvolumen sowie die Verteilung über die verschiedenen Bereiche und Ministerien wurde in der traditionellen Form von Kürzungen gegenüber Plangrößen wiedergegeben. Die Planungen des Koalitionsabkommens wurden in der Miljoenennota 1987 konkretisiert, wobei die Einsparungen für die Folgejahre nicht vollständig dargelegt wurden. Die Angaben sollten in einem weiteren Dokument bis zum 1. Januar 1987 als Brief an die Tweede Kamer gehen. Einsparungen im Gesundheitsbereich mussten auf den Bericht der Kommission von Dekker warten (Tweede Kamer 1986-1987c: 24).

Die Einsparungen beliefen sich insgesamt auf 11,9 Mrd. Gulden. Dazu wurden nochmals zwei Milliarden gerechnet, die aus der Bekämpfung von Missbrauch stammen sollten. Hierbei handelt es sich natürlich um einen typischen „globalen" Einschnitt ohne konkrete Hinweise auf die Umsetzung. Neben den Einsparungen waren die Abgabenerhöhungen in Höhe von 4,55 Mrd. Gulden, wie sie bereits nach dem Erdgasbrief beschlossen worden waren, Teil des Koalitionsvertrages geworden. Dem standen Planungen für neue Ausgaben in Höhe von nur 1,2 Mrd. Gulden gegenüber. Damit verblieb ein Betrag von 17,3 Mrd. Gulden, der bis 1990 zur Verringerung der Finanzierungslücke eingesetzt werden konnte. Da somit eine klare Vereinbarung über die maximale Höhe der Gesamteinnahmen und der nötigen Einschnitte vorhanden war, kann von einer vollständigen finanzpolitischen Vereinbarung gesprochen werden. In Bezug auf die Verteilung der Einschnitte nach 1987 gilt sie jedoch nur beschränkt.

Zur Sicherstellung der Haushaltsdisziplin wurden Spielregeln in das Koalitionsabkommen aufgenommen, die das finanzpolitische Gebaren in den Fällen regelten, in den wirtschaftliche Entwicklung hinter den Annahmen des Koalitionsabkommens en die zurückblieb. Bei Einnahmeausfällen wurden danach zusätzliche Einsparungen erforderlich. Es wurde klargestellt, dass Mittel für neue Ausgaben nur durch Kürzungen, vorzugsweise im selben Bereich, zu haben waren. Von entscheidender Bedeutung war die Bestimmung, dass Mehreinnahmen zwar für Steuererleichterungen, aber keinesfalls für die Finanzierung von Ausgabenüberschreitungen verwendet werden durften. Die im Koalitionsvertrag vorgesehenen Ausgaben waren grundsätzlich unter Finanzierungsvorbehalt gestellt. Ausgenommen davon waren nur die bereits in den Berechnungen des CPB eingearbeiteten zusätzlichen Ausgaben im Bereich Verteidigung, Entwicklungshilfe, Polizei und Gesundheit.

2.3 Der Haushalt 1988: Ausgabenüberschreitungen und Mehreinnahmen

Bereits bei der Ausführung des Haushalts 1987 und den Verhandlungen für den Haushaltsentwurf des folgenden Jahres trat das für die gesamte Legislaturperiode bezeichnende Thema des Umgangs mit Ausgabenüberschreitungen im Bereich der unbegrenzten Ausgabebewilligungen (open-ended appropriations) bei unplanmäßigen Mehreinnahmen zu Tage. Kurz nach der Verabschiedung des weitgehend während der Regierungsbildung ausgehandelten Haushalts 1987 geriet der alte und neue Finanzminister Ruding eben deshalb mit dem neuen Wirtschaftsminister De Korte (VVD) aneinander. Dabei ging es um das in der zweiten Hälfte der Siebziger unter dem damaligen Wirtschaftsminister Lubbers als Ergänzung zur Ein-Prozent-Politik eingeführte Investitionsprogramm WIR. Außerdem führten unerwartete Mehreinnahmen im laufenden Haushalt zu Diskussionen um deren Verwendung. Wirtschaftsminister De Korte von der VVD nahm die vermuteten finanziellen Spielräume zum Anlass, Steuersenkungen zu fordern. Er wurde hierin vom VVD-Fraktionsvorsitzenden Voorhoeve unterstützt, der bereits Vorschläge gemacht hatte, den unerwarteten Geldsegen auf Infrastrukturprojekte zu verwenden (NRC Handelsblad, 16.2.87: 1). Finanzminister Ruding kritisierte im Gegenzug die drastischen Ausgabenüberschreitungen von zwei Milliarden Gulden im Rahmen des WIR, welche von Kortes Ministerium zu verantworten waren. De Korte bezweifelte hingegen, dass es sich um dauerhafte Überschreitungen handelte und verwies auf das Koalitionsabkommen, das eine Fortsetzung des WIR vorsah. Auf Kritik von Seiten der CDA-Fraktion ob seiner vorschnellen Forderungen verwies er auf die Bedeutung, die der Verringerung der Steuerbelastung im Koalitionsabkommen für die Senkung der Arbeitslosigkeit zugeschrieben wurde. Der vorläufige Kompromiss bestand, wie kaum anders zu erwarten war, darin, dass die zusätzlichen Finanzierungsspielräume im Haushalt genutzt wurden, um die Ausgabenüberschreitungen beim WIR zu finanzieren (NRC Handelsblad, 18.2.87: 1). Im Falle weiterer Überschreitungen wollte das Kabinett aber über Einschnitte in das WIR, die nach dem Koalitionsabkommen durchaus möglich waren, beraten (NRC Handelsblad, 23.2.87: 13). Angesichts der sich eintrübenden Konjunktur stellte sich Ministerpräsident Lubbers hinter den Finanzminister und sprach sich gegen Steuersenkungen aus, weil er fürchtete, dass die Spielräume gebraucht würden, um die Zielmarke der Finanzierungslücke einzuhalten (NRC Handelsblad, 26.2.87: 1 und 28.2.87: 1, 3).

Dennoch war die Diskussion damit keinesfalls beendet. Auch die Fraktionen machten nun ihre eigenen Pläne mit den zusätzlich verfügbaren Mitteln. Der CDA und die VVD forderten von der Regierung Steuersenkungen, um die Lohnmäßigung zu unterstützen (NRC Handelsblad, 103.87: 1), wobei sie sich darauf beriefen, dass die Abgabenlast im laufenden Jahr höher sei als im Koalitionsvertrag abgesprochen. Darüber hinaus forderten sie zusätzliche Ausgaben in den Bereichen Beschäftigung, Infrastruktur und Innere Sicherheit. Überdies sollten Einsparungen, die im Koalitionsvertrag vorgesehen waren, fallen gelassen werden (NRC Handelsblad, 11.3.87: 1). Ruding und Lubbers waren damit weitgehend isoliert. Unterstützung erhielten sie lediglich von den Beamten der CEC, die empfahlen, die Mehreinnahmen zunächst noch in der Schatzkiste zu belassen. Das Kabinett musste sich schließlich dem Druck der Parlamentarier beugen und eine ganze Reihe von Sonderwünschen bei seiner Politik berücksichtigen (NRC Handelsblad, 13.3.87: 1).

Die Frage, ob im Laufe des Jahres 1988 Steuererleichterungen möglich wären, brach während der Beratungen über den Rahmenbrief des Finanzministers wieder offen aus. Bei den Verhandlungen mussten zunächst einmal Ausgabenüberschreitungen in Höhe von 1,9 Milliarden Gulden kompensiert werden. Im Ergebnis konnte man sich lediglich auf ein Sparvolumen von 1,2 Milliarden einigen. Der Löwenanteil sollte zudem erwirtschaftet werden, indem die Preiskompensation für die Ministerien gestrichen würde. Dies bedeutete, dass die Ministerien trotz der höher als erwarteten Preissteigerungen nicht mehr Geld zur Verfügung hatten. Damit war letztlich die Entscheidung über das Wo und das Wann der Einsparungen an die einzelnen Ministerien delegiert und damit vertagt worden. Obschon die Finanzierung des Haushalts 1988 damit auf wackeligen Beinen stand, forderte der VVD-Fraktionsvorsitzende Voorhoeve weiterhin, dass zwei Milliarden an Mehreinnahmen für Steuererleichterungen zur Verfügung stehen sollten. Damit stellte er sich erneut frontal gegen Lubbers, der kaum Spielräume für Steuersenkungen sah (NRC Handelsblad, 30.4.87: 1 und 2). Eine gewisse Unterstützung erhielt der Premier nun vom CDA-Fraktionsvorsitzenden De Vries, der nun jegliche Diskussion über Steuersenkungen und Kürzungen als voreilig verurteilte und die Schätzungen des CPB im Sommer abwarten wollte. Damit wurde der Zeitpunkt der Veröffentlichung der neuesten verfügbaren Schätzungen des CPB zum Politikum. Ende Mai ging die VVD so weit, dass sie im Parlament mit der PvdA zusammenarbeitete, um Lubbers und den CDA zu zwingen, vorläufige Prognosen des CPB für das folgende Haushaltsjahr zu veröffentlichen. Diese zeichneten jedoch ein eher düsteres Bild der wirtschaftlichen Aussichten. Damit wurde es für die Regierung schwierig, ihre Zielsetzung bezüglich der Senkung der Zahl der Arbeitslosen zu erreichen. Zugleich zeigten die Berechnungen auch, dass die Zielsetzung bezüglich der Finanzierungslücke bei unveränderter Politik nicht eingehalten werden konnte. Ruding und Lubbers schlossen hieraus lediglich, dass überhastete politische Eingriffe wenig Nutzen abwerfen würden. Während der regulären Haushaltsverhandlungen gelang es dem Kabinett, zu dem in der Miljoenennota veröffentlichten Kompromiss zu kommen.

Insgesamt wurden laut Miljoenennota 1988 (Tweede Kamer 1987-1988) Kürzungen in Höhe von sieben Milliarden Gulden vorgenommen. Die Ausgaben sanken damit sowohl nominal als auch real. Zu berücksichtigen ist jedoch, dass den zusätzlichen Kürzungen auch Ausgabenüberschreitungen in Höhe von 5,3 Milliarden gegenüberstanden. Die Einsparungen reichten mithin nicht aus, um der Forderung des Koalitionsabkommens zu genügen, nach der neue Ausgaben, die nicht im Koalitionsabkommen vorgesehen waren, nur durch kompensierende Kürzungen zu haben waren. Die zusätzlichen Einsparungen betrafen vor allem den Reichshaushalt im engeren Sinne. Nach der Haushaltsplanung wurde das Ziel für die Finanzierungslücke von sieben Prozent des Volkseinkommens leicht mit 0,2 Prozent überschritten. Die Abgabenlast sollte auf 53,1 Prozent des Volkseinkommens sinken und dem für 1990 anvisierten Ziel näher kommen. Im folgenden Abschnitt wird es unter anderem darum gehen, wie dieser Haushalt in einem wirtschaftlich freundlichen Umfeld umgesetzt wurde.

2.4 Der Haushalt 1989 und die Abschaffung des WIR

Im Jahre 1988 trat die bekannte Problematik der stark ansteigenden Ausgaben bei Programmen mit unbegrenzten Ausgabenbewilligungen in verschärfter Form auf. Insbesondere beim Investitionsprogramm WIR nahmen die Überschreitungen im Vergleich zu den Mehrjahresplänen bedrohliche Ausmaße an. Diese wurden im Januar von Finanzminister Ruding in einem Brief an das Parlament angemahnt (Financial Times, 20.1.88). Neben Einschnitten beim WIR forderte er auch Kürzungen im Bildungsbereich, weil sich auch in der Studienfinanzierung deutliche Ausgabenüberschreitungen zeigten (NRC Handelsblad, 23.2.88: 1). Allerdings hatten sich die Fronten innerhalb der Regierung inzwischen deutlich verändert, weil Wirtschaftsminister Korte, einst ein Verteidiger des Programms, sich in den vorangegangenen Monaten

130

zunehmend von den Investitionssubventionen distanziert hatte. Zudem wurde nun deutlich, dass die tatsächlichen Überschreitungen deutlich höher waren als in der Statistik ausgewiesen (NRC Handelsblad, 26.2.88: 13). Das Kabinett reagierte für die Öffentlichkeit völlig überraschend mit einer Abschaffung des WIR. Nur ein vergleichsweise kleiner Rest für mittelständische und kleine Unternehmen sollte erhalten bleiben (NRC Handelsblad, 27.2.88: 1 und 29.2.88:1). Ein solcher Beschluss gegen eine Bestimmung des Koalitionsvertrages war möglich, weil in dieser Frage nicht nur im Kabinett Einstimmigkeit bestand, sondern auch die Regierungsfraktionen hinter dieser Entscheidung standen. Damit tauchte die Frage auf, was mit den entstehenden finanziellen Spielräumen zu tun sei. Im Zusammenhang mit dem Beschluss, das WIR abzuschaffen, konnte sich das Kabinett immerhin darüber einigen, dass deshalb keine Kürzungen an anderer Stelle gestrichen werden sollten und dass die Mittel nicht für Investitionsprojekte verwendet werden sollten (NRC Handelsblad, 29.2.88: 17). Dennoch spaltete die Frage, wie die Industrie für die Abschaffung des WIR kompensiert werden sollte, nicht nur das Kabinett, sondern auch die Regierungsparteien. Innerhalb der Regierung bestanden Meinungsverschiedenheiten zwischen Ministerpräsident Lubbers und dem Finanzminister. Ersterer wollte zur Kompensation die Körperschaftsteuer und die Sozialversicherungsbeiträge senken, während Onno Ruding Entlastungen in der persönlichen Einkommensteuer bevorzugte. In der Tweede Kamer unterstützten die Christdemokraten die Position von Lubbers, während die VVD wie der Finanzminister auf einer Absenkung der persönlichen Einkommensteuer bestand (Financial Times, 2.3.88).

Zu gleicher Zeit wurde das Thema von Überschreitungen bei gleichzeitigen hohen Mehreinnahmen wieder aktuell. Die beiden Streitfragen entwickelten sich bald zu einem für das Kabinett brisanten Gemisch. Finanzminister Ruding und Wirtschaftsminister Korte forderten, dass die Überschreitungen durch Einsparungen in der Gesamthöhe von 6,5 Milliarden Gulden kompensiert werden müssten. Sie konnten sich dabei auf die von Ruding extra in das Koalitionsabkommen aufgenommene Regelung berufen, dass Mehrausgaben kompensiert werden mussten. Dem stand der Widerstand der Minister für Bildung, Verkehr, Entwicklung und Wohnungen entgegen (NRC Handelsblad, 12.3.88: 1). Ruding und Korte waren schließlich bereit, ihre Forderung auf 4,5 Mrd. zurückzuschrauben, nachdem durch Berechnungen des CPB deutlich wurde, dass die Zielmarke für die Finanzierungslücke bis zum Jahre 1990 in jedem Falle eingehalten würde. Ruud Lubbers betrachtete auch dies als undurchsetzbar und machte Ruding und Korte deutlich, dass sie maximal 3,1 Milliarden einsparen könnten, andernfalls drohe eine Kabinettskrise (NRC Handelsblad, 14.3.88: 1 und 15.3.88: 3). In Anbetracht der

schlechten Wahlaussichten ihrer Parteien sahen sich die Minister zum Nach-
geben gezwungen. Damit war der Weg für einen Kompromiss über die Frage
der Kompensation für die Unternehmen und die Vorgehensweise bei Ausgabenüberschreitungen bei gleichzeitigen konjunkturellen Mehreinnahmen frei
geworden. In dem von Lubbers erreichten Kompromiss war für jeden etwas
enthalten. Die Kompensation für die Unternehmen bestand aus Abgabensenkungen im Bereich der Einkommen- und Körperschaftsteuer. Die Sozialversicherungsbeiträge wurden gesenkt, indem die Finanzierung des Kindergel-
des (AKW) vollständig vom Reich übernommen wurde. Die Minister Ruding
und Korte wurden durch eine Senkung des Spitzensteuersatzes bedacht, die
nach ihren Wünschen gestaltet wurde. Außerdem gab es noch Kürzungen im
Bereich der Arbeitslosenversicherung. Ferner sollten der Krankenversicherung die Subventionen des Reiches entzogen werden. Obschon bereits für
diesen Kompromiss der Bruch einer prozeduralen Regelung des Koalitionsvertrages in Kauf genommen worden wurde, traf er in der Tweede Kamer auf
breite Ablehnung.

CDA-Fraktionschef Bert de Vries machte deutlich, dass der Gesetzent-
wurf das Parlament nicht unverändert passieren würde. Die Steuersenkungen
bezeichnete De Vries als „sozial unausgewogen". Die Eingriffe in die soziale
Sicherung der Arbeitslosen standen seiner Meinung nach im Widerspruch zu
den vor der Wahl gegebenen Versprechen und dem Koalitionsabkommen
(NRC Handelsblad, 28.3.88: 1 und 29.3.88: 1). Die CDA-Fraktion schlug
vor, die Körperschaftsteuersenkung geringer ausfallen zu lassen, damit die
Subventionen des Reiches an die Krankenversicherung erhalten bleiben
könnten. De Vries meinte, dass die geplante Verschiebung zugunsten des
Reiches eine beschäftigungsschädliche Beitragserhöhung nach sich ziehen
würde (NRC Handelsblad, 30.3.88 a: 3). Während es dem CDA offenbar um
die Bezieher niedriger Einkommen ging, wendete sich die VVD eher an die
für sie typische Klientel mit mittleren bis hohen Einkommen. Dementsprechend forderte sie weitere Entlastungen dieser Gruppe bei der Einkommensteuer.

Ministerpräsident Lubbers musste schließlich vor allem gegenüber seiner
eigenen Partei Zugeständnisse machen, um die Steuersenkungen durch das
Parlament zu bekommen. Dies lief auf eine Rücknahme der geplanten Leis-
tungskürzung im Bereich der Arbeitslosenversicherung und den Erhalt der
Subventionen des Reiches an die Krankenversicherung heraus.

Die beiden Konfliktlinien zwischen den Regierungsparteien und zwischen Regierung und Parlament waren mit dem Kompromiss jedoch keineswegs erledigt, sondern verschärften sich noch. Beide Parteien standen in den
Umfragen außerordentlich schlecht da und fürchteten, dass die Sparpolitik

der Regierung ihnen bei den folgenden Wahlen schaden würde. Dies hatte für die VVD jedoch schlimmere Konsequenzen als für den CDA, weil durch die Annäherung der PvdA an den CDA eine Koalition nicht mehr ausgeschlossen war. Die Rechtsliberalen mussten daher fürchten, bei einem Mehrheitsverlust der Regierungskoalition Stimmen zu verlieren und bei der Regierungsbildung leer auszugehen. Ihre Situation ähnelte damit jener vor der Wahl des Jahres 1986, mit dem Unterschied, dass die CDA/VVD-Koalition kaum eine Chance auf eine Mehrheit besaß. Der Parteienwettbewerb machte sich auch im Haushaltsprozess bemerkbar.

In seinem Rahmenbrief forderte Ruding bei der Erstellung des Haushalts 1989 Einsparungen in Höhe von 1,5 Milliarden, um die Finanzierungslücke mit 6,25 Prozent in die Nähe des im Koalitionsabkommen vorgesehenen Wertes zu bringen (NRC Handelsblad, 7.4.88: 1). Der Ministerrat zeigte sich aber nicht in der Lage, die dadurch entstehenden Konflikte zu überbrücken, obschon es für viele Minister um weit weniger als 100 Millionen ging. Die Minister gingen nun an die Aufstellung ihrer Haushalte, ohne dass eine Einigung über die Leitlinien erreicht war (NRC Handelsblad, 25.4.88: 1). Auch weitere Überschreitungen im laufenden Haushalt konnten nicht mehr durch Einsparungen kompensiert werden. Stattdessen setzte man fortan auf konjunkturell bedingte Mehreinnahmen und Abgabenerhöhungen (NRC Handelsblad, 26.5.88: 1 und 30.5.88: 1).

Im Laufe des Sommers verschlechterten sich die Beziehungen zwischen CDA und VVD beträchtlich und eskalierten erstmals im Streit zwischen Lubbers und dem Fraktionsvorsitzenden Voorhoeve um die Informationspolitik bei der Abschaffung des WIR (Financial Times, 15.6.88). Dennoch rettete die aufkommende Hochkonjunktur die Regierung über die Runden, indem sie schmerzliche Entscheidungen vermeiden half. Die milliardenschweren Mehreinnahmen wurden gegen den Widerstand von Onno Ruding nun für Steuererleichterungen und zusätzliche Ausgaben verwandt. So wurde die Mehrwertsteuer um 1,5 Prozentpunkte gesenkt und das Kindergeld beträchtlich angehoben. Dies führte wiederum dazu, dass zusätzliche Maßnahmen ergriffen werden mussten, um die Finanzierungslücke nicht über die im Koalitionsvertrag vorgesehene Zielmarke steigen zu lassen (NRC Handelsblad, 20.9.88: 35).

Die Miljoenennota 1989 (Tweede Kamer 1988-1989) spiegelte die Versuche der zerstrittenen Regierung wider, einerseits die Zielmarken des Koalitionsvertrages einzuhalten und andererseits den Forderungen nach Steuererleichterungen und mehr öffentlichen Leistungen gerecht zu werden. Während der Haushaltsausführung 1988 wurden zwar zwei Milliarden an zusätzlichen Kürzungen verbucht, diese bestanden aber im Umfang von fast einer halben

Milliarde aus Verschiebungen. Außerdem waren sie im Vergleich zu den Haushaltsüberschreitungen relativ gering. Für den Haushalt 1989 erwartete man eine Finanzierungslücke von 6,0 Prozent, was genau dem im Koalitionsabkommen angepeilten Wert entsprach. Die Zielmarke für die Abgabenlast wurde trotz der sehr guten wirtschaftlichen Aussichten mit 52,9 Prozent noch nicht erreicht.

In ihren Reaktionen auf die Miljoenennota bemühten sich die Regierungsparteien, die schwelenden Konflikte nicht aufbrechen zu lassen, und sprachen übereinstimmend von einem Erfolg der Regierungspolitik. Im folgenden Abschnitt zeigt sich jedoch, dass die Gegensätze nicht mehr zu überbrücken waren.

2.5 Der Zusammenbruch der Koalition

Im Frühjahr 1989 flammte der Konflikt zwischen dem CDA und VVD erneut auf. Dabei spielten die in der Koalition lange bestehenden Spannungen ein wichtige Rolle (Anker/Oppenhuis 1989: 114-117). Seit 1982 hatten sich persönliche Rivalitäten zwischen den Koalitionspartnern aufgebaut, von denen der Zwist zwischen Lubbers und Voorhoeve im Sommer 1988 der spektakulärste war. Hinzu kamen die bereits erwähnten schlechten Aussichten für eine Fortsetzung der Koalition bei den im Jahre 1990 anstehenden Wahlen. Bei dem CDA und der VVD stieg somit bei einem näher rückenden Wahltermin der Anreiz, sich auf Kosten des Partners zu profilieren. Den Anlass bot in diesem Fall die Finanzierung des Nationalen Umweltplanes im Rahmen der finanzpolitischen Zielmarken des Koalitionsvertrages. Der Plan, welcher eine weitgehende Verringerung der Umweltverschmutzung in den folgenden zwei Jahrzehnten vorsah, war selbst nicht umstritten, sondern fand breite Unterstützung beim Wahlvolk. Grundlegend für den Umweltschutzplan war das Verursacherprinzip. Die mit dem Plan verbundenen Belastungen von 6,6 Mrd. Gulden in der Zeit bis 1994 fielen somit zu einem großen Teil (3,4 Mrd.) bei der Industrie an, die sie auf die Preise abwälzen konnte. Darüber hinaus sollte der Umweltschutz in dieser Zeit noch mit 3,2 Mrd. Gulden aus dem Reichshaushalt subventioniert werden. Finanzminister Ruding betrachtete den von der Industrie zu leistenden Beitrag als Teil der Abgabenlast und forderte außerdem kompensierende Einschnitte für die mit dem Umweltplan verbundenen Ausgaben. Den meisten Fachministern ging es wie Wirtschaftsminister Korte, der zwar im Prinzip die Ansichten Rudings teilte, aber keine Möglichkeit sah, mit Einschnitten in seinem eigenen Haushalt einen Beitrag zu leisten (NRC Handelsblad, 2.3.89: 3). Damit war die Finanzierung des Umweltplanes ernsthaft in Frage gestellt. Finanzminister

Ruding drohte Mitte April gar mit seinem Rücktritt, wenn die Fachminister sich mit ihren Ausgabenüberschreitungen durchsetzen könnten (NRC Handelsblad, 17.4.89: 1 und 3). Dennoch konnte in diesem Streitpunkt zwischen Ruding und Ministerpräsident Lubbers noch Einverständnis erzielt werden. Der Kompromiss sah unter anderem die Abschaffung der Entfernungspauschale in der Einkommensteuer und eine Erhöhung der Mineralölsteuer vor. Der Kompromiss wurde zunächst auch von der VVD akzeptiert. Die mit ihren eigenen Ministern zerstrittene VVD-Fraktion änderte ihre Meinung jedoch bald. Der Fraktionsvorsitzende Joris Voorhoeve forderte, die mit der Finanzierung des Planes verbundene Mineralölsteuererhöhung fallen zu lassen und auf die Streichung der steuerlichen Vergünstigungen für Pendler zu verzichten (NRC Handelsblad, 26.4.89: 1). Für den Fall, dass die verlangten Änderungen nicht umgesetzt würden, drohte Voorhoeve damit, dem Kabinett das Vertrauen zu entziehen. Dadurch versuchte er das Profil der VVD als Partei der Steuerzahler zu schärfen. Ministerpräsident Lubbers ging auf die Forderungen der VVD-Fraktion nicht ein und trat am Abend des 2. Mai 1989 zurück (Financial Times 2.5.89, 3.5.89 und 4.5.89). Lubbers wurde von der Königin aufgefordert, bis zu den Neuwahlen am 6. September eine Übergangsregierung zu bilden. Diese sollte bis zur Bildung einer neuen Regierung den Haushaltsentwurf für das Jahr 1990 einbringen. Finanzminister Ruding konnte dank des Wirtschaftsbooms einen Haushaltsentwurf präsentieren, dessen Eckwerte innerhalb der Grenzen des Koalitionsabkommens lagen. Die Finanzierungslücke sollte der Miljoenennota 1990 (Tweede Kamer 1989-1990c) zufolge nur 5 Prozent des Volkseinkommens betragen. Die Abgabenlast sollte hingegen mit einer Punktlandung den im Koalitionsabkommen vorgesehenen Wert erreichen. Dennoch konnte der Finanzminister des Übergangskabinetts mit diesem Ergebnis kaum glücklich sein, weil die prozeduralen Regelungen der finanzpolitischen Vereinbarung nicht eingehalten worden waren. So waren allenfalls die Hälfte der Ausgabenüberschreitungen durch Einsparungen kompensiert worden. Stattdessen griff man auf konjunkturelle Mehreinnahmen zurück. Im folgenden Abschnitt werden die Haushaltsergebnisse der Legislaturperiode mit jenen im Koalitionsabkommen und dem Mehrjahresplan 1986 verglichen.

2.6 Koalitionsabkommen und Haushaltsergebnisse des Kabinetts Lubbers II

Die Koalition aus CDA und VVD war mit der Zielsetzung angetreten, die Finanzierungslücke des Reiches nach einem festen Zeitplan zurückzudrängen und dabei die Abgabenlast zu stabilisieren. Um diese finanzpolitischen Zielmarken auch erreichen zu können, hatte sich die Regierung im Koalitionsvertrag Spielregeln der Haushaltsdisziplin unterworfen. Die Sparsamkeit war in den Augen des Kabinetts jedoch kein Selbstzweck, sondern sollte im Verbund mit weiteren Maßnahmen die Arbeitslosigkeit bis zum Jahre 1990 unter 500.000 Personen senken. Inwiefern hat die Regierung ihre Ziele erreicht?

Tabelle 3: Koalitionsabkommen und tatsächliche Ergebnisse, 1987-1990

	1987	1988	1989	1990
Finanzierungslücke im Koalitionsabkommen	8	7	6	5,25
Tatsächliches Ergebnis	7,5	6,4	5,7	5,25
Abgabenlast im Koalitionsabkommen				52,1
Tatsächliches Ergebnis	55,1	54,6	52,5	52,2

Quelle: Die Daten sind aus (Tweede Kamer 1989-1990c; Tweede Kamer 1991-1992: 34).
Anmerkung: Der für die Abgabenlast im Koalitionsabkommen genannte Wert entspricht dem vom Finanzministerium verwendeten tatsächlichen und „korrigierten Wert" für 1986. Dieser ist etwas niedriger als der im Mehrjahresplan 1986 genannte Wert (Tweede Kamer 1986-1987a).

Die bereits recht positiven Werte der Haushaltsentwürfe wurden durch die tatsächlich realisierten Haushaltsergebnisse zumeist noch übertroffen. Wie Tabelle 3 zeigt, lagen die Werte für die Finanzierungslücke alle innerhalb des vom Koalitionsvertrag gesetzten Rahmens. Nur im Jahre 1990 war das tatsächliche Ergebnis schlechter als im Haushaltsentwurf geplant. Die Abgabenlast sank nach dem Jahre 1987 um ganze drei Prozentpunkte des Volkseinkommens und verfehlte den Zielwert des Koalitionsabkommens in einem gänzlich unbedeutenden Umfang.

Es muss aber ebenso festgestellt werden, dass spätestens seit dem Konflikt über die Verwendung der durch die Abschaffung des WIR frei werdenden Gelder die Spielregeln für die Haushaltsdisziplin nur noch unvollständig beachtet wurden. Die Politik nutzte die durch die Hochkonjunktur entstehenden Finanzierungsspielräume, um neue Ausgaben und Steuersenkungen zu finanzieren. Dennoch lassen die beiden Zahlenreihen deutlich die Wirkung der Zielmarken auf die Politik erkennen. Trotz der Hochkonjunktur, die weit über das erwartete Wirtschaftswachstum hinausging, erreichte der Finanzminister keine weitergehende Senkung der Abgaben oder der Finanzierungslücke. Auf der anderen Seite ist er auch nicht dahinter zurückgeblieben.

Am 1. Januar 1990 trat nicht nur der Haushalt des Jahres, sondern auch eine große Einkommensteuerreform, welche auf die Arbeiten der Oort-Kommission zurückging, in Kraft. Diese zielte auf eine Vereinfachung des Systems durch eine Verringerung der Steuerstufen und der abzugsfähigen Posten ab. Der größte dieser Posten waren unter dem alten System die Sozialversicherungsbeiträge. Von diesen wurden die Beiträge der Volksversicherung in die erste Stufe der Einkommensteuer eingebaut. Viele einzelne Freibeträge wurden durch einen allgemeinen Freibetrag von 4568 Gulden ersetzt. Die erste Steuerstufe umfasste zwölf Prozentpunkte Einkommensteuer und 13 Prozentpunkte Versicherungsbeiträge. Es schlossen sich zwei Steuerstufen mit 40 bzw. 60 Prozent an (De Kam 1993). Die Steuerreform war entgegen den ursprünglichen Planungen mit einer deutlichen Entlastungswirkung verbunden, die sich natürlich auch in einer Verringerung des Steuerkeils niederschlug. So verringerte sich der Steuerkeil auf dem Niveau des Mindesteinkommens und des Modalarbeiters um jeweils einen Prozentpunkt. Einkommen, die doppelt so hoch waren wie das des Modalarbeiters, wurden sogar um zwei Prozentpunkte entlastet (Centraal Planbureau 2001: 204).

Zusammenfassend lässt sich sagen, dass die ersten beiden Kabinette von Ministerpräsident Lubbers somit eine beachtliche Verringerung der öffentlichen Ausgaben, der Finanzierungslücke und des Steuerkeils erreicht haben. Dies war möglich geworden, indem sie die Zielmarken ihrer Koalitionsabkommen einhielten. Überwiegend hatten sie die Zielmarken dadurch erreicht, dass sie die Sozialleistungen und die Gehälter im öffentlichen Dienst einfroren. Außer diesen Veränderungen an der Preiskomponente der öffentlichen Ausgaben trug das anziehende Wirtschaftswachstum zum finanzpolitischen Erfolg bei. Die Strukturprobleme der niederländischen Staatsfinanzen, die vor allem in den Programmen mit unbegrenzter Ausgabenbewilligung in der Sozialversicherung lagen, waren hingegen weitgehend unangetastet geblieben. Im folgenden Kapitel wird der dramatische Prozess analysiert, in dem sich das Kabinett Lubbers III in der Rezession dieser Strukturprobleme annimmt.

3. Lubbers III und die WAO-Krise

Am Ende der achtziger Jahre kam die Politik in den Niederlanden den alten konkordanzdemokratischen Praktiken wieder näher. Das Verhalten der Eliten orientierte sich weniger am Wettbewerb als an einer Politik der gütlichen Einigung (Koole/Daalder 2002). Da dies im Rahmen einer homogenen Gesellschaft geschah, ähnelten die Niederlande damit freilich eher Lijpharts depolitisierter Demokratie als der Konkordanzdemokratie der Nachkriegszeit. Der Grund dafür dürfte im Wahlsystem liegen, das auch ohne tiefe gesellschaftliche Konfliktlinien für eine hohe Zahl von Parteien im Parlament sorgt. Bei unklaren Mehrheitsverhältnissen erscheint es daher zumeist lohnend, nach allen Seiten koalitionsfähig zu sein. Dies bringt natürlich eine

Minderung des politischen Wettbewerbs mit all seinen Vor- und Nachteilen mit sich (Lijphart 2002; Andeweg 2002).

So brachten auch die Wahlen des Jahres 1989 keinen eindeutigen Hinweis auf die Zusammenstellung der Regierung und verliehen den Koalitionsverhandlungen wieder mehr Gewicht. Aus den Verhandlungen ging eine Koalition aus Christdemokraten und Sozialdemokraten hervor, die auf der Basis einer finanzpolitischen Vereinbarung die Finanzierungslücke zurückdrängen und die Abgabenlast stabilisieren wollte. Darüber hinaus wollte sie die Indexierung der öffentlichen Leistungen und Gehälter wieder herstellen. Die Strukturprobleme in der Sozialversicherung sollten stattdessen durch eine am Volumen ansetzende Strategie überwunden werden. Im Gegensatz zur vorangegangenen Legislaturperiode geriet die Koalition jedoch wirtschaftlich in ein schwieriges Fahrwasser und wurde so zu schmerzlichen Entscheidungen gezwungen. Die PvdA verlor in der Wahlbevölkerung dramatisch an Popularität. Der sozialdemokratische Finanzminister Kok musste sich aber weiterhin an die Zielmarken des Koalitionsvertrages halten, weil die PvdA sonst ihre Koalitionsfähigkeit verloren und außerdem eine vernichtende Wahlniederlage eingefahren hätte. Besonders prekär waren die Einschnitte beim WAO, also einem Programm, auf das die PvdA mehr Wert legte als der CDA. In zahlreichen Verhandlungsrunden, bei denen das Schicksal der Koalition stets auf des Messers Schneide stand, gelang es, die Volumenpolitik in der Sozialversicherung durchzusetzen. Die ständigen prozyklischen Kürzungsrunden ließen gegen Ende der Legislaturperiode Zweifel am Sinn eines weiteren Festhaltens an den Zielmarken aufkommen und führten schließlich dazu, dass die Zielmarken für das Jahr 1994 aufgegeben wurden. Stattdessen kamen die ersten Ansätze zu einer Politik auf, die durch gezielte Senkung der Abgabenlast im Niedriglohnbereich die aktivierende Arbeitsmarktpolitik positiv flankierte. Die Zielmarken des Abkommens wurden dennoch in erstaunlichem Ausmaß eingehalten. Auf Grund der finanzpolitischen Probleme beauftragte Finanzminister Kok die Studiengruppe Haushaltsspielraum mit der Aufgabe, die Lehren aus der Politik der starren Zielmarken zu ziehen und Empfehlungen für die zukünftige Finanzpolitik zu erstellen.

Der Aufbau des Kapitels ähnelt den vorangegangenen. Zunächst werden die Wahlen und die Regierungsbildung analysiert, danach beschäftigt sich ein Abschnitt mit dem Koalitionsvertrag. Es folgen vier Abschnitte über dessen Umsetzung in den Haushaltsjahren bis 1994. Danach wird die Einhaltung der Bestimmungen des Koalitionsvertrages überprüft. Den Abschluss bildet ein Abschnitt, der die Empfehlungen der Studiengruppe Haushaltsspielraum wiedergibt. Doch zunächst zu den Wahlen des Jahres 1989.

3.1 Wahlen 1989: Zurück zur Konsensdemokratie?

In den Wahlen des Jahres 1989 befanden sich die Christdemokraten in einer sehr komfortablen Situation. Der CDA verließ sich auf seine entscheidende Rolle im niederländischen Parteiensystem und die außerordentliche Popularität ihres Spitzenkandidaten Ruud Lubbers. Die Partei vermied jede Koalitionsaussage und betonte lediglich, dass die erfolgreiche Wirtschaftspolitik fortgesetzt werden müsse. Zugleich machte Lubbers Andeutungen, dass nun die Zeit gekommen sei, die „Früchte der Reformen" zu ernten. Die PvdA hatte es mit ihrer Wahlkampfstrategie weitaus schwieriger. Nach dem Ende der Polarisierung bemühte sie sich unter ihrem Vorsitzenden Wim Kok um eine Regierungsbeteiligung. Die Kritik der PvdA am CDA hielt sich dadurch in engen Grenzen, was der Partei am linken Rand Stimmen kostete. Für die VVD und ihren Vorsitzenden Voorhoeve bestand die Aufgabe während des Wahlkampfes vor allem in Schadensbegrenzung. In den Niederlanden gibt es eine Faustregel[1], wonach die Partei mit Stimmenverlusten „zahlt", die eine Koalition platzen lässt. Voorhoeve betonte wie die PvdA, dass seine Partei zu einer Koalition mit dem CDA bereit sei (Wolinetz 1990).

Das in Tabelle A7 im Anhang wiedergegebene Wahlergebnis bestätigte die starke Position des CDA mit 54 Sitzen. Die PvdA verlor gegenüber den Wahlen von 1986 drei Sitze. Das Abschneiden der VVD mit einem Verlust von fünf Sitzen (3% der Stimmen) schien die Faustregel zu bestätigen, mag jedoch auch auf die Führungskrise in der VVD zurückzuführen gewesen sein (Narud/Irwin 1994: 280-281). Die linksliberale D'66 gewann hingegen drei Sitze hinzu. Das Wahlergebnis gab also keinen eindeutigen Hinweis auf eine Regierungskoalition.

Vielmehr bestand eine Vielzahl möglicher Regierungsmehrheiten, deren Gemeinsamkeit darin bestand, dass sie alle eine Beteiligung des CDA aufwiesen. Entgegen den lange gehegten Befürchtungen war rechnerisch sogar die Fortsetzung der alten Koalition möglich. Der CDA-Minister De Koning erhielt als Informateur von der Königin den Auftrag herauszufinden, welches Kabinett auf eine tragfähige Mehrheit in der Tweede Kamer hoffen könne. CDA und VVD wollten beide zusammen mit der D'66 das alte Regierungsbündnis wieder beleben. Dies lehnte die D'66 jedoch ab. PvdA und D'66 favorisierten eine Koalition mit dem CDA. Für die Christdemokraten stellte hingegen eine Koalition mit den Sozialdemokraten ohne Beteiligung der D'66 die zweitbeste Lösung dar. De Koning empfahl in seinem Bericht an die Königin eine Koalition aus CDA, PvdA und D'66. In der Folge wurde Lubbers am 13. September zum Informateur ernannt (Lucardie/Voerman

---

1 Wie breekt, betaalt.

1990: 19-20). Lubbers wandte sich in einem Brief an die drei Fraktionen, in welchem er sein Vorgehen darlegte. Er stimmte darin der Einbeziehung der D'66 in die Koalitionsverhandlungen rein formell zu, knüpfte aber derartig scharfe Bedingungen daran, dass die Linksliberalen sich bald aus den Verhandlungen zurückzogen. Auch im Bereich der Finanzpolitik nutzte der Ministerpräsident seine starke Verhandlungsposition. In einem ersten Schritt sollte eine Übereinkunft über die noch vorzunehmenden Veränderungen am Haushalt 1990 erzielt werden. Zweitens sollten verbindliche Zielmarken für die Finanzierungslücke und die Abgabenlast festgesetzt werden. Außerdem sollte die Rolle des Finanzministers gestärkt werden. Drittens sollte nach der Verabschiedung des Haushalts 1990 die Politik für die kommenden Jahre festgestellt werden. Lubbers wollte die Regierungspolitik für die kommenden Jahre allerdings nicht detailliert in das Koalitionsabkommen aufnehmen, sondern im Kabinett Übereinkunft darüber erreichen und dies dann in der Regierungserklärung festschreiben (NRC Handelsblad, 295, 19.9.89: 3; Financial Times, 19.10.89). In deutlichem Gegensatz zum Vorgehen von De Koning bei der Regierungsbildung von 1986 sollten die Fraktionen nicht selbst das Regierungsprogramm erarbeiten, sondern lediglich darüber abstimmen können. Durch diese Vorgehensweise wurde die Rolle der Fraktionen auf ein Minimum beschränkt und der PvdA finanzpolitische Fesseln angelegt. Am Ende der Regierungsbildung stand eine Mitte-Links-Regierung, deren 14 Minister sich auf den im folgenden Abschnitt zu besprechenden Koalitionsvertrag verpflichteten.

3.2 Der Koalitionsvertrag Lubbers III

Im Koalitionsabkommen 1989 (Tweede Kamer 1989-1990b) nahm die Arbeitslosigkeit eine deutlich geringere Rolle ein als in den bisher untersuchten Abkommen. Die Thematik war während des Wirtschaftsbooms der späten Achtziger von der Umweltproblematik und der des Einheitlichen Europäischen Wirtschaftsraumes etwas in den Hintergrund gedrängt worden. Dennoch wurde eine Erhöhung der Zahl der beschäftigten Personen um 100.000 pro Jahr als Ziel festgelegt. Dies sollte durch drei Wege erreicht werden:

In erster Linie setzte man auf eine „aktivierende Arbeitsmarktpolitik", die darauf ausgerichtet sein sollte, die Zahl der Inaktiven, d.h. der Arbeitslosen und Erwerbsunfähigen zurückzudrängen. Unter dem Eindruck der positiven wirtschaftlichen Entwicklung der späten achtziger Jahre hoffte man dies vor allem durch Trainingsmaßnahmen, Prävention usw. erreichen zu können. Konkret wurde die Stabilisierung der Zahl der Erwerbsunfähigen festgelegt. Zweitens setzte man darauf, dass die Stabilisierung der Abgabenlast und eine mögliche Verringerung der Sozialversicherungsbeiträge zu einer gemäßigten Lohnkostenentwicklung beitragen würden. Dieser Strategie wurde jedoch weniger Gewicht zugemessen als in den vorangegangenen Legislaturperioden, weil die Regierung Geld für die Verwirklichung ihrer politischen Ziele brauchte. Drittens wollte man in der Tradition der korporatistischen Verhandlungsökonomie mit den sogenannten Sozialpartnern in Gespräche über eine gemäßigte Lohnentwicklung eintreten. Dabei sollten die Gewerkschaften davon überzeugt werden, dass sie die zusätzlichen Lasten für die Umwelt nicht auf die Unternehmen abwälzen dürften. Eine gemäßigte Lohnpolitik war für die Regierung vor allem deshalb von Bedeutung, weil die PvdA die Wiederherstellung der Indexierung der Sozialleistungen und Gehälter im öffentlichen Dienst zur Bedingung für ihren Eintritt in die Regierung gemacht hatte. Hohe Lohnsteigerungen zogen damit auch hohe öffentliche Ausgaben nach sich.

Der finanzpolitische Rahmen des Koalitionsabkommens ging von einem durchschnittlichen Wachstum des Volkseinkommens von 2,25 Prozent aus. Im Nachhinein erwies sich dies als etwas zu niedrig, da das tatsächliche Wachstum nur 1,95 Prozent betrug. In den Jahren 1991 bis 1993 waren es sogar nur 1,27 Prozent. Im letzten Jahr der Legislaturperiode zog das Wachstum des Volkseinkommens hingegen auf ganze 4 Prozent an.

Was den im Koalitionsabkommen an erster Stelle stehenden finanzpolitischen Rahmen anging, so stimmten bereits die Wahlprogramme von CDA und PvdA in der Zielsetzung überein, die Finanzierungslücke um zwei Prozentpunkte des Volkseinkommens zurückzudrängen. Dabei ging man nicht von der im Haushaltsentwurf vorgesehenen Finanzierungslücke, sondern von den tatsächlich erreichten 5,25 Prozent des Volkseinkommens aus und vereinbarte eine Rückführung um einen halben Prozentpunkt pro Jahr. Im Jahre 1994 sollte danach ein Wert von 3,25 Prozent des Volkseinkommens erreicht werden (Tweede Kamer 1989-1990a).

Beide Parteien waren sich ebenfalls einig, dass die Abgabenlast auf dem tatsächlich erreichten Niveau von 1990 stabilisiert werden sollte. Dies warf dem Koalitionsvertrag zufolge Probleme auf, weil einerseits noch nicht implementierte Kürzungen der vorangegangenen Regierung anstanden und außerdem die Lohnsteigerungen sehr hoch auszufallen drohten. Im sogenannten Startbrief wurden die dazu nötigen Einsparungen erläutert und mit Schätzungen ihres Aufkommens für den Rest der Legislaturperiode versehen. Dabei ist zu berücksichtigen, dass sich die Kürzungen in einem engen Rahmen hielten, weil das Koalitionsabkommen von Wachstumsannahmen ausging, die sich im Nachhinein als zu optimistisch herausstellten, und die geplanten Sparziele nicht so heroisch waren wie in der Vergangenheit. Es handelt sich dennoch bei dem Koalitionsvertrag um eine vollständige finanzpolitische Vereinbarung, weil sowohl die Höhe der Einnahmen als auch die Verteilung der dazu notwendigen Einschnitte geregelt worden ist.

Schließlich sah das Koalitionsabkommen noch prozedurale Absprachen mit Bezug auf die Budgetdisziplin vor, die das Verhalten bei unerwartet positiver beziehungsweise negativer Wirtschaftsentwicklung regelten. Höhere Einnahmen sollten den Regeln zufolge zwischen zusätzlichen Aufwendungen für eine Verbesserung der Infrastruktur und des Umweltschutzes verwendet werden oder über eine Abgabenentlastung für eine Lohnkostenmäßigung sorgen. Untersagt war hingegen, die zusätzlichen Einnahmen einfach für Ausgabenüberschreitungen an anderen Orten zu verwenden. Im Fall von konjunkturbedingten Steuerausfällen sollten die Zielmarken bezüglich der Finanzierungslücke und der Abgabenlast eingehalten werden. Die folgenden Abschnitte behandeln die Umsetzung dieses Koalitionsabkommens in den Haushaltsjahren 1991 bis 1994.

3.3 Die Ruhe vor dem Sturm

Die Vorbereitung des Haushaltes für das Jahr 1991 verlief trotz der ersten Anzeichen einer wirtschaftlichen Abkühlung noch vergleichsweise ruhig. Die ersten unerwarteten Ausgabenüberschreitungen kamen von alten Bekannten, den Programmen mit unbegrenzter Ausgabenbewilligung. Die Studienfinanzierung sorgte auch unter dem neuen Bildungsminister Ritzen (PvdA) wieder für substanzielle Überschreitungen. Das von der vorangegangenen Regierung bereits weitgehend abgeschaffte Investitionsprogramm WIR war jedoch mit einer Ausgabenüberschreitung in Höhe von drei Milliarden Gulden das größte Problem des Kabinetts (NRC Handelsblad, 17.4.90: 1). Um die Zielmarke für die Finanzierungslücke erreichen zu können, mussten jedoch nach Ansicht Koks weitere Einschnitte vorgenommen werden. Insgesamt mussten laut Finanzminister Kok 2,8 Milliarden Gulden eingespart werden, um die Zielmarken des Koalitionsabkommens zu erreichen. Dabei ergab sich die interessante Situation, dass Verteidigungsminister Ter Beck (PvdA) mit Einschnitten in seinem Ressort einverstanden war. Dies ist nur vor dem Hintergrund zu verstehen, dass seine Partei stets für geringere Verteidigungsausgaben eingetreten war. Das übrige Kabinett hatte natürlich keine Einwände gegen den Beitrag des Verteidigungsministers. Allein der Außenminister widersetzte sich den Kürzungen im Verteidigungsressort. In den Verhandlungen um den Rahmenbrief war er schnell isoliert (NRC Handelsblad, 21.4.90: 1). Der Bereich Verteidigung musste allein 1991 650 Millionen kürzen und wurde auch für die kommenden Jahre drastisch beschnitten. Nach kurzen und ruhigen Verhandlungen musste Bildungsminister Ritzen seinen Haushalt ebenfalls um 1,1 Milliarden stutzen. Die Anforderungen der anderen Fachminister wurden abgewiesen und stattdessen die Budgets nominal eingefroren.

Trotz der umfangreichen Einsparungen in Zusammenhang mit dem Beschluss über den Rahmenbrief sahen die Beamten im Finanzministerium vor den Haushaltsverhandlungen im Sommer noch erheblichen Handlungsbedarf, um die Zielmarke für die Finanzierungslücke zu erreichen. Lubbers und Kok wollten zu diesem Zwecke Kürzungen bei den Subventionen vornehmen. Dabei war zwischen den beiden Regierungsparteien umstritten, ob die Mietsubventionen ebenfalls gekürzt werden sollten. Ferner waren Einschnitte bei der Erwerbsunfähigkeitsversicherung der Arbeiter (WAO) vorgesehen. Bildungsminister Ritzen konnte den Ministerpräsidenten und den Finanzminister hingegen überzeugen, dass es ihm unmöglich sei, die Überschreitungen in seinem Haushalt zu kompensieren (NRC Handelsblad, 16.7.90: 1 und 3). In mühsamen Verhandlungen gelang es dem Kabinett, nochmals gut eine Milliarde Gulden zu kürzen. Einige Ministerien wurden dabei von den Kürzungen bei den Subventionen ausgenommen.

Finanzminister Wim Kok stellte mit der Miljoenennota 1991 (Tweede Kamer 1990-1991b) das Ergebnis der Haushaltsverhandlungen vor. Insgesamt musste das Kabinett Maßnahmen ihn Höhe von sieben Milliarden Gulden vornehmen, um die Finanzierungslücke im Haushaltsentwurf auf den im Koalitionsabkommen vorgesehenen Wert von 4,75 Prozent des Volkseinkommens zurückzudrängen. Dazu mussten wie in den achtziger Jahren wieder Kürzungen im Bereich der sozialen Sicherheit durch Steuererhöhungen ergänzt werden, um die finanziellen Spielräume für die Reduzierung der Finanzierungslücke nutzbar zu machen. Die Abgabenlast verblieb mit 52,9 Prozent deutlich unter der Obergrenze des Koalitionsabkommens.

Der Finanzminister wies in der Einleitung der Miljoenennota darauf hin, dass der Haushalt auf Grund der wirtschaftlichen Folgen des Golfkrieges mit größeren Unsicherheiten verbunden sei als sonst. Erstmalig seit dem Kabinett Van Agt I wurde wieder ein Mehrjahresplan für die Steuereinnahmen in die Miljoenennota aufgenommen. Dieser ließ erkennen, dass die Regierung in den folgenden Jahren vor größeren finanzpolitischen Problemen stehen würde als bei den soeben abgeschlossenen Verhandlungen. Dies veranlasste das Kabinett, eine sogenannte Zwischenbilanz anzukündigen, die sich zu Beginn des folgenden Jahres ergänzend zum Koalitionsabkommen mit der mittelfristigen haushaltspolitischen Problematik auseinandersetzen sollte. Damit beschäftigt sich der folgende Abschnitt.

3.4 Die Zwischenbilanz und der Beginn der WAO-Krise

Am 19. Februar 1991 präsentierten Ministerpräsident Lubbers und Finanzminister Kok nach 44-tägigen Verhandlungen im Kabinett ihre Zwischenbilanz (Tweede Kamer 1990-1991a). Die Berechnungen zeigten, dass über die bereits seit der Miljoenennota 1991 bekannte Haushaltsproblematik von 5,9 Milliarden Gulden bis 1994 hinaus noch zusätzlich 3,7 Milliarden wegen höherer Zinszahlungen fällig würden. Außerdem drohten Steuerausfälle in Höhe von drei Milliarden, so dass sich für die Regierung ein Einsparvolumen von 12,6 Milliarden ergab. Zusätzlich zeichnete sich in den Augen von Kok noch eine Haushaltsproblematik von einigen Milliarden ab, so dass die Regierung sich gezwungen sah, Abgabenerhöhungen vorzunehmen. Das Gesamtvolumen der Zwischenbilanz umfasste schließlich 17 Milliarden. Von dieser Summe fielen 4,7 Milliarden bereits im laufenden Jahr an. Die Zwischenbilanz nannte nicht nur die einzusparenden bzw. zusätzlich zu erhebenden Beträge, sondern zumeist auch die konkreten Maßnahmen für die Umsetzung.

Die Einsparungen erfassten praktisch alle Bereiche des öffentlichen Sektors. Ausgespart blieb nur die Indexierung der Gehälter im öffentlichen Dienst an die Löhne im privaten Sektor, weil dies im Koalitionsvertrag festgelegt war. Die größten Einzelposten bei den Sparmaßnahmen waren die sogenannte Effizienz-Operation, die vor allem in einem Abbau von 7000 Arbeitsplätzen im öffentlichen Sektor bestand. Weitere Einsparungen trafen das öffentliche Transportwesen, die Mietsubventionen und den Gesundheitsbereich. Die größten Einsparungen sollten jedoch mit fl. 3,8 Mrd. im Bereich der Sozialen Sicherheit aufgebracht werden. Eine solche Summe konnte keinesfalls allein durch Manipulationen an der Preiskomponente der Sozialausgaben erreicht werden. Man einigte sich jedoch nur darauf, die Bestimmung des Koalitionsvertrages zu verschärfen, wonach die Zahl der Erwerbsunfähigen zu stabilisieren sei. Fortan ging es darum, die Zahl der WAO-Bezieher auf das Niveau des Jahres 1989 zurückzudrängen. Maßnahmen, die das Volumen an WAO-Leistungen in den Griff bekamen, waren ohnehin nötig, weil der Ministerpräsident im Oktober des Vorjahres öffentlich verkündet hatte, dass er zurücktreten werde, wenn die Zahl der Erwerbsunfähigen über eine Million steige (Vlek 1997: 565). Aus der Sicht der Finanzpolitik waren solche Maßnahmen mit dem Vorteil verknüpft, etwa 1,9 Milliarden Gulden in der Sozialversicherung einzusparen, die dann durch Steuererhöhungen für die Verringerung der Finanzierungslücke verwendet werden konnten (NRC Handelsblad, 22.4.91: 3). Andererseits war die Reform der Erwerbsunfähigkeitsversicherung eine politisch so heikle Sache, dass sie einen der wenigen Bereiche in der Zwischenbilanz darstellte, die nicht näher konkretisiert wurden. Ähnliches galt für die Einsparungen beim Krankengeld (ZW). Die Folge war, dass diese Bereiche zu Dauerstreitpunkten in der Koalition wurden. Kok wies darauf hin, dass auch diese drastischen Maßnahmen nicht hinreichen würden, um die im Koalitionsvertrag vorgesehenen Zielmarken zu erreichen. Er erwog daher weitere Steuererhöhungen (Keesings Historisch Archief, März 1991: 145).

Noch vor einer eigens wegen der Zwischenbilanz anberaumten Debatte in der Tweede Kamer wurde deutlich, dass die Regierungsparteien keineswegs geschlossen hinter den Vorschlägen des Kabinetts standen. Auf Seiten des CDA sprach sich ihr Fraktionsvorsitzender Brinkman gegen Abgabenerhöhungen aus, während der Parteivorsitzende Van Velzen die Senkung der Mietsubventionen für bedenklich hielt (NRC Handelsblad, 19.2.91: 3) und sich gegen Kürzungen im Verteidigungshaushalt aussprach. Auch die Vorsitzende der PvdA Marjanne Sint kritisierte einige Abgabenerhöhungen, die ihr zufolge den „kleinen Mann" treffen würden.

Für die PvdA geriet die Zwischenbilanz bei den Provinzwahlen am 6. März 1991 zu einem Desaster. Sie verlor gegenüber den Wahlen von 1989 mehr als zehn Prozentpunkte vor allem an D'66 und Groen Links. Sogleich kamen Gerüchte um einen Bruch der Koalition auf. Der Parteivorsitzende und Finanzminister Wim Kok dementierte dies jedoch unmittelbar. Dies stellt einen deutlichen Gegensatz zur Entwicklung im Jahre 1982 dar, als die Partei unter Den Uyl nicht den Willen zu tiefen Einschnitten in das wohlfahrtsstaatliche System aufbrachte (Hillebrand/Irwin 1999). Praktisch hatte Kok in seiner doppelten Funktion als Parteivorsitzender und Finanzminister keine Wahl, denn wenn die PvdA in den kommenden Jahren als Koalitionspartner in Frage kommen sollte, dann musste ihr Finanzminister sich an das Regelwerk des Koalitionsvertrages und der Zwischenbilanz halten. Das Kabinett setzte daher die für das Jahr 1991 in der Zwischenbilanz vorgesehenen Einsparungen wenige Wochen nach den Provinzwahlen um. Dabei musste die Regierung über die vereinbarten Einsparungen hinaus noch gut eine Milliarde mehr aufbringen, um die Finanzierungslücke im Rahmen des Koalitionsvertrages zu halten (Keesings Historisch Archief, April 1991: 217). Ähnlich sah es bei der Beschlussfassung über den Rahmenbrief für das Jahr 1992 aus. Kok wollte die Finanzprobleme des Reiches durch weitere Einschnitte bei den Ausgaben lösen, weil das Centraal Planbureau berechnet hatte, dass höhere Steuern für die Beschäftigung weitaus schädlicher waren als Kürzungen (NRC Handelsblad, 6.4.91: 1 und 3). Insgesamt wollte er im Jahre 1992 3,6 Milliarden Gulden einsparen. Der CDA lobte die Absicht Koks, die Finanzprobleme über Einsparungen zu lösen, während seine eigene Partei sich mit Kommentaren eher zurückhielt (NRC Handelsblad, 8.4.91: 3). Um weiter koalitionsfähig zu bleiben, musste die PvdA nicht nur an der Wahlurne, sondern auch mit Abstrichen bei ihren politischen Positionen bezahlen.

In der zweiten Aprilhälfte kam es zwischen den Koalitionspartnern zu ersten Schlagabtäuschen über das beherrschende Thema der Legislaturperiode, namentlich die Einsparungen bei der Erwerbsunfähigkeitsrente der Arbeiter (WAO). In diesem Konflikt versuchte der CDA die vorgesehenen Einsparungen in einem Programm zu erreichen, auf das er im Gegensatz zu seinem Koalitionspartner keinen Wert legte. Der Fraktionsvorsitzende des CDA, Brinkman, drohte gar, dem Kabinett die Unterstützung zu entziehen, wenn keine Schritte zur Stabilisierung der Zahl der Erwerbsunfähigen unternommen würden. Während der Minister für Soziales und Arbeit De Vries (CDA) verlauten ließ, dass er sich durchaus eine Abschaffung des WAO vorstellen könnte, antwortete die Staatssekretärin des Ministeriums Ter Veld (PvdA), dass man in diesem Falle auch sie abschaffen müsse. Auch Kok machte deutlich, dass die PvdA die Regierung verlassen würde, wenn das WAO abgeschafft würde (Keesings Historisch Archief, September 1991: 78).

Die sachlichen Diskussionen, an denen auch die Vertreter der Verbände von Arbeit und Kapital im SER beteiligt waren, drehten sich indes um eine Änderung der Definition von Erwerbsunfähigkeit. Eine Einigung wurde durch die rasch steigende Zahl der Erwerbsunfähigen erschwert (Van Wijnbergen 2000: 12-16). Dies erhöhte die erforderlichen Einsparungen von den ursprünglich veranschlagten 1,9 Mrd. auf 4,4 Mrd. Gulden. Als sich die im SER vertretenen Gruppierungen nicht auf ein gemeinsames Votum einigen konnten, beschloss das Kabinett Mitte Mai, selbst eine Entscheidung herbeizuführen. Ter Veld, die für die Präzisierung der Einschnitte in die WAO von Minister De Vries freie Hand erhalten hatte, entschied sich für eine generelle Beschränkung der Bezugsdauer von WAO-Renten.

Am 15. Juli traten Ministerpräsident Lubbers und Finanzminister Kok mit dem Kompromiss an die Öffentlichkeit. Danach sollte die Bezugsdauer für eine WAO-Rente generell auf sechs Jahre beschränkt werden. Ausgenommen wurden nur Empfänger im Alter von mehr als 50 Jahren. Neuzugänge sollten unabhängig vom Alter unter die neue Regelung fallen (NRC Handelsblad, 15.7.91: 1, Financial Times, 16.7.91: 2). Auch beim Krankengeld sollten scharfe Einschnitte vorgenommen werden.

Die Gewerkschaften reagierten mit wütenden Protesten auf die Pläne des Kabinetts und kündigten für Prinsjesdag Demonstrationen und Streiks an (Financial Times, 10.12.91: 2). Die Fraktion der PvdA musste sich nun zwischen einem heftigen Konflikt mit den ihr nahe stehenden Gewerkschaften und einem Koalitionsstreit entscheiden. In einer ersten Reaktion stützte der

Fraktionsvorsitzende der PvdA Wöltgens den Kompromiss des Kabinetts mit nur geringfügigen Einschränkungen (NRC Handelsblad, 15.7.91: 3). Kurz darauf erwies sich diese Position allerdings als unhaltbar. Umfragen zufolge stürzte die PvdA in der Wählergunst ab und hätte bei Wahlen fast die Hälfte ihrer Sitze eingebüßt. Auch aus der Fraktion heraus wurde vom zuständigen Kammermitglied klargestellt, dass der Kabinettsbeschluss keine Mehrheit finden würde (NRC Handelsblad, 29.7.91: 3). Die von der Situation offensichtlich völlig überraschte Partei musste fortan Massenaustritte verkraften.

Unter diesem Druck führte Kok ab Mitte August 1991 Verhandlungen mit Lubbers und Sozialminister De Vries über die Frage, wie der Kabinettsbeschluss verändert werden könne. Dabei wollte Kok aber nicht vom einzusparenden Volumen abrücken (NRC Handelsblad, 12.8.91: 1). Die Spitzenpolitiker beider Regierungsparteien versuchten darauf in etlichen Verhandlungsrunden, zu einem neuen Kompromiss in der WAO-Frage zu kommen. Am 23. August konnten Sozialminister De Vries und Staatssekretärin Ter Veld (PvdA) einen Lösungsvorschlag unterbreiten, der von beiden Regierungsfraktionen akzeptiert werden konnte. Der Vorsitzende des CDA Brinkman hielt aber eben diesen Augenblick für geeignet, von Kok auch noch die Entkoppelung der Sozialleistungen und Gehälter im öffentlichen Dienst von den Lohnsteigerungen im privaten Sektor zu fordern. Damit drohte dem Kabinett das Aus, weil Kok dies kategorisch ablehnte. Nach seiner Meinung sollten die Gewerkschaften nicht noch weiter provoziert werden, um Lohnmäßigung möglich zu machen. Nachdem sich Lubbers in die Krisengespräche eingeschaltet hatte, wurde De Vries beauftragt, einen neuen Kompromiss zu erarbeiten. De Vries fand eine Möglichkeit, den Sozialdemokraten die Entkopplung durch steuerliche Maßnahmen akzeptabler zu machen und zugleich die Lohnmäßigung zu fördern. Für den Fall einer freiwilligen Lohnmäßigung der Gewerkschaften sollten der allgemeine Steuerfreibetrag und die Werbungskostenpauschale angehoben werden. Außerdem sollte die Inflationsanpassung in der Einkommensteuer ausgesetzt werden. Die ersten beiden Maßnahmen sorgten dafür, dass niedrige Nettoeinkommen steigen würden, während hohe Einkommen einen geringfügigen Verlust zu verschmerzen hatten. Die Anhebung der Werbungskostenpauschale sorgte zudem dafür, dass sich der Abstand zwischen dem Mindestlohn und niedrigen Nettoeinkommen vergrößerte. Der neue Entwurf für die Erwerbsunfähigkeitsversicherung WAO verteilte die Lasten etwas gleichmäßiger, blieb aber einschneidend (Keesings Historisch Archief, September 1991: 580-583). Immerhin mussten WAO-Bezieher nicht mehr damit rechnen, nach einigen Jahren auf das niedrigere Niveau der Volksversicherung für Erwerbsunfähige zurückzufallen (NRC Handelsblad, 27.8.91: 3). Die PvdA-Fraktion akzeptierte auch diesen Kompromiss, obschon die Koppelung einst eine Bedingung für ihren Regierungsbeitritt gewesen war (NRC Handelsblad, 27.8.91: 1). In der Tat waren die Alternativen für die PvdA nicht gerade attraktiv. Bei einem Bruch der Koalition wäre ihr angesichts der Umfragen eine vernichtende Wahlniederlage sicher gewesen. Überdies hätte sie sich strategisch in derselben Situation wiedergefunden, die ihr nach dem Bruch der Koalition Van Agt II fast zehn Jahre Opposition eingebracht hatte. Um seine Partei vom Image der finanzpolitischen Verantwortungslosigkeit zu befreien, in das sie durch Den Uyls Politik geraten war, musste Kok die finanzpolitischen Bestimmungen des Koalitionsvertrages strikt einhalten.

In der Miljoenennota 1992 (Tweede Kamer 1991-1992) konnte Wim Kok zeigen, dass die vorgenommenen Einschnitte bei den öffentlichen Ausgaben und die Ausgabenerhöhungen hinreichen würden, um die Finanzierungslücke im folgenden Jahr auf das im Koalitionsabkommen geplante Niveau zu senken. Die Abgabenlast stieg nach den Planungen zwar an, blieb aber unter der im Koalitionsabkommen vorgesehenen Obergrenze. Die dazu notwendigen Maßnahmen umfassten ein Volumen von 10,3 Milliarden Gulden. Nur 3,7 Milliarden davon waren Abgabenerhöhungen. Den Schätzungen des Finanzministeriums zufolge würden die Maßnahmen bis zum Ende der Legislaturperiode ein Gesamtvolumen von 21,3 Milliarden erreichen und die Einhaltung der Zielmarken gewährleisten.

Während der Haushaltsdebatte stützten die Regierungsparteien den Kurs der Regierung. Die Christdemokraten verteidigten die Kürzungen als unumgänglich. Abgeordnete der PvdA wiesen darauf hin, dass ihre Minister im Rahmen der beschränkten finanziellen Spielräume die soziale Erneuerung vorangetrieben und die notwendigen Einschnitte gleichmäßig verteilt hätten (NRC Handelsblad, 17.9.91: 2). Zeitgleich fanden außerhalb des Parlamentsgebäudes die größten Massendemonstrationen der niederländischen Geschichte statt. In vielen Betrieben fanden aus Protest gegen die WAO-Regelungen während der von Königin Beatrix verlesenen Thronrede Streiks statt (NRC Handelsblad, 17.9.91: 3). Im November des Jahres wurde der Streit um die Zahl der Erwerbsunfähigen und der Kopplung der Sozialleistungen bzw. der Gehälter im öffentlichen Sektor einer für das politische System der Niederlande typischen „technischen" Lösung zugeführt und damit ein Stück weit entpolitisiert. Diese bestand im Gesetz über die Koppelung mit Abweichungsmöglichkeit (WKA), wie es vom Wissenschaftlichen Beirat Regierungspolitik (WRR) angeregt worden war. Danach sollte die Indexierung immer dann ausgesetzt werden, wenn das Verhältnis der Zahl der Inaktiven pro hundert Erwerbstätigen (die I/A-Relation) über 86 stieg (Visser/Hemerijck 1998: 192-193). Wenn die Indexierung ausgesetzt werden musste, dann war die Regierung verpflichtet, die Kaufkraft der Einkommen auf dem Mindestlohnniveau so weit wie möglich zu erhalten. Die Konflikte, die dieses Gesetz dennoch aufwarf, werden im folgenden Abschnitt über die Erstellung des Haushaltsentwurfes 1993 behandelt.

3.5 Der Haushaltsentwurf 1993 und die Problematik der Indexierung

Das Centraal Planbureau erwartete für das Jahr 1993 eine I/A-Relation von 86,6, damit musste die Kopplung aufgehoben werden (NRC Handelsblad, 13.4.92: 7). Wim Kok und die PvdA forderten daher auch für das Haushaltsjahr 1993 Maßnahmen, die einen Kaufkraftausfall der niedrigen Einkommen verhindern sollten. Innerhalb des CDA gingen die Meinungen darüber auseinander. Sozialminister De Vries wollte niedrige Einkommen entlasten und dies durch eine Verringerung der Freibeträge in der Einkommensteuer für mittlere und hohe Einkommen finanzieren. Darüber hinaus forderte er, den Einkommensteuerfreibetrag für Bezieher von Sozialleistungen abzuschaffen, damit diese einen Anreiz zur Arbeit hätten. Wirtschaftsminister Andriessen (CDA) lehnte die Kompensation hingegen ab. Auch ein Vermittlungsvorschlag von Lubbers konnte den Konflikt nicht beilegen (NRC Handelsblad, 15.4.92: 2).

In seinem Rahmenbrief machte Finanzminister Kok den Vorschlag, die Mehrwertsteuer zu reduzieren, um die Kaufkraft niedriger Einkommen zu stärken und die Inflation zu verringern. Zugleich forderte er weitere Einsparungen in Höhe von 1,4 Milliarden Gulden. Er plante, diese gleichmäßig über die Ministerien zu verteilen. Das Verteidigungsministerium sollte zudem 200 Millionen kürzen, um auf Wunsch von Lubbers zusätzliche Ausgaben in Osteuropa zu finanzieren (NRC Handelsblad, 16.4.92: 1). Dies rief, wie nicht anders zu erwarten, den Widerstand der Fachminister auf den Plan. In erster Linie widersetzte sich Bildungsminister Ritzen den Einsparungen in seinem Haushalt. Verteidigungsminister Ter Beck, welcher zu Beginn der Legislaturperiode noch freiwillig zu Kürzungen beigetragen hatte, wollte nun die zusätzlichen Einsparungen nicht mehr vornehmen (NRC Handelsblad, 17.4.92: 1). Im Unterschied zu Ritzen erhielt Ter Beck aber keine Unterstützung von seiner Fraktion (NRC Handelsblad, 21.4.92: 1). Damit verblieben als Streitpunkte die Forderungen Ritzens und die Frage, wie die Kompensation der niedrigen Einkommen aussehen sollte. Die Koalition einigte sich zwar am 23. April darüber, dass der Bildungsminister weitaus weniger beitragen sollte als bisher geplant, sah sich aber nicht in der Lage, die übrigen Fragen zu klären (NRC Handelsblad, 23.4.92: 1). In den folgenden Tagen geriet das Kabinett über die Frage der Kompensation für niedrige Einkommen erneut an den Rand einer Krise, weil Lubbers die zunehmende Ungleichheit unvermeidlich nannte. Der Fraktionsvorsitzende der PvdA Wöltgens bezeichnete dies als unverantwortlich und drohte mit dem Ende der Koalition. Kok, De Vries und Lubbers schrieben daraufhin einen Brief an die Tweede Kamer, in dem sie versicherten, dass die Entkoppelung kaum Kaufkraftverluste mit sich bringen werde. Das Kabinett verpflichtete sich, alles Mögliche zu unternehmen, um einen Kaufkraftverlust der Mindesteinkommen zu vermeiden. Damit war die Situation bis zu den entscheidenden Haushaltsverhandlungen im Sommer einigermaßen entschärft (Vlek 1997: 580-581).

Im August entspannte sich die politische Situation auf Grund positiver Schätzungen des CPB über die wirtschaftlichen Aussichten. Diese verbesserten nicht nur die Haushaltssituation gegenüber den bisherigen Planungen (NRC Handelsblad, 14.8.92: 1), sondern verbesserten auch die prognostizierte I/A-Relation. Nach den Schätzungen des CPB lag diese bei 86,2. Kok vertrat die Ansicht, dass die Kaufkraft auf dem Niveau des Mindestlohns am besten durch eine erhöhte Anpassung gesichert werden konnte (NRC Handelsblad, 19.8.92: 3). Lubbers und De Vries favorisierten hingegen steuerliche Maßnahmen, die allerdings keine vollständige Stabilisierung der Kaufkraft ermöglichten (NRC Handelsblad, 25.8.92: 3). Nach zähen Verhandlungen einigte man sich schließlich auf die von Kok gewünschte Lösung, unter der Bedingung, dass dies durch weitere Kürzungen gegenfinanziert würde (NRC Handelsblad, 26.8.92: 1 und 3). Damit waren die Verhandlungen über den Haushalt 1993 im Großen und Ganzen abgeschlossen.

Der Miljoenennota 1993 (Tweede Kamer 1992-1993b) zufolge sollte die Finanzierungslücke des Jahres 1993 genau mit dem im Koalitionsabkommen vorgesehenen Wert übereinstimmen. Die Abgabenlast wäre sogar gegenüber dem Wert des Vorjahres um 0,6 Prozentpunkte auf 53,0 Prozent gefallen. Um diese Werte zu erreichen, waren Kürzungen im Umfang von 1,4 Milliarden über das im Koalitionsabkommen vorgesehene Niveau hinaus vorgenommen worden.

Der Haushalt löste bei den Regierungsfraktionen ein geteiltes Echo aus. In einer ersten Reaktion begrüßte die PvdA den Haushalt ihres Parteivorsitzenden und Finanzministers Kok uneingeschränkt. Der Fraktionsvorsitzende der CDA Brinkmann übte hingegen Kritik an den unsicheren Annahmen über die wirtschaftliche Entwicklung und erklärte weitere Kürzungen für notwendig (NRC Handelsblad, 15.9.92: 2). Neue Zahlen des CPB zeigten in der Tat bald, dass der Haushalt 1993 nicht mehr haltbar war. Die sich verschlechternde Konjunktur und die Abwertung einiger bedeutender Währungen im Rahmen des Europäischen Währungssystems bedeuteten eine Belastung des niederländischen Exports in diese Länder. Durch diese unerwartete Verschlechterung der Wirtschaftslage entstand im Haushalt ein Loch von drei bis vier Milliarden Gulden. Andererseits entschärfte sich die Frage des Kaufkrafterhalts deutlich, weil die neue Schätzung von einer wesentlich geringeren Preissteigerung ausging.

Ministerpräsident Lubbers kündigte am 9. Oktober an, dass das Kabinett in der ersten Novemberhälfte über weitere Kürzungen entscheiden würde. Er richtete einen dringenden Appell an Gewerkschaften und Arbeitgeber, mit Lohnmäßigung auf die rezessiven Tendenzen zu reagieren. Das Kabinett wollte nach den Worten von Lubbers mit den Sozialpartnern in einen Dialog über die Lohnpolitik im Jahre 1993 eintreten. Finanzminister Kok kündigte einige Tage später in einem Brief an die Tweede Kamer ebenfalls weitere Kürzungen an. Unter den Regierungsfraktionen brach während der Haushaltsdebatten in der Tweede Kamer ein Streit darüber aus, wann die zusätzlichen Einsparungen vorgenommen werden sollten. Der finanzpolitische Sprecher der CDA Terpstra verlangte in Anlehnung an die Zwischenbilanz des Jahres 1991 eine Herbstbilanz, die die erforderlichen Kürzungen innerhalb von zwei Monaten feststellen sollte. Sein Kollege in der PvdA Ad Melkert plädierte hingegen dafür, die Kürzungen mit der Voorjaarsnota einzubringen (Keesings Historisch Archief, Dezember 1992: 812). Als bestünde darin nicht der geringste Widerspruch zu den finanzpolitischen Zielmarken des Koalitionsvertrages, forderten alle Fraktionen der Tweede Kamer, dass die Regierung mehr Geld für die Kriminalitätsbekämpfung aufbringen solle (NRC Handelsblad, 15.10.92: 1). Einigkeit herrschte im Parlament ferner darüber, dass die Regierung sich mit den Sozialpartnern über die Lohnpolitik des folgenden Jahres verständigen sollte.

Am 7.11.92 reichte das Kabinett schließlich einen Brief über die beschlossenen Kürzungen bei der Tweede Kamer ein. Das Gesamtvolumen der Einsparungen betrug fl. 2,75 Mrd. Mehr als die Hälfte der Maßnahmen bestand allerdings aus einmaligen Maßnahmen (fl. 1,4 Mrd.). Erneut war das Verteidigungsministerium trotz des Widerstands von Ter Beck am stärksten betroffen. Die Einschnitte, welche die Finanzierungslücke und die Abgabenlast auf das nach dem Koalitionsabkommen maximal zulässige Niveau beschränken sollten, betrafen aber praktisch alle Ministerien. Die Fraktionen der PvdA und des CDA hießen die Kürzungen dennoch insgesamt gut. Allerdings äußerte der CDA Kritik an der Dauerhaftigkeit der Einschnitte (NRC Handelsblad, 12.11.92: 1).

3.6 Entscheidung über das WAO und die Konturen einer neuen Finanzpolitik

Das Rezessionsjahr 1993 markiert das Ende der WAO-Krise und die Abkehr von einer Finanzpolitik, die mit Hilfe von starren Zielmarken ohne Rücksicht auf die konjunkturelle Lage die Finanzierungslücke und die Abgabenlast zurückdrängen will. Doch bevor es so weit kommen konnte, mussten die Ausgaben erst einmal unter Kontrolle sein, und dazu bedurfte es einer Entscheidung über die Entwicklung des WAO.

Der Konflikt darüber flammte in der Regierungskoalition gleich zu Beginn des Jahres 1993 wieder auf. Bereits im Mai des Vorjahres war es zu Auseinandersetzungen zwischen der PvdA und dem CDA gekommen, als der Vizevorsitzende der PvdA-Fraktion Frans Leijnse erklärte, dass die Übereinkunft aus dem Juli 1991 nur Bestand haben könnte, wenn die Bestandsrenten von den Kürzungen verschont blieben. Der CDA reagierte verärgert auf den Vorfall, während in der Fraktion der PvdA und bei Staatssekretärin Ter Veld Aufruhr über das eigenmächtige Auftreten des Fraktionsvize herrschte. Die VVD versuchte, die Gunst der Stunde zu nutzen, und forderte in einer Eildebatte in der Tweede Kamer am 7. Mai 1992 ebenfalls, die bestehenden Renten von der Kürzung zu verschonen. Ihr gelang es jedoch nicht, die Koalition aufzubrechen, da die Fraktion der PvdA für die Regierungsbeschlüsse votierte. Im Herbst 1992 wurden die Gesetzesinitiativen der Regierung in die Tweede Kamer eingebracht, wo die Frage, ob man die Bestandsrentner von den Kürzungen ausnehmen sollte, wieder diskutiert wurde. Die VVD bemühte sich weiter, die beiden Regierungsparteien in Schwierigkeiten zu bringen (Keesings Historisch Archief, Mai 1993: 289), indem sie sich mal der einen, mal der anderen Seite als Mehrheitsbeschaffer anbot.

Nachdem sich die Parteibasis des CDA dafür ausgesprochen hatte, die Bestandsrenten von den Kürzungsmaßnahmen auszunehmen, wandelte sich das Bild. Nun waren sich beide Regierungsparteien darüber einig, dass die Bestandsrenten von den Kürzungen ausgenommen werden sollten. Damit stellte sich aber die Frage, wie dies erreicht werden konnte, ohne dass zusätzliche Kosten anfielen. Ende Dezember wurde unter der Leitung von Ministerpräsident Lubbers erneut nach einem Kompromiss gesucht. Ein Vorschlag der PvdA wurde vom CDA abgelehnt, welcher auf schärferen Kürzungen bei den Neuzugängen beharrte. Aus dem schwelenden Konflikt wurde ein handfester Krach, als ein eigens von Lubbers ausgearbeiteter Kompromissvorschlag im Kabinett scheiterte, obschon er anfangs von Finanzminister Kok und Staatssekretärin Ter Veld unterstützt wurde (NRC Handelsblad, 19.1.1993: 1). Nach dem Scheitern eines weiteren Kompromissvorschlages von Seiten des Finanzministers beschloss der CDA, eine Lösung mit der VVD zu finden, um die PvdA zum Einlenken zu bewegen. Kok machte klar, dass die Koalition am Ende sei, wenn die Verhandlungen zwischen CDA und VVD dazu führen würden, dass die WAO-Bestandsrentner schlechter gestellt würden als beim Einigungsvorschlag des Ministerpräsidenten. Die Verhandlungen zwischen dem CDA-Fraktionsvorsitzenden Brinkman und seinem Kollegen von der VVD führten bald zu einer Einigung. Nichtsdestotrotz gelang es Sozialminister De Vries und seiner Staatssekretärin, mit der Unterstützung von Lubbers und Kok die Koalition in dramatischen Verhandlungen noch zu retten (NRC Handelsblad, 25.1.93: 1). Der weithin als Nachfolger von Lubbers angesehene Brinkman wurde gezwungen, die Einigung mit der VVD aufzukündigen. Er galt damit bereits vor den Wahlen als beschädigt. Auf lange Sicht hatte Lubbers aber vor allem dem CDA geschadet, weil er damit die enttäuschte VVD als Koalitionspartner vergrault hatte (NRC Handelsblad, 25.1.93: 3). Völlig unabhängig vom Wahlausgang im folgenden Jahr drängte der Ministerpräsident die VVD in die Arme der PvdA und riskierte auf diese Weise die zentrale Position des CDA bei den Koalitionsverhandlungen.

Inhaltlich sah die Einigung des Kabinetts vor, dass an den Bestandsrenten nicht gekürzt werden sollte. Bei den Neuzugängen wurden die Einsparungen nach dem Alter der Betroffenen gestaffelt. Die Regelung stellte die über 50jährigen etwas schlechter als zuvor. Der Kompromiss brachte bis 1994 etwa dasselbe Einsparungsvolumen wie die im Juli 1991 vereinbarte Regelung. Erst nach Ablauf des Koalitionsvertrages würden die Kosten des rettenden Kompromisses höher ausfallen. Die Fraktionen des CDA und der PvdA waren fortan eher an Schadensbegrenzung als an weiteren Verhandlungen interessiert.

Die über Jahre andauernden prozyklischen Sparmaßnahmen ließen sowohl im Kabinett als auch in der PvdA-Fraktion Zweifel am Sinn eines starren Festhaltens an den Zielsetzungen des Koalitionsvertrages aufkommen. Wirtschaftsminister Andriessen (CDA) hatte sich des Öfteren für eine gemäßigtere Kürzungspolitik ausgesprochen. In beiden Parteien fanden sich Fürsprecher einer Finanzpolitik, die die Arbeitslosen nicht nur aus den sozialen Sicherungssystemen heraustreiben, sondern auch Beschäftigung schaffen wollte. Dazu erschienen finanzpolitische Mittel geeignet. Angesichts des näher rückenden Wahltermins gewannen diese inhaltlichen Bedenken auch politisch an Gewicht. Den Ausschlag gab der Machtkampf zwischen Lubbers und Brinkmann. Finanzminister und PvdA-Chef Wim Kok nutzte diese Situation, um eine wohlkoordinierte Kampagne gegen die letzte Zielmarke zu starten. Den ersten Schritt tat Bildungsminister Ritzen (PvdA), der sich gegen weitere Kürzungen bei konjunkturbedingten Steuerausfällen wendete (Algemeen Nederlands Persbureau, 9.2.93). Einige Tage später trat auch Kok in der Öffentlichkeit dafür ein, die Finanzierungslücke in geringerem Umfang sinken zu lassen als im Koalitionsvertrag vorgesehen. Statt neun Milliarden Gulden im Haushalt 1994 einzusparen, wie es nach den Schätzungen des CPB nötig war, um die Zielsetzungen des Koalitionsvertrages zu erreichen, wollte er nun etwa 1-1,5 Mrd. weniger kürzen. Er begründete dies mit den negativen Effekten, die von weiteren prozyklischen Kürzungen auf die Beschäftigung ausgingen (Algemeen Nederlands Persbureau, 11.2.93). Die CDA-Fraktion mit Brinkman an der Spitze wollte hingegen an den Zielsetzungen des Koalitionsvertrages unvermindert festhalten. Als sich Ministerpräsident Lubbers auf die Seite des Finanzministers schlug (Algemeen Nederlands Persbureau, 12.2.93), war Brinkman erneut isoliert. In der Tat besteht Grund zu der Vermutung, dass es sich bei der geplanten Abweichung vom Koalitionsvertrag in erster Linie um ein politisch motiviertes Manöver handelte. Kok selbst räumte ein, dass von seinen Plänen keine großen Beschäftigungseffekte zu erwarten waren. Dies wurde vom CPB bestätigt.

Der Finanzminister konkretisierte seine Pläne für den Haushalt 1994 im sogenannten Rahmenbrief. Danach sollte die Finanzierungslücke im Haushaltsjahr 1994 um fl. 7,5 Mrd. zurückgedrängt werden. Die Finanzierungslücke würde damit zwar sinken, aber 1994 über dem im Koalitionsabkommen angepeilten Wert liegen. Das EMU-Defizitkriterium würde hingegen eingehalten. Überdies plante Kok, den allgemeinen Steuerfreibetrag in der Einkommensteuer durch eine Steuergutschrift (tax credit) zu ersetzen, was dazu geführt hätte, dass alle Einkommen um den gleichen Betrag entlastet werden. Das von Kok vorgeschlagene System entlastete damit niedrige Einkommen relativ stärker als höhere Einkommen und wies somit einen nivellierenden Charakter auf (Algemeen Nederlands Persbureau, 24.3.93). Der Finanzminister erhoffte sich davon zusätzliche Beschäftigung. Wahlpolitisch hatte die Maßnahme zudem den Vorteil, dass sie der Klientel der PvdA zugute kam. Ähnliches war bereits von Sozialminister Bert de Vries (CDA) vorgeschlagen worden, um die Beschäftigung im Niedriglohnbereich zu fördern. Letzterer hatte sich aber wegen der nivellierenden Wirkung der Maßnahme nicht durchsetzen können. Es erscheint daher wenig überraschend, dass sich Brinkman auch in dieser Hinsicht gegen den Finanzminister und Gegner bei den kommenden Wahlen stellte (Algemeen Nederlands Persbureau, 25.3.93).

Der Finanzminister erhielt jedoch die grundsätzliche Zustimmung des gesamten Kabinetts zum Volumen seiner Kürzungspläne, was freilich kein Einverständnis der Minister zu Einschnitten in ihren eigenen Haushalten bedeutete (Algemeen Nederlands Persbureau, 16.4.93). Nach mühsamen

Verhandlungen gelang es auch, eine Einigung über die Verteilung der Einschnitte zu erreichen. Einmalige Einnahmen in Höhe von 3,5 Mrd. wurden durch den Verkauf von Postanteilen eingenommen. Die vier Milliarden dauerhafter Einsparungen sollten durch das Einfrieren von Sozialleistungen, die Aussetzung der Preisanpassung für die Ministerien und Subventionskürzungen erreicht werden (Algemeen Nederlands Persbureau, 21.4.93). Eine Einigung über die Frage der Steuergutschrift wurde nicht erreicht (NRC Handelsblad, 23.4.93: 1), obschon die Maßnahme nach Berechnungen des CPB zur Schaffung von 50.000 Arbeitsplätzen geführt hätte (NRC Handelsblad 6.5.93: 1).

Die Diskussion um die Einkommensverteilung tauchte im Sommer 1993 bei den Verhandlungen über den Haushalt 1994 wieder auf. Unterdessen wurden neue Berechnungen des CPB verfügbar, die einen weiteren Einnahmeausfall in Höhe von fl. 2,2 Mrd. für das Jahr 1994 prognostizierten. Außerdem wurde deutlich, dass in vielen Bereichen Ausgabenüberschreitungen aufgetreten waren. Finanzminister Kok plante, die konjunkturell bedingten Einnahmeausfälle nicht durch weitere Einsparungen zu kompensieren und stattdessen die Finanzierungslücke weiter ansteigen zu lassen. Bei den Überschreitungen auf der Ausgabenseite wollte er hingegen zum Ausgleich Einsparungen in Höhe von fl. 1,4 Mrd. erreichen (Algemeen Nederlands Persbureau, 5.7.93). Unter diesen Umständen war das EWU-Defizitkriterium nicht mehr zu erreichen (Algemeen Nederlands Persbureau, 18.6.93). Allerdings deutete er an, dass er ein Eingreifen für nötig halten würde, wenn die Finanzierungslücke vier Prozent des Volkseinkommens übersteigen würde. Das Kabinett erklärte sich mit den Auffassungen des Finanzministers einverstanden und konnte auch die geforderten Einsparungen aufbringen.

Schwierigkeiten versprach angesichts der herannahenden Wahlen die Ausgabenseite des Budgets. Dabei ging es erneut um die Frage der Kompensation für die niedrigen Einkommen. Wim Kok drohte gar mit dem Bruch der Koalition für den Fall, dass die niedrigeren Einkommen letztlich größere prozentuale Kaufkraftverluste hinnehmen müssten als die hohen Einkommen. Wie oben erwähnt, bestand Koks Lösung darin, den allgemeinen Steuerfreibetrag durch eine Steuergutschrift zu ersetzen. Er berief sich dabei auf den Koalitionsvertrag, wonach die Einkommensverteilung im Prinzip unverändert bleiben sollte. Brinkman hatte inzwischen den CDA hinter dem alten Vorschlag von De Vries sammeln können, der eine Erhöhung der Werbungspauschale in der Einkommensteuer vorsah. Der PvdA-Fraktionsvorsitzende Wöltgens kam wiederum mit der bekannten Alternative, die Indexierung des Einkommensteuertarifs auszusetzen, um die mittleren und höheren Einkommen in höhere Einkommensteuerstufen rutschen zu lassen. Als Berechnungen des CPB im August erstmals in der Legislaturperiode unerwartete Steuermehreinnahmen in Höhe von einer Milliarde Gulden auswiesen, entspannte sich die Situation erheblich (Algemeen Nederlands Persbureau, 16.8.93). Das Kabinett fand zu einer Lösung des Konfliktes, die beide Vorschläge berücksichtigte und durch Steuermehreinnahmen finanzierte. Kok war mit einer Senkung des Tarifs der ersten Stufe der Einkommensteuer zufrieden. Der CDA und mit ihr Sozial- und Arbeitsminister De Vries konnten eine Senkung der Werbungskostenpauschale für sich verbuchen. Auch die Forderung des Finanzexperten der PvdA-Fraktion Ad Melkert nach Arbeitsbeschaffungsmaßnahmen wurde berücksichtigt. Die Gegenfinanzierung erfolgte aus einer Anhebung der Mineralölsteuer (Algemeen Nederlands Persbureau, 27.8.93). Durch die Summe dieser Maßnahmen wurden nicht allein die Kaufkraftverluste gleichmäßig verteilt, sondern vor allem die Steuerbelastung niedriger Arbeitseinkommen deutlich verringert.

Auch im Zahlenwerk der Miljoenennota 1994 (Tweede Kamer 1993-1994) ist die gewachsene Bedeutung der Abgabenlast gegenüber der Finanzierungslücke ersichtlich. Die Planung des Finanzministers ging davon aus, dass sich die Finanzierungslücke im Haushaltsjahr 1994 bei 3,9 Prozent des Volkseinkommens stabilisieren würde. Die Abgabenlast sollte gegenüber dem Schätzwert des laufenden Jahres fallen und bei 53 Prozent liegen. Mit anderen Worten, die Einsparungen hätten auch ausgereicht, um beide Werte in Übereinstimmung mit dem Koalitionsvertrag (3,25 bzw. 53,6) zu bringen. Die Planungen umfassten 7,4 Milliarden Gulden an Einsparungen im Jahre 1994.

Die beiden Regierungskoalitionen äußerten sich grundsätzlich zufrieden über den Haushalt 1994 (NRC Handelsblad, 219.93: 3). Der folgende Abschnitt überprüft, inwiefern die Regierung ihre im Koalitionsabkommen festgeschriebenen Ziele tatsächlich erreicht.

3.7 Der Koalitionsvertrag und die Haushaltsergebnisse 1991 bis 1994

Die Koalition aus CDA und PvdA hatte sich zum Ziel gesetzt, die Finanzierungslücke während der Legislaturperiode um zwei Prozentpunkte zurückzudrängen und die Abgabenlast zumindest zu stabilisieren. Die Tabelle 4 gibt die Zielmarken des Koalitionsabkommens und die tatsächlich realisierten Werte wieder. Es zeigt sich, dass die Zielmarken für die Finanzierungslücke während der ersten drei Jahre der Koalition praktisch eingehalten worden sind. Im Jahre 1994, als die Zielsetzung offiziell schon aufgegeben war, sank die tatsächliche Finanzierungslücke nochmals kräftig. Dies war möglich, weil konservative Schätzungen über die wirtschaftliche Entwicklung auf eine rasch anziehende Konjunktur trafen.

Tabelle 4: Koalitionsabkommen und tatsächliche Ergebnisse, 1991-1994

	1991	1992	1993	1994
Finanzierungslücke im Koalitionsabkommen	4,75	4,25	3,75	3,25
Tatsächliches Ergebnis	4,2	4,3	3,9	3,5
Abgabenlast im Koalitionsabkommen	53,3	53,3	53,3	53,3
Tatsächliches Ergebnis	54,1	53,9	54,7	53,0

Quelle: Die Daten sind aus (Tweede Kamer 1993-1994; Tweede Kamer 1994-1995). Anmerkung: Die Daten für die Finanzierungslücke der Jahre 1993 und 1994 sind vorläufig. Endgültige Daten stehen nicht zur Verfügung. Eine Umstellung in der Volkswirtschaftlichen Gesamtrechnung führte dazu, dass die Zielmarke für die Abgabenlast um 0,3 Prozentpunkte nach unten verschoben wurde. Die tatsächlichen Werte für die Abgabenlast des Jahres 1993 sind vorläufig. Die Zahl für 1994 ist der angepeilte Wert aus der Miljoenennota 1994.

Während die Zielsetzung bezüglich der Finanzierungslücke also weitgehend eingehalten wurde, sind bei der Abgabenlast einige substanzielle Abweichungen festzustellen. Offenbar war der Zeitplan für die Finanzierungslücke auch durch massive Kürzungen allein nicht einzuhalten. Die deutlichste Abweichung ist für das Rezessionsjahr 1993 zu verzeichnen, in dem die Norm des Koalitionsabkommens um immerhin 1,4 Prozent des Volkseinkommens überschritten wurde. Insgesamt kann jedoch festgestellt werden, dass die letzte Regierung Lubbers trotz der schlechten wirtschaftlichen Lage die Zielsetzungen des Koalitionsvertrages in erstaunlichem Maße umgesetzt hat. Ihr beschäftigungspolitisches Ziel, pro Jahr 100.000 Arbeitsplätze zu schaffen, hat die Regierung allerdings nur im Jahre 1991 erreicht, in den übrigen Jahren war der Beschäftigungszugewinn geringer.

Zusammenfassend lässt sich sagen, dass die drei Kabinette von Ruud Lubbers eine substanzielle Verringerung der Finanzierungslücke erreicht hatten. Insbesondere in der letzten Kabinettsperiode war mit der Reform des WAO ein wichtiges Strukturproblem der öffentlichen Finanzen angegangen worden. Die Kosten dafür bestanden in einem kurzatmigen Haushaltsprozess, der das Kabinett das ganze Jahr in Beschlag nahm. Die beiden letzten Kabinettsperioden gaben hiervon Zeugnis. Gegen Ende der Achtziger zerbrachen die Verlockungen der Hochkonjunktur die Haushaltsdisziplin, während in der darauf folgenden Rezession in anstrengenden Auseinandersetzungen der Haushalt wieder saniert wurde. Diese Politik war prozyklisch und zog auch eine qualitative Verschlechterung der öffentlichen Finanzen nach sich, weil den kurzfristigen Kürzungsrunden am ehesten die öffentlichen Investitionen zum Opfer fielen. Um dieses Problem in Zukunft zu vermeiden, ersuchte Finanzminister Kok die Studiengruppe Haushaltsspielraum bereits im Februar 1993 um Rat darüber, wie die Finanzpolitik in der folgenden Legislaturperiode aussehen sollte. Im folgenden Abschnitt sind die wichtigsten Ergebnisse des neunten Berichts der Studiengruppe Haushaltsspielraum wiedergegeben.

3.8 Der Bericht der Studiengruppe Haushaltsspielraum von 1993

Die Studiengruppe Haushaltsspielraum (Tweede Kamer 1992-1993a) ging in ihrer Analyse von den Herausforderungen der Finanzpolitik in den Jahren 1995 bis 1998 aus. Diese Probleme bestanden erstens in einer weiterhin zu hohen Finanzierungslücke. Das Defizit war dem Bericht zufolge zu hoch, um die Staatsschuld in ausreichender Geschwindigkeit zu verringern, was aber angesichts der hohen Zinszahlungen und der Maastricht-Kriterien wünschenswert sei. Zweitens sei die Struktur der öffentlichen Ausgaben zu sehr durch Zinsausgaben und Transfers gekennzeichnet; Investitionen nähmen einen nur geringen Anteil ein. Drittens war die Studiengruppe der Meinung, dass die Abgabenlast weiterhin zu hoch sei. Der große Steuerkeil habe einen störenden Einfluss auf den Arbeitsmarkt. Dies gelte ganz besonders für den Niedriglohnbereich. Schließlich vertraten die Spitzenbeamten die Ansicht, dass die bisherige Haushaltssystematik mit ihren starren Zielmarken für die Finanzierungslücke und die Abgabenlast in der Vergangenheit gute Dienste geleistet hatte, aber auch Nachteile aufwies, die sie für die anstehenden Probleme ungenügend erscheinen ließ. Daraus ergäben sich die Aufgabe für die Finanzpolitik der folgenden Legislaturperiode. Diese bestünden darin, einen Rahmen zu schaffen, in dem längerfristige finanzpolitische Ziele verfolgt werden könnten. Auf dieser Grundlage sei die Struktur der öffentlichen Ausgaben zu verbessern und außerdem die Abgabenlast zu verringern.

Dies erforderte in den Augen der Studiengruppe eine Rückkehr zur trendmäßigen Haushaltspolitik. Den Kern dieser Politik sollte eine Norm bilden, die auf der Basis einer konservativen Schätzung des zu erwartenden Wirtschaftswachstums („vorsichtiges Szenario") die realen öffentlichen Ausgaben des Reiches und der Sozialversicherung für die gesamte Legislaturperiode im Koalitionsabkommen festschrieb. Diese Norm dürfte nicht überschritten werden, d.h. zusätzliche Ausgaben wären nur möglich, wenn an anderer Stelle eingespart würde. Die Zielsetzungen für die trendmäßigen Niveaus der Finanzierungslücke und der Abgabenlast sollten der zentralen Ausgabenorm gegenüber zurücktreten. Natürlich könnten die öffentlichen Einnahmen gegenüber den Werten des vorsichtigen Szenarios zurückbleiben.

In diesem Falle sollte jedoch nicht eingegriffen werden. Solange die Ausgaben des Reiches und der Sozialversicherung sich innerhalb der Grenzen der Norm bewegten, könnten ad hoc Anpassungen unterbleiben. Einnahmeausfälle würden sich dann in einer zeitweilig höheren Finanzierungslücke niederschlagen. Steuereinnahmen, die über das im vorsichtigen Szenario vorgesehene Niveau hinausgehen, würden die Finanzierungslücke hingegen zeitweilig senken. Dies sollte den Haushaltsprozess weniger hektisch machen und die Qualität der Entscheidungen erhöhen.

Andererseits erinnerte die Studiengruppe auch an die Gefahren, die von einer trendmäßigen Haushaltspolitik in den siebziger Jahren unter der Zijlstra-Norm ausgingen. Damals war, wie oben bereits gesagt, die Finanzierungslücke rasch gestiegen, weil man eine dauerhafte Wachstumsabschwächung für eine zeitweilige konjunkturelle Eintrübung gehalten hatte. Die Beamten rieten daher eine zusätzliche Sicherung einzubauen. Deshalb sollte trotz der Ausgabennorm eingegriffen werden, wenn die Finanzierungslücke um einen bestimmten Prozentsatz von dem vorgesehenen Wert abweicht. Diese Marge sollte einerseits groß genug bemessen werden, um die Ruhe im Haushaltsprozess zu wahren, und andererseits so gewählt werden, dass das EWU-Defizitkriterium eingehalten würde. Im folgenden Kapitel werden die Folgen dieses Berichts sichtbar.

4. Das Kabinett Kok I und die Zalm-Norm

Die Finanzpolitik der Regierung Lubbers III hatte tiefgreifende Folgen für den weiteren Kurs der finanzpolitischen Entwicklung, indem sie die Politik der starren Zielmarken diskreditierte. Ferner führten die politischen Kämpfe um das WAO zu einem erdrutschartigen Verlust der beiden größten Parteien der Niederlande. Das Ergebnis war ein Parteiensystem ohne dominante Partei. Damit hing eine Regierungsbeteiligung mehr denn je von den Beziehungen der Parteien zueinander ab, was ein Abweichen einer Partei von den Absprachen des Koalitionsabkommens zu einem risikoreichen Unterfangen machte. Das Koalitionsabkommen berücksichtigte weitgehend die Empfehlungen der Studiengruppe Haushaltsspielraum und etablierte eine trendorientierte Finanzpolitik, die von einem festen realen Ausgabenrahmen ausging. Inhaltlich ging es darum, in einem geordneten Haushaltsprozess die öffentlichen Ausgaben zu verringern, um über eine Abgabenentlastung der niedrigen Einkommen mehr Beschäftigung zu schaffen. Außerdem sollte die Finanzierungslücke reduziert werden, um die Zinszahlungen zu verringern und die Maastricht-Kriterien zu erfüllen. Von 1995 bis 1998 sorgte ein kräftiger Aufschwung in Verbindung mit einer intakten Haushaltsdisziplin dafür, dass der Ausgaberahmen eingehalten wurde. Die Bestimmungen des Koalitionsvertrages wirkten darauf hin, dass die resultierenden finanziellen Spielräume auch wie geplant verwendet wurden. Während die VVD die Finanzierungslücke senken wollte und sich dabei auf die Bestimmungen des Abkommens berufen konnte, versuchte die PvdA, welche ihrer Klientel keine zusätzlichen Programme bieten konnte, gezielte Steuersenkungen für niedrige Arbeitseinkommen durchzusetzen. In diesem Bestreben konnte sie sich auf das Koalitionsabkommen beziehen. Der erste Abschnitt beschäftigt sich mit den Wahlen und der Regierungsbildung. Danach werden die Vereinbarungen des Koalitionsvertrages analysiert. Es folgen drei Abschnitte über die Haushalte 1995 bis 1998. Schließlich wird überprüft, inwiefern die Regierung die Zielsetzungen des Koalitionsabkommens erreicht hat.

4.1 Die Erdrutschwahl und die Bildung der violetten Regierung

In den Wahlen des Jahres 1994 setzten die großen vier Parteien auf ihre Spitzenkandidaten. Die PvdA, die im Zuge der Entscheidungen um die Erwerbsunfähigkeitsrenten im Juli 1991 in die tiefste Krise ihres Bestehens geraten war, setzte auf das positive Image von Wim Kok und gewann dadurch verlorenen Boden zurück. Ganz anders ging es dem CDA mit seinem Spitzenkandidaten Elco Brinkman. Dieser versuchte aus dem Schatten des übermächtigen Lubbers herauszutreten, indem er radikale Kürzungsmaßnahmen in das Wahlprogramm der Partei aufnahm, die ein Einfrieren der Volksrente (AOW) einschlossen. In Reaktion darauf bildeten sich zwei Rentner-Parteien, die vor allem den CDA Stimmen kosteten (Hippe/ Lucardie/ Voerman 1995: 22). Um die Aussichten seines Nachfolgers völlig zunichte zu machen, erklärte der weiterhin sehr beliebte Lubbers, dass Wim Kok einen ebenso guten Ministerpräsidenten abgeben würde wie Brinkman. Das in Tabelle A7 wiedergegebene Wahlergebnis war für die beiden Regierungsparteien niederschmetternd. Der CDA erlebte einen historischen Erdrutsch, indem er 20 seiner 54 Sitze verlor. Die PvdA büßte zwölf ihrer 49 Sitze ein und stellte mit 37 Sitzen ihr schlechtestes Ergebnis aus dem Jahre 1967 ein. Trotzdem wurde sie stärkste Partei. Die großen Zugewinne, welche VVD und D'66 verbuchen konnten, bewirkten, dass keine Regierungsmehrheit mit weniger als drei Parteien zusammengesetzt werden konnte. Die Wahlen bedeuteten weniger als jemals zuvor eine Entscheidung über die Teilnahme an der Regierung. Erstmals seit dem Ersten Weltkrieg rückte die Bildung einer Regierung ohne Beteiligung des CDA oder seiner Vorgängerinnen in den Bereich des Möglichen (Wolinetz 1995: 188-192). Auch die Bildung eines violetten Kabinetts, das das Rot der Sozialdemokraten mit dem Blau der VVD mischte, war nach mehr als drei Jahrzehnten, in denen die beiden Parteien eine Koalition abgelehnt hatten, nun möglich.

Die Königin ernannte den Vorsitzenden der Eerste Kamer Tjeen Willink zum Informateur. Nach einigen Gesprächen, in denen sich der CDA zurückhaltend über eine Beteiligung an einer Regierung geäußert hatte, empfahl er die Aufnahme von Koalitionsgesprächen zwischen PvdA, VVD und D'66. Diese wurden alsbald unter der Leitung von drei neuen Informateurs aufgenommen und machten zunächst gute Fortschritte. Sie scheiterten dann jedoch an der Forderung des VVD-Chefs Bolkestein nach weiteren Eingriffen in die Erwerbsunfähigkeitsrente WAO. Dadurch entstand eine Pattsituation, weil eine Koalition ohne CDA und VVD nicht gebildet werden konnte. Die Königin ernannte erneut Tjeen Willink zum Informateur, der nach erneuten Verhandlungen empfahl, einen Informateur von der VVD zu beauftragen, einen Entwurf für ein Koalitionsabkommen zu schreiben, das insbesondere sozial- und finanzpolitische Fragen umfassen sollte. Abweichend von dessen Rat machte Königin Beatrix in dieser Situation einen entscheidenden Zug: Sie beauftragte Wim Kok in seiner Eigenschaft als Finanzminister mit eben dieser Aufgabe. Einer der Gründe bestand darin, dass der Haushalt 1995 auf den

Weg gebracht werden musste (Andeweg 1994: 153-155). Kok stellte ein 59seitiges Dokument zusammen, das in detaillierter Form Einschnitte von fl. 18 Milliarden während der kommenden Legislaturperiode vorsah. Damit sollten 350.000 Arbeitsplätze geschaffen werden (Financial Times, 26.7.94: 2). Alle Parteien standen den Vorschlägen des Finanzministers positiv gegenüber. Kok entschied sich mit Erfolg für einen neuen Versuch zur Bildung einer sogenannten violetten Koalition aus PvdA, VVD und D'66. Die Koalition galt als historisch, weil damit die erste Koalition ohne Beteiligung einer christlichen Partei seit 1917 zu Stande kam. Sie lässt sich kaum im Rechts-Links-Schema verorten, weil sie sich aus zwei linken Parteien, namentlich der PvdA und D'66, und der rechten VVD zusammensetzte. Diese ungewöhnliche Zusammensetzung ließ in der Öffentlichkeit Zweifel an der Stabilität der Regierung aufkommen. Der neue Finanzminister Zalm vertrat in einem Interview hingegen die Ansicht, dass die Koalition die stabilste der Nachkriegszeit sein werde, weil keine Partei, die das Kabinett verlasse, sicher sein könne, dass sie später an die Regierung zurückkehren werde. Man sei voneinander abhängig und das sorge für Stabilität in der Koalition (Het Financieele Dagblad, 21.9.94: 15). Dem Kabinett gehörten unter Einschluss von Ministerpräsident Kok und dem neuen Finanzminister Zalm (VVD) 14 Minister an. Im folgenden Abschnitt werden die finanz- und beschäftigungspolitischen Passagen des Koalitionsabkommens näher analysiert.

4.2 Der Koalitionsvertrag des Kabinetts Kok I

Im Koalitionsabkommen (Ministerie Algemene Zaken 1994) wurde das Ziel formuliert, bis 1998 mindestens 350.000 neue Arbeitsplätze zu schaffen. Bei unveränderter Politik wären, Berechnungen des CPB zufolge, im selben Zeitraum nur 230.000 Arbeitsplätze entstanden. Die Regierung wollte durch einen Maßnahmenkatalog vor allem Arbeitsplätze im Niedriglohnbereich schaffen: Tarifverträge sollten für die untersten Tarifgruppen nicht mehr für allgemeinverbindlich erklärt und der Mindestlohn für bestimmte Gruppen und Sektoren sollte aufgehoben werden. Steuererleichterungen, die teilweise auf den Niedriglohnsektor zielten, sollten einen wichtigen Teil der Gesamtmaßnahmen ausmachen. Hierdurch sollten einerseits die Arbeitskosten verringert werden und andererseits für eine gleichmäßige Verteilung der Kaufkraftverluste gesorgt werden.

Der im Koalitionsvertrag abgesteckte finanzpolitische Rahmen lehnte sich recht eng an die Empfehlungen der Studiengruppe Haushaltsspielraum an. Inhaltlich ging es darum, Spielräume für eine weitere Verringerung des Steuerkeils und der Finanzierungslücke zu schaffen. Außerdem wollte man, wie im bereits besprochenen Gutachten beschrieben, den Haushaltsprozess weniger hektisch gestalten und eine prozyklische Haushaltspolitik vermeiden. Wie im Gutachten der Studiengruppe vorgesehen, ging man dazu im Koalitionsabkommen vom vorsichtigen Szenario des CPB mit einem Wachstum von durchschnittlich etwa zwei Prozent aus (Van Ewijck/Reininga/ter Rele 1999: 14-15). Im Nachhinein erwies sich diese Wachstumsannahme gegenüber dem tatsächlich realisierten Wachstum von 3,35 Prozent in der Tat als außerordentlich konservativ. Auf dieser Grundlage wurden Obergrenzen für die realen Ausgaben des Reiches, der Sozialen Sicherheit und des Gesundheitsbereichs in Preisen von 1994 für die gesamte Legislaturperiode festgeschrieben (Tweede Kamer 1995-1996: 48). Diese Obergrenzen sollten in jedem Jahr an die zu erwartende Preisentwicklung angepasst werden. Der Plan sah vor, dass die realen öffentlichen Ausgaben gegenüber dem Jahre 1994 um 7,7 Milliarden Gulden sanken. Bei Einhaltung des Rahmens wurde unter den Annahmen des vorsichtigen Szenarios in den Jahren 1995 und 1996 eine Stabilisierung der Finanzierungslücke bei 3,3 Prozent des Bruttoinlandsproduktes erwartet. In den Jahren 1997 und 1998 sollte sie dann auf 3,1 bzw. 2,9 Prozent des BIP fallen. In der Definition der EWU hätte das Defizit danach erstmals im Jahre 1996 mit 2,7 Prozent des BIP unter dem für die Teilnahme an der Währungsunion relevanten Kriterium gelegen.

Für den Fall, dass das Wachstum über das im behutsamen Szenario angenommene hinausgehen sollte, war vorgesehen, die Finanzierungslücke in der Definition des Koalitionsabkommens bis 1998 auf 2,7 Prozent des BIP zu senken. Im Falle weiterer konjunkturbedingter Mehreinnahmen sollten fl. 100 Mio. auf im Koalitionsvertrag genannte Mehrausgaben verwandt werden. Alle darüber hinausgehenden Einnahmen erforderten eine Abwägung zwischen einer weiteren Verringerung der Finanzierungslücke und Steuersenkungen. Um diese Ziele erreichen zu können, waren im Koalitionsprogramm detailliert ausgearbeitete Einsparungen in den Bereichen Reichshaushalt, Soziale Sicherheit und Gesundheit vorgesehen. Es handelte sich also um eine vollständige finanzpolitische Vereinbarung, die sowohl die Höhe der Ausgaben als auch die Verteilung der notwendigen Einschnitte regelte.

Diese Spielräume sollten für Steuererleichterungen in einer Gesamthöhe von neun Milliarden Gulden genutzt werden. Daneben bestand auch noch Raum für politische Prioritäten in Höhe von drei Milliarden Gulden, die sich auf sechs sogenannte „cluster" und die vier Jahre der Legislaturperiode verteilten. In den folgenden Abschnitten wird gezeigt, dass die neue Haushaltsnorm, welche bald den Namen des Finanzministers trug, tatsächlich zu einer ruhigeren Finanzpolitik beitrug.

4.3 Der Haushalt 1995 und der Haushaltsentwurf 1996

Die Grundzüge des Haushalts 1995 waren bereits während der Koalitionsgespräche ausgehandelt worden (Financial Times, 19.8.94: 2 und 21.9.94: 2) und bildeten einen Teil der finanzpolitischen Vereinbarung des Koalitionsabkommens. Der Ausgaberahmen wurde erst mit der Miljoenennota in Ziffern festgeschrieben. Deshalb sind die Haushaltsansätze identisch mit dem Ausgaberahmen des Jahres. Seit der Niederschrift des Koalitionsabkommens hatten sich jedoch die Wachstumsprognosen deutlich verbessert, sodass die Finanzierungslücke im Haushaltsentwurf mit drei Prozent des Bruttoinlandproduktes bereits im ersten Jahr der Legislaturperiode deutlich unter der bereits früher im Koalitionsvertrag festgeschriebenen Obergrenze blieb. Der Haushalt wurde sowohl von den Regierungsfraktionen der Tweede Kamer als auch der größten Oppositionspartei, namentlich dem CDA, positiv aufgenommen (NRC Handelsblad, 20.9.94: 3).

Gegen Ende des Jahres 1995 zog die Konjunktur an und spülte kräftige Mehreinnahmen in die Staatskasse. Diese führten sogleich zu Begehrlichkeiten aus den Regierungsfraktionen. Finanzminister Zalm erinnerte die Fraktionen daran, dass auch sie den Koalitionsvertrag unterzeichnet hätten (NRC Handelsblad, 20.9.94: 1). Widerstand gegen die verabredeten Kürzungen kam von Verteidigungsminister Voorhoeve (VVD) und Bildungsminister Ritzen (PvdA).

Letzterer geriet wegen der anstehenden Einsparungen im Bereich der Hochschulen in einen scharfen Konflikt mit Universitäten und Studentenorganisationen. Diese drohten, Gespräche über eine im Koalitionsvertrag vorgesehene Hochschulreform abzubrechen, wenn die Einsparungen durchgeführt würden. Um ihnen entgegenzukommen, wollte Ritzen auf die Einsparungen verzichten. Er wurde darin von seiner eigenen Fraktion und der D'66 bestärkt. Die VVD wollte zwar einerseits an den Bestimmungen des Koalitionsvertrages festhalten, sich aber in dieser Frage auch nicht gegen die beiden anderen Parteien stellen (Algemeen Nederlands Persbureau, 17.11.94). Im Dezember 1994 brach die Koalition ihren eigenen Vertrag, wenn auch nur in vergleichsweise geringfügiger Weise, indem sie die Ausgabenkürzungen im Bereich der Hochschulen durch die Anhebung der Studiengebühren kompensierte. Auch die Erwartungen an die Einsparungen durch die anschließende Hochschulreform wurden heruntergeschraubt (Algemeen Nederlands Persbureau, 9.12.94; Het Financieel Dagblad, 10.12.94: 1).

Der Verteidigungsminister forderte, dass die Kürzungen nicht zu Lasten der Friedensmissionen der NATO gehen dürften. Um dies gewährleisten zu können, wollte Voorhoeve ab 1997 jährlich 250 Mio. weniger kürzen als im

Koalitionsabkommen vorgesehen. Er bekam dafür Unterstützung von Außenminister Hans Mierlo (D'66) und dem für Entwicklungshilfe zuständigen Minister Pronk (PvdA). Letzterer stellte freilich klar, dass zusätzliche Mittel nicht aus seinem Budget kommen dürften (Het Financieele Dagblad, 2.11.94: 7). Zunächst bekam Finanzminister Zalm Schützenhilfe vom VVD-Fraktionsvorsitzenden Bolkestein, der auf der Einhaltung des Koalitionsvertrages bestand (Algemeen Nederlands Persbureau, 3.11.94). Das Kabinett beschloss, die Entscheidung über die Kürzungen im größeren Zusammenhang mit der Neuorientierung der Außenpolitik im folgenden Jahr zu fällen (Algemeen Nederlands Persbureau, 4.11.94). Dies ermöglichte es dem Verteidigungsminister, an seinen Forderungen festzuhalten. Im Laufe der Zeit stellte sich auch die VVD vollständig hinter den Verteidigungsminister. Voorhoeve forderte nun zusätzliches Geld aus dem Topf für politische Prioritäten (Cluster VI des Koalitionsabkommens) für sein Ressort ein. In der Tat stellte sich die Frage, wo die Einsparungen, die im Bereich der Verteidigung nicht erreicht würden, schließlich kompensiert werden konnten. Hier kamen zunächst die Ministerien des sogenannten Auslandsdreiecks in Betracht. Das Außenministerium wurde aber von D'66 und der Bereich Entwicklungshilfe von der PvdA gehalten. Damit wurde der Streit der Minister um das Budget auch zu einem Zwist in der Koalition. Die rasche wirtschaftliche Erholung wirkte sich unterdessen außerordentlich positiv auf die Steuereinnahmen aus (Het Financieele Dagblad, 13.12.94). Um den Konflikt zu lösen, kam von der PvdA daher der Vorschlag, die überplanmäßigen Ausgaben im Verteidigungsbereich durch konjunkturbedingte Mehreinnahmen zu finanzieren (Algemeen Nederlands Persbureau, 20.1.95). Die VVD lehnte dies unter Verweis auf den Koalitionsvertrag ab. Derartige Einnahmen waren danach für eine Verringerung der Finanzierungslücke einzusetzen. Voorhoeve konnte sich hingegen in den Auseinandersetzungen auf einige Passagen des Koalitionsabkommens berufen. Darin war festgestellt worden, dass die Verteidigungspolitik die Maßgaben des sogenannten Prioritätenmemorandums zu beachten hätte. Dies erschwerte die Einsparungen tendenziell. Das Budget für Entwicklungshilfe war hingegen weniger gut geschützt. Das Koalitionsabkommen legte lediglich fest, dass der Haushalt Mittel im Umfang zwischen 0,7 und 0,9 Prozent des Bruttoinlandsproduktes umfassen sollte. Da der Haushalt für Entwicklungshilfe bisher 0,9 Prozent betragen hatte, waren dort noch Reserven. Ein vorläufiger Kompromiss wurde Mitte Juni 1995 in einer Verringerung des Entwicklungshilfehaushaltes auf 0,8 Prozent des BIP gefunden. Darüber hinaus wurden noch Mittel aus dem Topf für politische Prioritäten bereitgestellt, so dass für die Reform der Außenpolitik etwa 400 Mio. vorhanden waren (Het Financieel Dagblad, 14.6.95: 1). Die endgültige

Entscheidung über die Forderung Voorhoeves, fl. 250 Mio. weniger kürzen zu müssen, wurde um ein weiteres Jahr verschoben (Algemeen Nederlands Persbureau, 7.7.95). Damit waren die Verhandlungen über den Haushalt 1996 bereits abgeschlossen. Weitere Verhandlungen im Sommer erübrigten sich damit.

In der Miljoenennota 1996 (Tweede Kamer 1995-1996) konnte Finanzminister Zalm zeigen, dass seine Norm nicht nur zu einem ruhigen Haushaltsprozess geführt hatte, sondern dass seine Planung mit den Anforderungen der Norm auch übereinstimmte. So verblieben die Ausgaben in den Bereichen Reichshaushalt und Soziale Sicherheit zusammen eine Milliarde Gulden unter der Obergrenze des Koalitionsvertrages. Ferner lag den Planungen zufolge die politikrelevante Finanzierungslücke unter den vorgesehenen Höchstwerten. Auch das EWU-Defizitkriterium wurde dem Haushaltsentwurf zufolge mit 2,8 Prozent des BIP plangemäß erreicht. Die vorgesehenen Abgabensenkungen beliefen sich im Haushaltsentwurf auf 3,9 Milliarden und summierten sich mit dem Vorjahr auf insgesamt 8,5 Milliarden auf. Damit war die im Koalitionsvertrag vorgesehene Abgabensenkung von neun Milliarden fast vollständig ausgefüllt. Der folgende Abschnitt zeigt, wie sich die Zalm-Norm bei einer wirtschaftlichen Eintrübung bewährte.

4.4 Haushalt 1997: Ruhiges Haushalten mit der Zalm-Norm

Die Aufstellung des Haushaltes für das Jahr 1997 war mit deutlich mehr Mühe verbunden als in den beiden Vorjahren, weil zum einen die Prognosen bezüglich des Wirtschaftswachstums deutlich düsterer waren und zum anderen die Qualifikation für die Wirtschafts- und Währungsunion Anfang 1998 anstand.

Zu Beginn des Jahres 1996 wurden konjunkturbedingte Steuerausfälle erkennbar, die zu Forderungen von Seiten der VVD nach weiteren Einsparungen führten. Finanzminister Zalm verwies darauf, dass auf Grund der Wirkung der nach ihm benannten Norm keine übereilten Kürzungen notwendig würden. Da den Zielsetzungen des Koalitionsabkommens ein behutsames Szenario zugrunde läge, würden die Obergrenzen für die Finanzierungslücke trotz der unerwarteten Steuerausfälle nicht überschritten, so lange die Ausgabendisziplin gewahrt bliebe (Het Financieele Dagblad, 19.1.96: 5). Die Lage verschärfte sich Mitte März, als die neueste Schätzung des Centraal Planbureaus ein Absinken der Wirtschaftstätigkeit unter das im Koalitionsabkommen angenommene Niveau erwarten ließ. Hinzu kamen Forderungen von Justizministerin Sorgdrager nach zusätzlichen Mitteln für Gefängniszellen in Höhe von fl. 750 Mio. (Algemeen Nederlands Persbureau, 14.3.96). Auch

Wirtschaftsminister Wijers (D'66) und Bildungsminister Ritzen forderten zusätzliche Mittel für ihre Ressorts. Dabei bestand ohnehin schon ein Finanzierungsloch in der Sozialversicherung von fl. 3,5 Mrd., welches zwar nicht die sogenannte „politikrelevante" Finanzierungslücke des Reiches betraf, aber durchaus für das Defizitkriterium der EWU eine Rolle spielte. Überschreitungen in Höhe von 900 Mio. Gulden waren im Bereich Gesundheit zu verzeichnen. Das Verhältnis von Aktiven zu Inaktiven hatte sich inzwischen wieder so weit verbessert, dass die Indexierung der Sozialleistungen an die Löhne wieder hergestellt werden musste. Die PvdA und die D'66 hatten sich schließlich auch noch darauf festgelegt, dass die Beiträge zur Sozialversicherung nicht steigen dürften, weil ansonsten das verfügbare Einkommen im unteren Bereich sinken würde. Den Forderungen und Überschreitungen auf der Ausgabenseite stand auf der Einnahmeseite die Behauptung von Sozial- und Arbeitsminister Melkert gegenüber, dass auch im Jahre 1997 weitere Steuersenkungen möglich sein müssten. Wie nicht anders zu erwarten war, sah der Finanzminister keine Spielräume für Steuererleichterungen (Het Financieel Dagblad, 21.3.96: 1). Dies stand nach seiner Ansicht auch nicht im Widerspruch zum Koalitionsvertrag, weil dort für die gesamte Legislaturperiode Steuererleichterungen im Volumen von neun Milliarden Gulden vorgesehen waren und Steuersenkungen in Höhe von acht Milliarden bereits in den Jahren 1995 und 1996 umgesetzt worden waren. Stattdessen wollte Gerrit Zalm zusätzliche Einsparungen in Höhe von fl. 700 Mio. realisieren. Den Forderungen nach zusätzlichen Mitteln wollte er nur stattgeben, wenn diese, wie im Koalitionsvertrag vorgesehen, durch Kürzungen an anderer Stelle ausgeglichen würden. Überplanmäßige Erdgaseinnahmen sollten ungekürzt in den dafür vorgesehenen „Fonds für Strukturverbesserung" wandern und nicht den Begehrlichkeiten von Ritzen und Wijers ausgesetzt werden (Algemeen Nederlands Persbureau, 13.4.96). Er wurde in seiner Position durch den Premier weitgehend gestützt. Kok machte aber zugleich deutlich, dass das Erreichen des Maastricht-Defizitkriteriums nicht zu Lasten der Beschäftigung gehen dürfe (Het Financieele Dagblad, 13.4.96: 1). Ende April wurde ein Kompromiss gefunden, der darauf basierte, dass nicht konkretisierte unerwartete Minderausgaben in einigen Bereichen des Reichshaushaltes verwendet wurden, um zusätzliche Ausgaben in Höhe von etwa 600 bis 700 Millionen Gulden für die Bereiche Bildung, Innere Sicherheit und die Kopplung der Sozialleistungen zu finanzieren. Auf diese Weise wurden zusätzliche Kürzungen weitgehend vermieden. Ministerin Borst (D'66) wurde allerdings verpflichtet, im Bereich Gesundheit eine halbe Milliarde Gulden einzusparen. Entgegen der theoretischen Erwartung, dass Fachminister allein an ihrem eigenen Haushalt interessiert sind, bekam sie 150 Mio. Gulden aus dem Ressort von Sozial- und Arbeitsminister Melkert (PvdA), bei welchem eine ganze Reihe von Ausgabenunterschreitungen zu verzeichnen waren. Weitere Forderungen nach zusätzlichen Mitteln wurden für das Jahr 1997 nicht vorgesehen. Allerdings wurde erwogen, diese im Jahr darauf bei guten wirtschaftlichen Aussichten zu verwirklichen.

Dieser Kompromiss über die Ausgabenseite des Haushaltsentwurfes 1997 bildete in unveränderter Weise den Ausgangspunkt für die abschließenden Haushaltsverhandlungen, so dass im Sommer des Jahres 1996 nur noch eine Einigung über die Einnahmeseite des Haushaltes gefunden werden musste. Damit tat sich für die Regierung ein Zielkonflikt zwischen der Qualifikation für die dritte Stufe der EWU einerseits und ihrem Streben nach mehr Beschäftigung bei gleichzeitigem Erhalt der Kaufkraft der Löhne andererseits auf. Dank der deutlichen Verbesserung der Haushaltslage in den vergangenen 15 Jahren war die weiterhin hohe Staatsschuld von über 75 Prozent des Bruttoinlandproduktes das einzige noch verbliebene Hindernis für einen Beitritt zur Währungsunion. Während es der VVD wichtig war, das von den Maastricht-Kriterien geforderte deutliche Absinken der Staatsschuld sicherzustellen, legte die PvdA mehr Wert auf Beschäftigungswachstum und die Stabilisierung der Nettolöhne. Das zentrale Problem bestand in den Finanzlöchern in einigen Sozialversicherungskassen. Die notwendige Beitragserhöhung wurde schließlich dadurch auf ein Minimum beschränkt, dass die Finanzmittel der einzelnen Fonds gebündelt wurden und so Überschüsse gegen Defizite aufgerechnet werden konnten. Überdies übernahm das Reich eine Garantie für Zahlungsverpflichtungen der Fonds. Letztlich erübrigte sich das Dilemma endgültig durch neue Schätzungen des Centraal Planbureaus, die von höheren Lohnsteigerungen ausgingen (Algemeen Nederlands Persbureau, 20.8.96). Finanzminister Zalm und die VVD erreichten, dass die Staatsschuld um mindestens einen Prozentpunkt sank und Minister Melkert bzw. die PvdA erreichten weitere Steuererleichterungen in Höhe von 750 Mio. Gulden, die in beschäftigungsfördernder Weise eingesetzt wurden (Algemeen Nederlands Persbureau, 22.8.96).

Offiziell wurde die Einigung wie immer am Prinsjesdag bekannt gegeben. Die in der Miljoenennota (Tweede Kamer 1996-1997b) präsentierten Daten zeigen, dass die Regierung auch bei der Aufstellung des Haushaltes für das Jahr 1997 die im Koalitionsabkommen gesetzten Ziele weitgehend einzuhalten plante. Die im Haushalt vorgesehenen Ausgaben in den Bereichen des Reichshaushaltes im engeren Sinn und in der Sozialen Sicherheit lagen unter den im Koalitionsabkommen vorgesehenen Ausgabenplafonds. Allerdings wurde die maximale Ausgabenhöhe im Bereich Gesundheit erneut überschritten. Insgesamt sanken die Ausgaben dank des kräftigen Wirtschaftswachstums jedoch stärker als im behutsamen Szenario des Koalitionsvertrages angenommen. Vergleicht man die veranschlagten Werte für die politikrelevante Finanzierungslücke und das EWU-Defizitkriterium mit den Zielwerten des Koalitionsvertrages, so ergibt sich auch hier, dass die Haushaltsplanung der Regierung ihre selbst gesteckten Ziele aus dem Koalitionsvertrag einhielt. Allerdings ist anzumerken, dass der Zielwert für das EWU-Kriterium deutlicher unterschritten wurde als jener für die „politikrelevante" Finanzierungslücke. Dies kann als Hinweis auf eine eigenständige Bedeutung des Maastrichtvertrages auf die niederländische Finanzpolitik gewertet werden.

Die Ausgabendisziplin machte neben der Senkung der Finanzierungslücke auch die oben erwähnten Steuerentlastungen in Höhe von etwa einer Milliarde Gulden möglich. Die kumulierte Steuerentlastung überstieg damit bereits im dritten Jahr der Koalition die gesamte im Koalitionsvertrag vorgesehene Entlastung von neun Milliarden Gulden. Die Steuersenkungen förderten sowohl das Arbeitsangebot als auch die Arbeitsnachfrage. So wurde die Werbungskostenpauschale in der Einkommensteuer erhöht, um die Arbeit im Vergleich zu einer Lohnersatzleistung attraktiver zu machen. Für Arbeitgeber, die Langzeitarbeitslose anstellten, wurde eine Steuersubvention eingeführt, um die Arbeitskosten dieser Zielgruppe zu verringern. Breitere Wirkung auf den Steuerkeil hatte die Senkung der ersten Stufen der Einkommensteuer, die per Saldo um 0,2 Prozentpunkte verringert wurde. Die zweite Stufe wurde verlängert und führte dadurch zu einer Steuerentlastung von etwa 100 Millionen Gulden. Auch dieser Haushalt wurde problemlos verabschiedet, so dass sich der folgende Abschnitt dem Haushalt 1998 zuwenden kann.

4.5 Der Haushalt 1998 und die Forderungen des Sozialministers

Zu Beginn der Verhandlungen über die Ausgabenseite des Haushalts 1998 war bereits deutlich, dass das Wirtschaftswachstum deutlich über dem des behutsamen Szenarios liegen würde und die politikrelevante Finanzierungslücke unter 2,7 Prozent des Bruttoinlandsproduktes fallen würde. Wie oben bereits ausgeführt, sah das Koalitionsabkommen in diesem Fall politische Entscheidungen darüber vor, inwiefern der danach vorhandene finanzielle Spielraum für eine weitere Senkung der Finanzierungslücke bzw. weitere Steuerersenkungen verwendet werden sollte. Da das Koalitionsabkommen bereits weitgehend abgearbeitet war, ging dessen bindende Kraft teilweise verloren. Schließlich warfen auch die herannahenden Wahlen die Frage auf, in welchem Maße die einzelnen Regierungsparteien von den finanz- und beschäftigungspolitischen Erfolgen der „violetten" Regierung profitieren konnten.

Trotz des erwarteten Wachstums von 3,25 Prozent im Jahre 1998 waren in den zwei Haushaltssektoren Gesundheit und Soziale Sicherheit erneut Haushaltslöcher zu erwarten. Gesundheitsministerin Borst rechnete damit, dass die Ausgabenüberschreitungen in ihrem Ressort um mehrere hundert Millionen Gulden über die bereits in der Miljoenennota 1997 geschätzten 300 Mio. hinausgehen würden (Het Financieele Dagblad, 2.4.97: 1). Überdies stellte die Ministerin noch Forderungen nach zusätzlichen Mitteln gegen Wartelisten im Pflegebereich.

Sozial- und Arbeitsminister Melkert machte jedoch deutlich, dass er nicht länger bereit sei, Geld aus seinem Ressort für den Bereich Gesundheit zur Verfügung zu stellen (Het Financieele Dagblad, 5.4.97: 7). Für das folgende Haushaltsjahr erwartete er gar Defizite in Höhe von sechs Milliarden Gulden in den Sozialversicherungskassen (WAO, WW und AOW). Die Haushaltslöcher kamen durch Schätzungsfehler des Centraal Planbureaus zu Stande, das die Beitragseinnahmen überschätzt und die Ausgaben für die Arbeitslosenversicherung (WW) unterschätzt hatte. Die Ökonomen des CPB hatten angenommen, dass sich die verbesserte Arbeitsmarktlage in einem sinkenden Leistungsvolumen nach dem WW niederschlagen würde. Tatsächlich waren aber eher Sozialhilfeempfänger in den Arbeitsmarkt zurückgekehrt (Algemeen Nederlands Persbureau, 3.4.97). Dementsprechend kamen auch Minderausgaben bei der Sozialhilfe zu Stande. Minister Melkert und Staatssekretär De Grave sahen in den Defiziten daher kein großes Problem. Sie wollten neben der von Zalm bereits zugesagten einmaligen Unterstützung von zwei Milliarden Gulden aus dem Reichshaushalt noch das Aufkommen aus einer zeitweiligen Erhöhung der Beitragssätze verwenden, um einen Teil des Defizits zu decken. Der Rest konnte nach Schätzungen aus dem Sozial- und Arbeitsministerium durch die angesprochenen Minderausgaben in anderen Teilen des Haushaltssektors Soziale Sicherheit kompensiert werden (Het Financieele Dagblad, 4.4.97: 1). Das größte Problem für die Haushaltsberatungen stellte die Wunschliste dar, die der Sozialminister an das Kabinett herantrug. So forderte er 80 Mio. Gulden für Kaufkraftzuschläge für Menschen mit dem Mindesteinkommen und 400 Mio. für Hilfe in besonderen Lebenslagen innerhalb der Sozialhilfe. Außerdem wollte der Sozial- und Arbeitsminister gezielte Steuersenkungen zur Beschäftigungsförderung durchsetzen, obschon die Verhandlungen eigentlich nur die Ausgabenseite des Haushalts betreffen sollten. Hier ging es hauptsächlich um einige hundert Millionen Gulden an Steuererleichterungen für Arbeitgeber, welche Geringqualifizierte einstellten. Für seine Forderung nach Steuersenkungen im Wahljahr erhielt er sogar Unterstützung von Ministerpräsident Kok (Algemeen Nederlands Persbureau, 4.4.97). Im Vergleich zu den Forderungen von Melkert wirkten die Anfragen nach zusätzlichen Mitteln von Umweltminister Boers und Bildungsminister Ritzen recht bescheiden (Algemeen Nederlands Persbureau, 16.4.97).

Letztendlich kam trotz der lange strittigen Forderungen von Melkert eine Einigung zu Stande, die alle Minister zufrieden stellte. Wie im bereits vorangegangenen Jahr wurde dies durch unerwartete zusätzliche finanzielle Spielräume erleichtert. Die Wünsche der meisten Fachminister wurden zumindest teilweise berücksichtigt. Gesundheitsministerin Borst wurden 800 Mio. Gulden zusätzlich zugesprochen, um Löcher in ihrem Haushalt zu stopfen und Engpässe im Pflegebereich angehen zu können. Auch den Ministern Boers und Ritzen wurden zusätzliche Mittel zugebilligt. Als entscheidend erwies sich der Durchbruch bezüglich der Wünsche von Melkert. Zalm gestand dem Sozial- und Arbeitsminister einen großen Teil seiner Forderungen auf der Ausgabenseite zu. Die Frage, inwiefern der finanzpolitische Spielraum auf eine Senkung der Finanzierungslücke oder auf Steuererleichterungen verwendet werden sollte, wurde durch einen Kompromiss entschieden. Etwa die Hälfte der verfügbaren drei Milliarden wurde nach Melkerts Zielsetzungen, die sich eng an die des Koalitionsvertrages anlehnten, verwendet. Die verbleibenden 1,5 Mrd. Gulden gingen in einen Sonderfonds, in dem ein Kapitalstock für die Volksrente AOW gebildet werden sollte. Dies hatte zwar keinen positiven Effekt auf die politikrelevante Finanzierungslücke, senkte aber das EWU-Defizit.

Die Anfang des Sommers 1997 vom Centraal Planbureau angefertigten Steuerschätzungen brachten sowohl für das laufende (Het Financieele Dagblad, 17.6.97: 6) als auch für das kommende Haushaltsjahr 1998 durchweg gute Nachrichten für die Regierung. In den für die Haushaltsberatungen maßgeblichen Schätzungen ging das CPB nun von einem Wachstum von 3,75 Prozent aus, was Steuermehreinnahmen von etwa vier Milliarden Gulden nach sich zog (Algemeen Nederlands Persbureau, 1.7.97). Finanzminister Zalm bemühte sich, die Erwartungen in einem Brief an den Ministerrat möglichst herunterzuschrauben (Het Financieele Dagblad, 2.7.97: 1), da allgemein erwartet wurde, dass Melkert neue Forderungen stellen würde. In der Tat drehten sich die Haushaltsgespräche in erster Linie um die Frage, inwieweit Forderungen nach weiteren Steuersenkungen entgegengekommen werden sollte. Den Gegenpol bildete erneut Zalm, der die zusätzlichen Einnahmen für die Rückführung der Finanzierungslücke verwenden wollte (Algemeen Nederlands Persbureau, 18.8.97). Als möglichen Kompromiss deutete er wiederum an, dass ein Teil des Geldes in den geplanten Aufbau des Kapitalstocks der Volksversicherung fließen könnte (Het Financieele Dagblad, 19.8.97: 6). Dieser Kompromissvorschlag wurde auch vom Ministerpräsidenten unterstützt (Algemeen Nederlands Persbureau, 21.8.97). In der Tat erwies es sich erneut als leichter, Kompromisse über die Verteilung zusätzlicher Mittel zu finden, als Einigungen über die Verteilung von Einschnitten in Ressorts zu erreichen, weil jeder etwas erhielt. Allerdings umfasste die Einigung über den Haushalt 1998 auch einige zusätzliche Mittel auf der Ausgabenseite.

Inwiefern der Kompromiss den Bestimmungen des Koalitionsvertrages gerecht wurde, kann man anhand der Statistiken in der Miljoenennota 1998 nachvollziehen, die Finanzminister Zalm an 16. September 1997 in die Tweede Kamer einbrachte. Ein Vergleich der darin enthaltenen Ausgabenansätze für das Haushaltsjahr 1998 im Vergleich zu den im Koalitionsabkommen vorgesehenen Plangrößen ergibt das bekannte Muster der vorangegangenen Jahre: In den Bereichen des Reichshaushaltes im engeren Sinn und der Sozialen Sicherheit lagen die veranschlagten Ausgaben unter den Ausgabendeckelungen, während diese im Bereich Gesundheit deutlich darüber lagen (Tweede Kamer 1997-1998b: 45).

Auch die veranschlagte Höhe für die politikrelevante Finanzierungslücke und das EWU-Defizit sollten unter den geplanten Höchstwerten liegen. Das starke Wirtschaftswachstum machte zudem eine Nettosteuerentlastung in Höhe von 3,9 Mrd. Gulden möglich, die gezielt beschäftigungsfördernd eingesetzt wurde. Um den Anreiz zur Arbeitsaufnahme für Bezieher von Sozialleistungen zu erhöhen, wurde, wie bereits im Zusammenhang mit dem Haushalt 1997, die Werbungskostenpauschale in der Einkommensteuer erhöht. Das entsprach einer Entlastung von 600 Millionen Gulden. Melkert hatte überdies 400 Millionen für eine Maßnahme durchgesetzt, die die Arbeitskosten von Geringverdienern senkte, ohne ihren Nettolohn anzutasten. Außerdem wurden die ersten beiden Stufen der Einkommensteuer verlängert und die erste per Saldo um 0,95 Prozentpunkte abgesenkt. Die Steuersenkungen wurden teilweise durch Erhöhungen der Steuern auf Mineralöl und Tabak gegenfinanziert, so dass gemäß der Theorie der „doppelten Dividende" einerseits Arbeit billiger und Energieverbrauch bzw. gesundheitsschädliches Verhalten teurer gemacht wurde. Bereits die Einigung über den Haushaltsentwurf wurde von den Regierungsfraktionen in höchsten Tönen gelobt. Aber auch der CDA als größte Oppositionspartei erklärte sich mit den Grundzügen des Haushalts einverstanden. Im nächsten Abschnitt wird überprüft, inwiefern die Haushaltsergebnisse mit dem Koalitionsvertrag übereinstimmten.

4.6 Koalitionsvertrag und Haushaltsergebnisse

Der Koalitionsvertrag umfasste sowohl Zielmarken für die realen Ausgaben als auch prozedurale Regelungen, die die Haushaltsdisziplin erhalten sollten. Zuerst wird die Einhaltung der Zielmarken und dann die der Haushaltsdisziplin überprüft. Die Tabelle 5 zeigt die Haushaltsergebnisse im Vergleich zu den Referenzwerten aus dem Koalitionsabkommen. Hier spiegelt sich im Großen und Ganzen das Bild, welches sich bereits beim Vergleich der Haushaltsansätze mit den Plangrößen des Koalitionsvertrages abzeichnete: Unterschreitungen in den Bereichen Reichshaushalt im engen Sinn und in der Sozialen Sicherheit bei Überschreitungen im Haushaltssektor Gesundheit. Dabei bleiben die Ausgaben insgesamt im Rahmen des Koalitionsvertrages.

Tabelle 5: Koalitionsabkommen und tatsächliche Ergebnisse, 1995-1998

Sektor / Jahr	1995	1996	1997	1998
Reich				
Ausgaben	147,7	148,9	156,3	161,6
Ausgaberahmen	149,3	152,6	156,2	161,8
Differenz	-1,6	-3,7	0,1	-0,2
Soz. Sicherheit				
Ausgaben	97,3	99,0	100,7	101,8
Ausgaberahmen	98,7	101,0	103,2	102,7
Differenz	-1,4	-2,0	-2,5	-0,9
Gesundheit				
Ausgaben	48,3	47,0	48,8	51,3
Ausgaberahmen	47,3	46,8	48,0	49,5
Differenz	1,0	0,3	0,8	1,8

Quellen: Die Daten für die Jahre 1995 und 1996 sind aus (Tweede Kamer 1997-1998b: Tabelle 3.2.4). Die Daten für 1997 und 1998 sind aus (Tweede Kamer 1998-1999: 61-64).

Inwiefern schlugen sich die Erfolge bei der Haushaltsdisziplin in sinkenden Defiziten nieder? Hier lässt sich feststellen, dass nach 1995 die Höchstwerte sowohl für die „politikrelevante" Finanzierungslücke als auch für das EWU-Defizitkriterium sehr deutlich unterschritten wurden. Das EWU-Defizit wurde allerdings energischer zurückgeführt als die politikrelevante Finanzierungslücke. Hierin spiegelt sich die Bedeutung, die die Teilnahme an der Europäischen Währungsunion für die Niederlande besaß. Ein weiterer Faktor mögen die Kompromisse zwischen Finanzminister Zalm und Sozial- und Arbeitsminister Melkert gewesen sein, die, wie oben ausgeführt, auf einen Kapitalstock für die Volksrente hinausliefen, der das EWU-Defizit senkte. Die zusätzlichen Finanzierungsspielräume sollten laut Koalitionsvertrag neben der Verringerung des Defizits auch für beschäftigungssteigernde Steuersenkungen verwendet werden. Inwiefern ist dies während der Legislaturperiode geschehen?

Nach dem Konzept der sogenannten Mikrolastenentwicklung, die dem Koalitionsabkommen zugrunde lag, sind Bürger und Unternehmen den Daten der Miljoenennota 1998 zufolge um 16,8 Mrd. Gulden entlastet worden. Das ist deutlich mehr als die geplanten 8,9 Milliarden, die im Koalitionsabkommen veranschlagt waren. Die Steuersenkungen waren allerdings eher allgemein auf Arbeitende und Sozialleistungsbezieher verteilt, um die Kaufkraft der Leistungen zu stabilisieren. Daneben sind auch Erhöhungen indirekter Steuern erfolgt. Als Konsequenz ist die Steuerbelastung für Arbeiter mit durchschnittlichem bzw. hohem Einkommen in den Jahren zwischen 1995 und 1998 nicht auffällig stark gesunken. Nur für Arbeiter mit einem Einkommen auf der Höhe des Mindestlohnes ist die Steuerlast dramatisch zurückgegangen (Centraal Planbureau 2001: Bijlage A7). Dies ist auf zweierlei Weise vom Koalitionsabkommen begünstigt worden. Zum einen bestimmte der Koalitionsvertrag an mehreren Stellen, dass die Besteuerung von Geringverdienern verringert werden sollte, um deren Beschäftigung zu erhöhen. Somit war, wie bereits angedeutet, das Bestreben von Ad Melkert, einen signifikanten Teil der frei werdenden Mittel für die steuerliche Begünstigung von niedrig entlohnten Tätigkeiten zur Verfügung zu stellen, durch Bestimmungen des Koalitionsvertrages gedeckt. Daneben wirkte der Koalitionsvertrag auch in nicht-intendierter Weise in dieselbe Richtung: Das enge Korsett der Ausgabenziele machte es ehrgeizigen Politikern wie Minister Melkert oder vor ihm Wim Kok praktisch unmöglich, ihre Klientel über zusätzliche Ausgaben zu bedienen. Insofern bestand für sie ein Anreiz, gezielte Steuervergünstigungen (Langeveld 1995: 767) zu verteilen. Diese Frage wurde von der Studiengruppe Haushaltsspielraum kritisch diskutiert (Tweede Kamer 1996-1997a: 74-76) und führte zu der Forderung nach einem Überblick über Steuerausgaben. Offenbar waren die Bestimmungen des Koalitionsvertrages der Einhaltung seiner Ziele förderlich.

Wie steht es aber mit den prozeduralen Regeln (Haushaltsspielregeln) des Koalitionsvertrages? Im Koalitionsabkommen war eine strikte Trennung zwischen der Einnahmen- und der Ausgabenseite des Budgets festgelegt worden. Diese Regel ist nur einmal zu Beginn der Legislaturperiode gebrochen worden, als auf Kürzungen im Bereich der Universitäten verzichtet worden ist und stattdessen die Studiengebühren angehoben worden sind. Man kann also schließen, dass die Haushaltsdisziplin während der Regierung Kok I eingehalten worden ist.

Letztendlich war dank der guten Konjunktur auch das Ziel all der Maßnahmen weit übertroffen worden. Statt der für die Zeit nach 1994 angepeilten

350.000 zusätzlichen Arbeitsplätze waren allein nach 1995 ca. 600.000 neue Jobs zu Stande gekommen. Angesichts des durchschlagenden Erfolgs der Zalm-Norm empfahl die Studiengruppe Hauhaltsspielraum (Tweede Kamer 1996-1997a) mit wenigen Anpassungen ihre Beibehaltung. Das folgende Kapitel beschäftigt sich mit den Problemen, die die Zalm-Norm während des Kabinetts Kok II aufwarf.

5. Kok II: Der Fluch des Überflusses

Die Zalm-Norm hatte sich während des ersten Kabinetts Kok als Erfolgsformel für die violette Koalition erwiesen. Nach den Wahlen, welche die Regierung im Amt bestätigten, wurde sie auf Verlangen von Finanzminister Zalm wieder in das Koalitionsabkommen aufgenommen, obwohl sie bereits gegen Ende der vorangegangenen Koalition als ein zu enges Korsett wahrgenommen worden war. Die Verhandlungen über den Haushaltsentwurf 2000 verliefen nochmals sehr ruhig, weil das Wachstum wiederum unerwartet anzog. Bei den Haushaltsverhandlungen kündigten die beiden linken Parteien der Regierungskoalition jedoch an, die Zalm-Norm aufbrechen zu wollen. Der Grund bestand in der asymmetrischen Wirkung der Norm, welche beständig „unerwartete" Mehreinnahmen und Minderausgaben produzierte. Während die Mehreinnahmen aber schnell ein ungeheures Volumen annahmen, waren die Minderausgaben eher bescheiden, was nur wenig Raum für zusätzliche politische Initiativen schuf. Dies führte zu Spannungen innerhalb der Koalition, weil die VVD mehr an einem niedrigeren Defizit und Steuerentlastungen interessiert war, während die PvdA und die D'66 darauf bedacht waren, die Unterfinanzierung vieler öffentlicher Leistungen zu verringern. Die wieder gewonnene Vollbeschäftigung verschärfte den Konflikt noch, weil ein höheres Wachstum dadurch kaum noch Minderausgaben nach sich zog. Mit der Unterstützung von seiner eigenen Partei und Ministerpräsident Kok gelang es Zalm aber dennoch, die Kernpunkte seiner Norm zu erhalten. Die Zielsetzungen des Koalitionsvertrages und der Zalm-Norm wurden in fast allen Punkten erreicht.

Wie in den vorangegangenen Perioden werden auch hier im ersten Abschnitt die Wahlen und die Regierungsbildung untersucht. Der zweite Abschnitt dreht sich um den Inhalt des Koalitionsvertrages. Daran schließen sich drei Abschnitte über die Haushaltsjahre 1999 bis 2002 an. Schließlich wird untersucht, ob die Haushaltsergebnisse der Periode mit den finanzpolitischen Vereinbarungen des Koalitionsvertrages übereinstimmen. Zunächst jedoch zum überwältigenden Wahlsieg der violetten Koalition bei den Wahlen des Jahres 1994.

5.1 Die Wiederwahl der violetten Koalition

In diesem Abschnitt soll geklärt werden, welches relative Gewicht der Stimmenmaximierung gegenüber strategischen Kalkülen bei der Entscheidung über die Regierungsbeteiligung im Jahre 1998 zukam. Die drei Regierungsparteien hatten lange vor den Wahlen angekündigt, dass sie die Koalition fortsetzen wollten. Angesichts der außerordentlich guten Wirtschaftslage und der ohnehin überwältigenden Mehrheit der drei Regierungsparteien stand ein Sieg des Regierungsbündnisses auch vor den Wahlen am 6. Mai 1998 nie in Frage. Neben dem gemeinsamen Ziel der Regierungsbildung stellte sich für jede einzelne Partei natürlich die Frage, welchen Anteil am Erfolg des Bündnisses in der vergangenen Legislaturperiode sie für sich monopolisieren könnte. Die PvdA sah sich erneut vor das Dilemma zwischen Regierungsteilnahme (office) und Stimmengewinnen (votes) gestellt. Seit sie sich 1986 endgültig von der Polarisierungsstrategie verabschiedet hatte und eine Regierungsbeteiligung anstrebte, hatte sie am linken Rand beständig Stimmen verloren. Im Wahlkampf musste sie daher die Aspekte der Regierungspolitik hervorheben, die für Wähler im linken Spektrum interessant waren. Nur so konnte sie hoffen, die andauernden Stimmenverluste einzudämmen. Abgesehen davon versuchte sie die immense Popularität von Wim Kok für sich zu nutzen, indem sie für ihn das Amt des Ministerpräsidenten forderte. Auf diese Weise hoffte sie, einen Vorsprung gegenüber der VVD zu gewinnen (De Boer et al. 1999: 18).

Die VVD versuchte, aus dem oben beschriebenen Dilemma der PvdA Kapital zu schlagen, indem sie bestimmte Steuervergünstigungen für die Mittelklasse zum Wahlkampfthema machte, die linken Sozialdemokraten aber ein Dorn im Auge waren. Sie erklärte außerdem, dass Wim Kok auch dann Ministerpräsident bleiben könne, wenn die VVD stärkste Partei würde.

Die kleinste Regierungspartei, die D'66, war während der Legislaturperiode ins Hintertreffen geraten. Bei den Provinzwahlen im März schnitt sie außerordentlich schlecht ab. Es gelang ihr jedoch durch einen außerordentlich klugen Schachzug, ein Desaster zu verhindern. Nach der Niederlage bei den Provinzwahlen verkündete sie, dass sie an einer Neuauflage der violetten Koalition in keinem Falle mitarbeiten werde, wenn sie nicht wenigstens zwölf ihrer 24 Sitze in der Tweede Kamer behalten würde. Mit 15 oder mehr Sitzen würde sie sicher Regierungsverantwortung übernehmen. Aus der Perspektive dieser Arbeit ist der Umstand, dass die Strategen der D'66 angesichts der Provinzwahlergebnisse erwarten konnten, dass PvdA und VVD bei den Wahlen auch allein eine Mehrheit erreichen würden, von besonderer Bedeutung. Politische Beobachter sahen die Mittlerrolle der D'66 in einem solchen Kabinett allerdings als essenziell an. Einer Koalition zwischen PvdA und VVD ohne D'66 wurde keine große Chance auf eine lange Lebensdauer eingeräumt. Damit zwangen die Linksliberalen effektiv alle Wähler, die eine säkulare Regierung wollten, zu einer strategischen Wahl (Van der Brug 1999: 179-186). Überdies schonten die beiden großen Koalitionsparteien die D'66 mit Angriffen, weil beide an einer Regierungsbeteiligung der Linksliberalen ein Interesse hatten (Irwin 1999: 272). Hier zeigt sich erneut die große Bedeutung, die die Beziehungen der Parteien zueinander im parlamentarischen System der Niederlande gegenüber reiner Stimmenmaximierung haben.

Das in Tabelle A7 im Anhang wiedergegebene Wahlergebnis war eine deutliche Bestätigung der Koalition, welche gegenüber der Wahl von 1994 fünf Mandate hinzugewann. Auch die deutlichen Verluste der D'66 relativieren sich vor dem Hintergrund der Tatsache, dass die Partei 1994 das beste Ergebnis seit 1972 errungen hatte. Dennoch hatte sie nur 14 Sitze statt der für die Regierungsverantwortung geforderten 15 Sitze erreicht. Im Prozess der Regierungsbildung musste also erst geklärt werden, ob sich die D'66 an einer Neuauflage der violetten Koalition beteiligen würde. Daneben bestanden natürlich rein theoretisch zahlreiche Koalitionsmöglichkeiten, darunter erstmalig auch ein progressives Kabinett linker Parteien. Diese fanden allerdings bei den Koalitionsgesprächen keine Aufmerksamkeit, weil die D'66 sich schnell bereit erklärte, die Koalition fortzuführen. Die Königin ernannte daraufhin drei Informateurs. Interessanterweise handelte es sich dabei ausschließlich um Minister der alten Regierung, namentlich Wim Kok, Gerrit Zalm und Els Borst, die nun die geheimen Verhandlungen über das Koalitionsabkommen leiteten. Darüber hinaus waren weitere Minister der violetten Regierung an den Verhandlungen beteiligt. Insofern schrieb sich die Regierung ihr eigenes Programm. Es wurden drei Arbeitsgruppen gebildet, die sich mit den Themengebieten „Steuern", „Arbeit und Einkommen" sowie „Kürzungen und Prioritäten" beschäftigten. Der am längsten umstrittene Punkt war die Beibehaltung der Zalm-Norm. Die Sozialdemokraten und D'66 hatten schon im Vorfeld der Verhandlungen deutlich gemacht, dass sie diese abschaffen wollten (Het Financieele Dagblad, 8.5.1998: 7). Zalm weigerte sich strikt, in diesem Punkte nachzugeben (Het Financieele Dagblad, 16.5.1998: 9). Erst als die PvdA nachgab, war der Weg für die zweite violette Koalition frei (Het Financieele Dagblad, 7.7.98: 1). Der finanzpolitische Teil des Koalitionsabkommens wurde danach vom alten und neuen Finanzminister Zalm mit Unterstützung von Beamten aus dem Finanzministerium geschrieben. Nach Abschluss der Verhandlungen trat die wichtigste Arbeitsgruppe, namentlich „Kürzungen und Prioritäten", geschlossen ins Kabinett ein. Dies beraubte das Parlament der finanzpolitischen Sprecher der drei Regierungsfraktionen, van der Ploeg (PvdA), Hoogervorst (VVD) und Ybema (D'66). Dies bedeutete eine weitere Schwächung der Legislative gegenüber der Exekutive. Der bisherige Sozial- und Arbeitsminister Ad Melkert ging hingegen als Fraktionsvorsitzender der PvdA ins Parlament, um sich als potenzieller Nachfolger von Wim Kok profilieren zu können. Schließlich wurde die Regierungsmehrheit im Parlament an die Politikinhalte des im nächsten Abschnitt zu besprechenden Koalitionsabkommens gebunden.

5.2 Der Koalitionsvertrag des Kabinetts Kok II

In diesem Abschnitt sollen die wichtigsten finanzpolitischen Bestimmungen des Koalitionsvertrages und ihr Bezug zum Arbeitsmarkt herausgearbeitet werden. Im Großen und Ganzen aktualisierte das Abkommen lediglich die Zalm-Norm, wie sie bereits im Jahre 1994 eingeführt worden war. Die Bestimmungen umfassten einerseits substanzielle Ziele und andererseits prozessbezogene Regeln für die Haushaltsdisziplin (Ministerie van de Financien 1998).

Im Koalitionsvertrag (Tweede Kamer 1997-1998a) setzte sich die kommende Regierung mit ihrer Finanz- und Wirtschaftspolitik eine Reihe recht globaler Ziele, unter denen die Steigerung der Beschäftigung und eine gleichgewichtige Einkommensverteilung an erster Stelle genannt wurden. Das Beschäftigungsziel wurde jedoch nicht quantifiziert. Angesichts des geringen Defizits im Jahre 1998 verwundert es nicht, dass die Sanierung der öffentlichen Finanzen nicht mehr erwähnt wurde. An zweiter Stelle stand das Ziel, hinreichende Mittel für politische Prioritäten zur Verfügung zu haben. Demgegenüber fiel die Verringerung der Steuerbelastung auf Arbeit auf den dritten Rang zurück.

Wie in der vorangegangenen Legislaturperiode ging man von einem vorsichtigen Wachstumsszenario von zwei Prozent aus. Da laut CPB die Umsetzung des Planes zu einem um 0,25 Prozentpunkte höheren strukturellen Wachstum führen würde, ging die Schätzung des Haushaltsspielraumes von einem realen Wirtschaftswachstum von 2,25 Prozent aus. Der somit verfügbare Haushaltsspielraum belief sich auf 4,25 Mrd. Gulden. Durch Kürzungen sollte das für neue politische Prioritäten und Steuererleichterungen verfügbare Volumen um über acht Milliarden auf insgesamt 16,75 Mrd. Gulden aufgestockt werden. Die Summe wurde entsprechend der Bedeutung der Ziele aufgeteilt: So standen für neue politische Prioritäten etwa 9,25 Mrd. zur Verfügung. Das Geld sollte vor allem für die Bereiche Bildung, Gesundheit, Innere Sicherheit und die Förderung von Langzeitarbeitslosen verwendet werden. Die Steuersenkungen sollten per Saldo etwa 4,5 Milliarden in Beschlag nehmen. Das wichtigste Projekt der Regierung war hier eine umfassende Einkommensteuerreform, die eine Gesamtentlastung von fünf Milliarden Gulden bringen sollte und dabei durch gezielte Steuerentlastungen niedrig bezahlte Arbeit förderte. Dem standen zur Finanzierung Erhöhungen der Mehrwert- und der Ökosteuer gegenüber. Zwei Milliarden sollten für die Verringerung des EWU-Defizits verwendet werden. Im vorsichtigen Szenario des CPB würde dieses im Jahre 2002 auf –1% des BIP sinken. Die verbleibende Milliarde war eine Ausgabenreserve für speziell geregelte Unwägbarkeiten.

Um auch tatsächlich über die für diese Vorhaben notwendigen finanziellen Spielräume verfügen zu können, wurde das System stringenter Regeln (Tweede Kamer 1998-1999: 292-300) für die Haushaltsdisziplin aus der vergangenen Legislaturperiode wieder aufgenommen und ergänzt.

Der Haushalt wurde dazu nach bekanntem Muster in die drei Sektoren Reichshaushalt im engeren Sinn, Soziale Sicherheit und Gesundheit eingeteilt und mit jährlichen, strikt einzuhaltenden Ausgabendeckelungen versehen. Wie in den Jahren 1994 bis 1998 dienten diese sogenannten Ausgabenmesslatten dem Finanzminister zum Abgleichen mit der tatsächlichen Ausgabenentwicklung. Bei Ausgabenüberschreitungen mussten diese durch Kürzungen innerhalb des Bereichs des jeweiligen Ministers bzw. im selben Haushaltssektor kompensiert werden. Dabei durften Überschreitungen in einem Haushaltssektor durch Unterschreitungen im gleichen Sektor ausgeglichen werden. Im Koalitionsvertrag wurde aber nicht nur die Höhe der maximalen Ausgaben genau geregelt, sondern auch die damit verbundenen Einsparungen präzisiert.

In Bezug auf die Einnahmeseite ging man noch weiter auf die Vorschläge der Studiengruppe aus dem Jahre 1993 ein, weil dank der verbesserten Haushaltslage auch unterplanmäßige Steuereinnahmen defizitär aufgefangen werden konnten. Im Einzelnen sahen die Regeln aus wie folgt: Sollten die Abgaben reichlicher sprudeln als erwartet, so kam es auf die Höhe des EWU-Defizits an: Bei einem Defizit von mehr als ¾ Prozent des BIP sollten ¾ der überschießenden Einnahmen für die Verringerung des EWU-Defizits verwendet werden und ¼ für Steuersenkungen. Fiel das EWU-Defizit geringer aus, dann sollte das Verhältnis von Defizitreduktion und Steuersenkungen 50/50 sein. Minister Zalm konnte durchsetzen, dass Mehreinnahmen auch während des zweiten violetten Kabinetts nicht für neue Politiken verwendet werden. Analog sollten unerwartete Steuerausfälle so lange im Verhältnis 50/50 durch ein höheres Defizit bzw. höhere Steuern finanziert werden, bis das Defizit 1 ¾ Prozent des BIP betragen würde. Bei einem höheren Defizit sollte das Verhältnis von Steuern und Defiziten wiederum 75/25 betragen. Erst wenn das Defizit das EWU-Kriterium zu überschreiten drohte, müssten alle weiteren unplanmäßigen Mindereinnahmen durch Steuererhöhungen ausgeglichen werden. Im Gegensatz zu allen anderen bisher diskutierten finanzpolitischen Verträgen war kein Defizitziel vereinbart worden, worin eine Konzession von Zalm an die PvdA zu sehen ist (Het Financieele Dagblad, 16.9.98: 21). In den folgenden Abschnitten werden die Auswirkungen der Zalm-Norm in der Periode 1999 bis 2002 analysiert.

5.3 Der Haushalt 1999 und der Haushaltsentwurf 2000

Der Haushaltsentwurf für das Jahr 1999 wurde während der Koalitionsverhandlungen aufgestellt. Die Eckwerte des Haushaltsentwurfes sind daher mit den Zielsetzungen des Koalitionsvertrages identisch. Bei der Ausführung des Haushaltes 1999 und der Vorbereitung des Haushaltes für das Jahr 2000 gerieten die drei Koalitionsparteien erstmalig in ernsthaftere Probleme. Das CPB korrigierte die Schätzung des Wirtschaftswachstums und der Inflation gegenüber den Werten, die der Miljoenennota 1999 zugrunde lagen, nach unten. Diese konjunkturellen Einflüsse wirkten sich beide negativ auf die Steuereinnahmen aus. Zusätzliche Ausgaben fielen durch die überraschend hohe Zahl an Asylbewerbern und die Kosten der Überschwemmungen an den großen Flüssen an. Finanzminister Zalm forderte bereits im Dezember 1998 Kürzungen, um ein Überschießen der Ausgaben zu verhindern. Dabei wollte er keinen Haushaltsposten ausnehmen. Ministerpräsident Kok und der Fraktionsvorsitzende der PvdA, Melkert, machten deutlich, dass sie keinen Grund sähe, die konjunkturell bedingten Ausgabenüberschreitungen zu kompensieren (Het Financieele Dagblad, 29.1.99: 1). Notwendige Kürzungen wollte Melkert auf das von der VVD gehaltene Verteidigungsministerium begrenzen. Gesundheitsministerin Borst (D'66) verwahrte sich insbesondere gegen Einschnitte bei den Sonderausgaben für den Bereich Gesundheit, die durch das Koalitionsabkommen verbürgt waren. Trotzdem versuchte Zalm, in dem Gebiet Kürzungen durchzusetzen. Auf Grund der Unterstützung von Kok (Brabants Dagblad, 1.3.99) musste der Finanzminister das Vorhaben allerdings im April aufgeben, obschon sich die Situation inzwischen verschärft hatte. Die Schätzungen des CPB wiesen auch für das Jahr 2000 auf eine unerwartet niedrige Inflation hin. Daraus ergab sich denselben Zahlen zufolge ein Kürzungsbedarf von 3,5 Mrd. Gulden. Die Schätzungen des Finanzministeriums lagen freilich mit 4,8 Milliarden deutlich darüber. Das Kabinett weigerte sich jedoch geradewegs, auf Grund höchst unsicherer Inflationsschätzungen eine größere Kürzungsrunde durchzuführen. Das Kabinett einigte sich schließlich darauf, zunächst nur Kürzungen mit einem Volumen von etwas mehr als drei Milliarden Gulden zu beschließen. Über die verbleibenden etwa 1,7 Mrd. Gulden wollte das Kabinett erst entscheiden, wenn sich die Schätzungen über die Inflation im Sommer bestätigen würden (Algemeen Nederlands Persbureau, 14.4.99 und 16.4.99).

Während die Einigung über die erste ungeplante Kürzungsrunde unter dem Reglement der Zalm-Norm somit wider alle Erwartung von politischen Beobachtern recht unproblematisch über die Bühne gegangen war, drohte dem Kabinett von anderer Seite das Aus. Im Mai zerbrach das Kabinett an einem Streit zwischen D'66 und VVD über eine Grundgesetzänderung, die im Koalitionsabkommen abgesprochen war, aber von einigen VVD-Abgeordneten der Eerste Kamer nicht unterstützt wurde. Das Verhalten erklärt sich daraus, dass die Abgeordneten der Eerste Kamer nicht an das Koalitionsabkommen gebunden sind und die Mitwirkung dieser Kammer sich hauptsächlich auf Verfassungsfragen beschränkt. Ähnlich wie beim Kabinett Van Agt II wurde die Koalition durch eine weitere Formatie wieder „geleimt" (Algemeen Nederlands Persbureau, 3.6.99 und 6.6.99). Dabei blieb das Koalitionsabkommen allerdings in allen finanzpolitisch bedeutsamen Punkten unverändert.

Immerhin hatten sich die ökonomischen Aussichten deutlich verbessert, als das Kabinett aus den Turbulenzen heraustrat. In seinem Juli-Brief konnte der Finanzminister bereits Minderausgaben von 1,4 Milliarden verbuchen. Dies war auf eine aktualisierte Schätzung des Wirtschafts- und Beschäftigungswachstums sowie der Inflation zurückzuführen. Damit erübrigten sich die Absprachen über Kürzungen zu einem großen Teil. Allein die durch das Hochwasser und die hohe Zahl der Asylsuchenden verursachten Kosten sollten weiterhin durch Kürzungen aufgefangen werden (Het Financieele Dagblad, 3.7.99: 4).

Die Wachstums- und Inflationsschätzungen des CPB für die abschließenden Haushaltsberatungen waren nochmals günstiger für das Kabinett. Den Prognosen zufolge fiel das EMU-Defizit unter die im Koalitionsvertrag festgeschriebene Grenze von 0,75 Prozent des BIP. Damit galt die Regel, dass die konjunkturbedingten Mehreinnahmen nun zur Hälfte für Steuersenkungen und zur anderen Hälfte zur Reduzierung des Defizits verwendet werden sollten. Dem Finanzministerium waren die optimistischen Prognosen hingegen ein Dorn im Auge, weil es weitreichende Steuersenkungen zu vermeiden hoffte. Zalm argumentierte, dass weitere Steuersenkungen während der ohnehin gut laufenden Konjunktur zu Überhitzungserscheinungen führen würden (Het Financieele Dagblad, 20.8.99). Nun, da die Haushaltsregeln kaum mehr zu umgehen waren, wurden die Prognosen zum Gegenstand des politischen Streits. So zweifelten die Beamten des Finanzministeriums die Schätzungen des CPB an (Het Financieele Dagblad, 21.8.99). Dem stand auf der Seite der Fachminister die Forderung gegenüber, auf die im Juli vereinbarten Kürzungen zu verzichten (De Telegraaf, 19.8.99). Ende August wurde eine Einigung gefunden, die den Regeln des Koalitionsvertrages entsprach.

Die im Haushalt 2000 veranschlagten Ausgaben entsprachen in allen drei Bereichen den Ausgabendeckelungen des Koalitionsabkommens. Für den Bereich Soziale Sicherheit rechnete die Regierung sogar mit einer Unterschreitung von 900 Millionen Gulden. Da ein EWU-Defizit von nur 0,6 Mrd. Gulden erwartet wurde, konnte per Saldo ein Betrag von etwas mehr als einer Milliarde Gulden für Abgabensenkungen verwendet werden (Tweede Kamer 1999-2000: 64-67). Entsprechend dem Koalitionsvertrag wurden mit diesem Betrag niedrige Einkommen gestützt und von Steuern entlastet, um die Beschäftigung zu fördern. Mit einem Volumen von 0,8 Milliarden Gulden wurde eine Erhöhung der Werbungskostenpauschale um 390 Gulden finanziert. Hierdurch sollte das Arbeitsangebot von Sozialleistungsempfängern gefördert und so Engpässe auf dem Arbeitsmarkt vermieden werden. Ferner sollte die erste Stufe der Einkommensteuer um 0,45 Prozentpunkte gesenkt werden. Eine spezielle Senkung der Mehrwertsteuer auf arbeitsintensive Dienstleistungen von 17,5 auf 6 Prozent zielte darauf ab, die Nachfrage nach diesen Dienstleistungen zu steigern und die Schwarzarbeit einzudämmen. Für diesen Zweck wurden weitere 300 Millionen eingesetzt.

Während der parlamentarischen Behandlung des Haushalts 2000 forderten die PvdA und D'66, dass sobald der Haushaltsausgleich erreicht werde, auch über höhere Ausgaben nachgedacht werden müsse. Zalm reagierte auf diese Vorschläge außerordentlich scharf. Nach seinen Worten würde ein Abweichen von den Ausgabenplafonds des Koalitionsvertrages das Ende der Koalition bedeuten (Het Financieele Dagblad, 22.9.99). Die Regierungsparteien hatten überdies noch einige Sonderwünsche, die jedoch im Rahmen des Koalitionsvertrages aus der Ausgabenreserve befriedigt werden konnten. In der Tat drehte sich der politische Streit um den im Folgenden zu besprechenden Haushalt 2001 um nichts weniger als die Aufrechterhaltung der Zalm-Norm.

5.4 Der Haushalt 2001 und der Kampf um die Zalm-Norm

Der Streit um zusätzliche Ausgaben schwelte den ganzen Winter hindurch (Handelsblatt, 16.12.99: 9). Anfang Februar wurde der Konflikt durch neue Wachstums- und Steuerschätzungen des CPB weiter angeheizt. Das Wirtschaftswachstum wurde nun mit real vier Prozent veranschlagt und fiel demnach im Jahre 2000 ganze 1,5 Prozentpunkte höher aus als noch im September des Vorjahres geschätzt. Das starke Wirtschaftswachstum führte zwar sowohl zu Einsparungen als auch zu höheren Steuereinnahmen, offenbarte aber dennoch ein Konstruktionsproblem der Zalm-Norm: Den Einsparungen auf der Ausgabenseite, wie z.B. beim Arbeitslosengeld, standen auch höhere Ausgaben für die Löhne im öffentlichen Dienst gegenüber. Per Saldo erhöhte sich dadurch der Raum für zusätzliche Ausgaben innerhalb der Grenzen des Koalitionsabkommens etwas, aber die Summen nahmen sich im Vergleich zum ungeheuren Volumen (15 Mrd. Gulden) der Mehreinnahmen gering aus. Es verwundert nicht, dass die PvdA-Fraktion bald forderte, die der Zalm-Norm zugrunde liegende Trennung zwischen der Einnahmen- und Ausgabenseite des Haushalts aufzugeben und die zusätzlichen Einnahmen zu verausgaben (Het Financieele Dagblad, 12.2.00). In bekannter Manier wies Zalm dieses Ansinnen unter Bezugnahme auf das Koalitionsabkommen zurück.

Die PvdA argumentierte, dass die Einnahmen aus dem Verkauf von Staatsbesitz nach einer Randnotiz, die Melkert während der Koalitionsverhandlungen gemacht hatte, nicht nur zur Verringerung der Staatsschuld, sondern auch für Investitionen zu verwenden wären. Auch Ministerpräsident Kok sprach von der Notwendigkeit einer neuen politischen Agenda, ohne deutlich zu sagen, ob er die Haushaltsregeln einhalten wollte. Dem Finanzminister und seiner Partei blieb zu ihrer Verteidigung zunächst nichts als der eindeutige Koalitionsvertrag und die Drohung, aus der Koalition auszusteigen. Überdies konnte Melkert darauf verweisen, dass im Koalitionsvertrag lediglich geregelt war, was mit unerwarteten überschüssigen Einnahmen im Falle eines Defizits zu tun sei. In diesem Punkt zog sich der Finanzminister zurück und erklärte, dass ihm der Anteil, welcher auf Steuersenkung entfallen würde, nicht heilig sei.

Die Steuerschätzungen im März förderten Einnahmeüberschüsse für die Jahre 2000 und 2001 von insgesamt 38,5 Mrd. zutage. Die Summe war wiederum so groß, dass sie den Finanzminister ironischerweise eher stützte als schwächte, weil auch die Minderausgaben so weit angewachsen waren, dass daraus immerhin ein Volumen von drei Milliarden für zusätzliche Ausgaben erwuchs. Zalm ging schließlich mit eigenen Maximalforderungen zum Ge-

genangriff über und verkündete, im Haushalt 2001 keine weiteren Steuererleichterungen zuzulassen und stattdessen die gesamten Einnahmeüberschüsse auf die Verringerung der Staatsschuld verwenden zu wollen. Andernfalls drohe eine Überhitzung der Wirtschaft. Abgesehen davon würden hierdurch eine Milliarde an Zinsausgaben gespart, die innerhalb der Haushaltsregeln für weitere Ausgaben verwendet werden konnten (Het Financieele Dagblad, 16.6.00).

Wim Kok hatte sich inzwischen klar zu den Haushaltsregeln bekannt (Het Financieele Dagblad, 6.5.00). Damit wurden die Angriffe des PvdA-Fraktionsvorsitzenden Melkert eher zu einem Konflikt zwischen Regierung und Parlamentsmehrheit als zu einem Streit in der Regierung selbst. Die Opposition, vor allem des CDA und Groen Links, boten der PvdA-Fraktion Gelegenheitskoalitionen an, um einen Keil in die Regierungsmehrheit zu treiben. Melkert entschied sich jedoch gegen einen offenen Konflikt. Er beließ es bei regelmäßigen Drohungen, die Zalm-Norm auszuhebeln, um aus dem Haushalt von Finanzminister Zalm auch den letzten Gulden innerhalb der Haushaltsregeln herauszuquetschen. Die vorerst letzte Gelegenheit bot sich bei den abschließenden Verhandlungen über den Haushalt 2001 im August. Zalm leugnete heftig, dass noch Spielraum für weitere Ausgaben vorhanden sei. Berechnungen des CPB gaben Ad Melkert jedoch recht: Es waren noch 1,3 Milliarden vorhanden, die nun in den Haushalt eingebaut wurden (De Telegraaf, 25.8.00).

Wie erfolgreich Melkert mit seiner Taktik war, zeigt sich daran, dass die gesamten Minderausgaben im Bereich der Sozialen Sicherheit zur Kompensation der Ausgabenüberschreitungen in den anderen beiden Haushaltssektoren verwendet wurden. Damit war die Abgrenzung zwischen den einzelnen Haushaltssektoren praktisch hinfällig geworden. Die für die Zalm-Norm entscheidende Trennung der Ausgaben und Einnahmeseite des Haushalts blieb aber vollständig erhalten. Die Gesamtausgaben überstiegen jedoch trotz massiver Mehreinnahmen nicht die Ausgabendeckelungen. Am Ende des politischen Zerrens hatten die Regelungen des Koalitionsvertrages somit Bestand.

Auf der Einnahmeseite des Haushalts ist zunächst der anvisierte EWU-Haushaltsüberschuss von 0,8 Prozent des BIP bemerkenswert, der dem starken Wirtschaftswachstum und der weiterhin bestehenden Ausgabendisziplin zu danken war. Es handelte sich dabei um den ersten geplanten Haushaltsüberschuss seit dem Jahre 1949 (Het Financieele Dagblad, 20.9.00). Wie im Koalitionsvertrag vereinbart, wurde eine Hälfte der Steuermehreinnahmen auf Steuerentlastungen verwendet. Im Haushaltsjahr 2001 konnte damit per Saldo eine Abgabenentlastung von etwa 6,6 Milliarden Gulden finanziert werden. Der Löwenanteil der Entlastungswirkung ging dabei von der bereits im Koalitionsabkommen detailliert geplanten Einkommensteuerreform aus. Das grundlegende Merkmal der Einkommensteuerreform war der Übergang von der synthetischen zur analytischen Einkommensteuer. Zu den Zielen der Steuerreform (Ministry of Finance 2000) gehörten die Verbreiterung der Bemessungsgrundlage und die Verschiebung der Steuerlast vom Faktor Arbeit auf den Konsum von Energie und Umwelt. Außerdem sollte das System der Einkommensteuer weiter individualisiert werden, um den Anreiz von registrierten Partnern zur Arbeitsaufnahme zu verstärken.

Im Einzelnen wurde das zu versteuernde Einkommen fortan nach seiner Herkunft in drei Gruppen eingeteilt und unterschiedlich besteuert. Die für die Zwecke der vorliegenden Arbeit wichtige Kategorie ist die Besteuerung von Arbeitseinkommen und Hauseigentum, die anderen beiden betrafen Geschäftseinkommen sowie Spar- und Investitionseinkommen (OECD 2000: 44-51). In der erstgenannten Kategorie wurde der allgemeine Steuerfreibetrag in eine individualisierte Steuergutschrift umgestaltet. Da die Verminderung der Steuer durch die Steuergutschrift vom Steuersatz unabhängig ist, wird für nicht-arbeitende Partner ein Anreiz geschaffen, erwerbstätig zu werden. Nach dem gleichen Muster wurde die Werbungskostenpauschale von einem Freibetrag in eine Steuergutschrift für Beschäftigte umgewandelt. Daneben wurden Steuergutschriften für Kinder und Alleinerziehende eingeführt. Mit der Umwandlung der Steuerfreibeträge in Steuergutschriften wird der Bereich der gering entlohnten Tätigkeiten steuerlich relativ stärker entlastet als hohe Arbeitseinkommen. Dies senkt tendenziell den Preis wenig produktiver und somit gering entlohnter Arbeit. Die Senkung der Steuertarife hatte hingegen eine recht breite Wirkung. Neben der großen Einkommensteuerreform sollte ein Bündel steuerlicher Maßnahmen mit einem Volumen von 300 Millionen Gulden Armutsfallen reduzieren helfen und die Kinderbetreuung unterstützen.

Zur Gegenfinanzierung der Einkommensteuerreform wurden allerdings auch die indirekten Steuern angehoben. Insbesondere die Anhebung der Mehrwertsteuer auf 19 Prozent und die Erhöhung der Steuerbelastung von Tabak und Energie sollten stattliche Beträge in die Staatskasse spülen (Tweede Kamer 2000-2001: 79-81).

Die Haushaltsberatungen in der Tweede Kamer folgten dem Muster des Vorjahres. Alle Parteien traten mit zusätzlichen Forderungen nach Steuererleichterungen und Mehrausgaben auf. Die Regierungsparteien machten hier keine Ausnahme und stimmten sich ab, um die nötigen Mehrheiten dafür zu bekommen. Erneut musste die Ausgabenreserve verwendet werden, um die Sonderwünsche der Regierungsfraktionen zu bedienen (Het Financieele

Dagblad, 22.9.00). Es gelang diesen damit zum zweiten Mal, eine Regelung des Koalitionsvertrages zu unterminieren. Gewichtiger als die eher geringfügigen zusätzlichen Ausgaben war die erneute Ankündigung der Fraktionsvorsitzenden von PvdA und D'66, im Frühjahr die Trennung der Ausgaben- und Einnahmeseite des Haushalts aufbrechen zu wollen (Het Financieele Dagblad, 21.9.00). Diese Thematik gehört jedoch in den folgenden Abschnitt über den Haushalt 2002.

5.5 Der Haushaltsentwurf 2002

Die Verhandlungen über den Haushalt 2002 gerieten erneut zu einem Streit über den Fortbestand der Zalm-Norm. Dabei kamen keine neuen Argumente zu Tage, aber der Tonfall wurde schärfer, die Einsätze höher und der Druck auf den Finanzminister stärker. Die Fronten blieben unverändert. Die PvdA, D'66 und alle Oppositionsparteien wollten Steuermehreinnahmen zur Finanzierung von zusätzlichen Ausgaben verwenden. Zalm und die VVD hielten hingegen an der Zalm-Norm fest, die dies strikt ausschloss. Eine entscheidende Rolle kam damit der Haltung von Ministerpräsident Kok zu.

Der Fraktionsvorsitzende der PvdA Ad Melkert drängte bereits Anfang Dezember 2000 in Fernsehinterviews auf „neue Absprachen" über die Haushaltsregeln (Het Financieele Dagblad, 4.12.00). Während sich Gesundheitsministerin Borst (D'66) auf seine Seite schlug, sprach sich Zalm strikt gegen eine Änderung der Haushaltsregeln aus. Eine Änderung des Koalitionsabkommens erforderte nach seiner Ansicht nicht nur eine Mehrheit innerhalb des Regierungslagers, sondern setzt Einstimmigkeit voraus (Het Financieele Dagblad, 6.12.00). Melkert wiederum drängte auf baldige Verhandlungen, um den Ministerien hinreichend Zeit zu geben, das Geld noch vor den Wahlen einer sinnvollen Verwendung zuzuführen. Selbstredend sah die VVD für Gespräche vor den eigentlichen Haushaltsverhandlungen keinen Anlass (Het Financieele Dagblad, 13.01.01). Die Fronten verhärteten sich rasch. Melkert, der sich für die Nachfolge von Wim Kok profilieren wollte, hatte so oft ein Ende der Zalm-Norm gefordert, dass er kaum zurückkonnte. Der Fraktionsvorsitzende der VVD machte zugleich unmissverständlich klar, dass ein Ende der Zalm-Norm auch das Ende der Koalition bedeute (Het Financieele Dagblad, 22.01.01). Die Pattsituation wurde noch aussichtsloser, da sich die finanz- und beschäftigungspolitische Erfolgsformel der violetten Koalition nun gegen sie selber wendete. Nun, da wieder Vollbeschäftigung herrschte, waren auf der Ausgabenseite keine Minderausgaben durch einen Abbau der Arbeitslosigkeit mehr zu erwarten. Dies verringerte den Spielraum für die von der PvdA und D'66 geforderten Mehreinnahmen noch weiter.

Bis in den März hinein bewegte sich die Koalition wegen der Haushaltsfrage am Abgrund. In der Tat ging es für die beteiligten Politiker um mehr als einige zusätzliche Milliarden für Bildung, Gesundheit und Innere Sicherheit. Für die politischen Akteure ging es vielmehr um die herannahenden Wahlen und die nachfolgenden Koalitionsverhandlungen. Die VVD war entgegen dem ersten Schein in einer relativ komfortablen Situation. Sie konnte ihren Wählern eine solide Haushaltspolitik präsentieren und sich an das Koalitionsabkommen halten. Melkert und die PvdA befanden sich hingegen weiterhin im Dilemma zwischen Wählerstimmen (votes) und Regierungsbeteiligung (office). Der aggressive Versuch von Melkert, das sozialdemokratische Profil seiner Partei zu schärfen und so die Wahlaussichten zu verbessern, stand im Konflikt mit dem Koalitionsabkommen. Ein Bruch des Koalitionsvertrages hätte hingegen eine erneute Koalition mit der VVD ausgeschlossen und damit Melkerts Aussichten, neuer Ministerpräsident zu werden, geschmälert.

Die Spannungen in der Koalition waren dementsprechend noch nie so groß gewesen wie bei den Verhandlungen über die Ausgabenseite des Haushalts 2002 (Het Financieele Dagblad, 8.3.01). Ohne sich öffentlich festzulegen, versuchte Wim Kok, zusätzliche Ausgaben innerhalb der Haushaltsregeln möglich zu machen. Finanzminister Zalm stand damit unter hohem Druck, weitere Finanzierungsspielräume innerhalb seiner eigenen Regeln zu finden. Es gelang etwa fünf Milliarden Gulden freizumachen. Dem standen weit größere Forderungen von Gesundheitsministerin Borst und Bildungsminister Hermans (VVD) gegenüber (Het Financieele Dagblad, 24.4.01). Die Haushaltsverhandlungen fanden in bilateralen Gesprächen zwischen Finanzminister und Premierminister einerseits und Fachminister andererseits statt. Trotzdem mussten schließlich ganze acht Milliarden im Haushalt gefunden werden, um eine Einigung möglich zu machen (Het Financieele Dagblad, 30.4.01).

Mit der Einigung über die Ausgabenseite des Budgets war der Weg für den letzten Haushalt des zweiten Kabinetts Kok praktisch frei. Während des Sommers geriet Finanzminister Zalm noch einmal mit einer Mehrheit der Tweede Kamer aneinander, die mehr Geld für Naturschutzprojekte forderte (Het Financieele Dagblad, 7.7.01). Die eigentlichen Haushaltsverhandlungen verliefen allerdings praktisch geräuschlos. Hier dürften zwei verschiedene Gründe eine Rolle gespielt haben: Zum einen ging es nur noch um die unproblematische Einnahmeseite und zum anderen musste sich der Fraktionsvorsitzende Melkert mit Vorwürfen im Rahmen einer Affäre um Gelder aus dem Europäischen Strukturfonds auseinandersetzen.

Am dritten Dienstag im September 2001 stellte Finanzminister Gerrit Zalm den letzten Haushalt der violetten Regierung vor. Inwiefern passen die Haushaltsansätze mit den Ausgabengrenzen und Zielsetzungen des finanzpolitischen Vertrages der Legislaturperiode zusammen? Die Zahlen in der Miljoenennota zeigen, dass der Ausgabenspielraum vollständig ausgeschöpft worden ist. Die der Gesundheitsministerin während der Haushaltsverhandlungen zugestandenen Überschreitungen wurden im Haushalt durch Minderausgaben in den beiden anderen Haushaltssektoren kompensiert. Die Abgrenzung zwischen den Haushaltssektoren spielte praktisch keine Rolle mehr. Immerhin war es Finanzminister Zalm und der VVD gelungen, die veranschlagten Gesamtausgaben im Rahmen des Koalitionsvertrages zu halten. Trotz der sich eintrübenden Konjunktur rechnete Minister Zalm deshalb mit einem EWU-Haushaltsüberschuss von einem Prozent des BIP. Dass zudem noch in begrenztem Maße Steuerentlastungen möglich waren, erklärt sich daher, dass in der abflauenden Konjunktur die Löhne weiterhin schnell stiegen. Damit blieben die Steuereinnahmen aus der Einkommen- und Konsumsteuer zunächst noch stabil, während sich die Steuerausfälle in der Körperschaftsteuer erst später einstellen würden (Tweede Kamer 2001-2002b: 96-99). Über die Hälfte der gezielten Steuersenkungen in Höhe von 1,3 Mrd. € wurde auf die Stimulans des Arbeitsangebotes verwendet. Dies ist weniger als ein Ausfluss des Koalitionsvertrages zu begreifen, sondern vielmehr als ein Reflex auf den gespannten Arbeitsmarkt und die hohe Inflation. Im folgenden Abschnitt wird untersucht, inwiefern die Haushaltsergebnisse mit den Zielsetzungen des Koalitionsvertrages übereinstimmen.

5.6 Koalitionsvertrag und Haushaltsergebnisse 1999-2002

Inwiefern ist es der Regierung gelungen, die Zielsetzungen des Koalitionsvertrages zu erreichen? Die im Koalitionsabkommen festgeschriebene Zalm-Norm geht von einem festen Ausgaberahmen für die traditionellen Bereiche des niederländischen Staatshaushalts aus. Tabelle 6 zeigt, dass das Abkommen in einzelnen Jahren und Bereichen immer wieder durchbrochen worden ist. Insgesamt wurde der Ausgaberahmen jedoch eingehalten. In den ersten beiden Jahren der Legislaturperiode ist der Ausgaberahmen um jeweils ungefähr eine Milliarde unterschritten worden, während er in den beiden letzten Jahren der Koalition um einige Millionen überschritten worden ist. Auch das EWU-Defizit war während der Koalitionsperiode nie in Sicht. Für das Jahr 2003 ist es laut Miljoenennota 2003 zu einem kleinen Defizit von 0,5 Prozent des BIP gekommen (Tweede Kamer 2002-2003: 96). Durch die sinkenden Zinszahlungen und die hohe Inflation entstanden über das im Koalitionsver-

Tabelle 6: Koalitionsabkommen und tatsächliche Ergebnisse, 1999-2002

Sektor / Jahr	1999	2000	2001	2002
Reich				
Ausgaberahmen	78244	81610	85537	89204
Ausgaben	78071	82513	86588	88610
Differenz	-173	923	1050	-594
Soz. Sicherheit				
Ausgaberahmen	47104	48994	52367	54287
Ausgaben	46032	47078	50397	53154
Differenz	-1071	-1916	-1970	-1133
Gesundheit				
Ausgaberahmen	25310	26719	28647	30344
Ausgaben	25104	26733	29578	32085
Differenz	-205	14	932	1741

Quellen: Die Daten für die Jahre 1999 bis 2002 sind aus (Tweede Kamer 2001-2002b: 151-154). Die Daten für das Jahr 2002 sind vorläufig und entstammen (Tweede Kamer 2001-2002a: 8-9). Die Angaben sind in Euro von 2002.

trag vorgesehene Volumen hinaus finanzielle Spielräume, die für politische Prioritäten im Rahmen des Koalitionsvertrages genutzt werden konnten. Die kumulierten Abgabensenkungen erreichten insgesamt 4,9 Milliarden und überstiegen damit ebenfalls das im Koalitionsvertrag genannte Niveau. Eine exaktere Quantifizierung ist nicht möglich, da die Miljoenennota 2003 keine entsprechenden Daten zur Verfügung stellt. Nachdem nun die letzte Legislaturperiode des Untersuchungszeitraumes bearbeitet ist, wird im folgenden Kapitel ein Fazit gezogen.

Kapitel VII
Fazit

Die Schlüsse aus dieser Arbeit werden in zwei Schritten präsentiert. Im Abschnitt 1 wird geprüft, wie die Hypothesen des analytischen Rahmens dieser Arbeit im Licht der Fallstudie abschneiden. Ein besonderes Gewicht wird dabei den in der Einleitung dargestellten theoretischen Problemen in der Literatur zum Allmendeproblem des öffentlichen Haushalts zukommen. Statt auf alle Einzelergebnis der Studie nochmals einzugehen, bietet der letzte Abschnitt des Buches einen Abriss der Entwicklungen in der Finanzpolitik und am Arbeitsmarkt in den Jahren zwischen 1977 und 2002. Darin werden die Implikationen für die Diskussion um das „holländische Wunder" herausgestellt.

1. Der Vergleich der Legislaturperioden

In der Fallstudie wurden durch eine theoretisch informierte, dichte Prozessbeschreibung gleichsam die Verbindungen zwischen unabhängigen und abhängigen Variablen untersucht. Ergänzend dazu sollen die Thesen zur finanzpolitischen Entwicklung in diesem Kapitel noch einmal aus vergleichender Perspektive bewertet werden, um methodisch bedingte Fehlschlüsse zu vermeiden. Besonderes Gewicht wird dabei den in der Einleitung diskutierten theoretischen Problemen der Allmendeliteratur zugebilligt. Tabelle A8 im Anhang fasst für den Zweck des Vergleichs die wichtigsten Fakten aus der Fallstudie noch einmal zusammen.

Bei einem solchen intertemporalen Vergleich muss berücksichtigt werden, dass der Kontext im Laufe des letzten Vierteljahrhunderts natürlich nicht völlig stabil geblieben ist. Im Falle der Niederlande ist beispielsweise der schwankende Energiepreis von Bedeutung. Außerdem sind in den Neunzigern die Maastricht-Kriterien in Kraft getreten. Dank der vorangegangenen Fallstudie ist der folgende Vergleich nicht blind für diese Kontextvariablen. Der Anstieg des Gaspreises Ende der Siebziger bis Anfang der Achtziger war stärker als in dem im Folgenden verwendeten Vergleichszeitraum in den Neunzigern. Daher flossen der Regierung im ersten Zeitabschnitt mehr Einnahmen aus dem Gasgeschäft mit dem Ausland zu. Da diese bei den Zielen bezüglich der Abgabenlast nicht berücksichtigt wurden, sollte es der Regierung in der ersten Periode leichter gefallen sein, ihre Ziele zu erreichen. Dies verleiht den im Folgenden präsentierten Schlüssen zusätzliches Gewicht. Auf die Staatsquote hat der Gaspreis einen nur indirekten Effekt, der über das Wirtschaftswachstum läuft. Letzteres wird allerdings extra erfasst. Der Fall der Erdgaspreise in der Mitte der Achtziger wurde bei der Setzung der Zielmarken des Koalitionsabkommens von 1986 berücksichtigt. Auch die Maastricht-Kriterien wurden in Koalitionsabkommen eingearbeitet und ihre Effekte in der Fallstudie untersucht. Sie stellen daher für den folgenden Vergleich kein größeres Problem dar. Die einzelnen Variablen werden im Folgenden in der Reihenfolge, in der sie auch im analytischen Rahmen behandelt wurden, auf ihre Effekte auf die Staatsausgaben getestet. Wo dies möglich ist, soll dabei auch die Mikro-Logik zwischen zwei unterschiedlichen Fällen verglichen werden, um zu verstehen, wie die untersuchte Variable sich auswirkt.

Bei den finanzpolitischen Ergebnissen wurde erstens notiert, ob die Kabinette ihre finanzpolitischen Ziele erreicht haben, und zweitens, wie sich die Staatsquote in dem Zeitraum entwickelt hat. Es ist notwendig, beides zu verwenden, weil die sieben Regierungen ihre Ziele in wechselnden Abgrenzungen auf Kassenhaltungsbasis definiert haben, während das Muster der finanzpolitischen Ergebnisse mit Hilfe von Daten aus der volkswirtschaftlichen Gesamtrechnung dargestellt ist und zwischen beiden kein Eins-zu-Eins-Zusammenhang besteht. Dies liegt erstens an den unterschiedlichen Abgrenzungen. Einige der in den Koalitionsverträgen verwandten Zielgrößen bezogen sich auf das Reich, während sich die Daten aus der volkswirtschaftlichen Gesamtrechnung auf den gesamten Staat, inklusive Sozialversicherung beziehen. Zweitens unterscheiden sich die Daten buchhalterisch. Während die Zielmarken der Koalitionsverträge zumeist auf Kassenhaltungsbasis definiert waren, beruht die volkswirtschaftliche Gesamtrechnung auf der Transaktionsbasis. Dennoch sind beide Statistiken natürlich keinesfalls unabhängig voneinander.

Im theoretischen Teil wurde zunächst auf die Bedeutung des (erwarteten) Wirtschaftswachstums aufmerksam gemacht. In der Fallstudie trat das Wirtschaftswachstum in allen Legislaturperioden als treibende Kraft zu Tage. Sanken die Wachstumsraten unter das im Koalitionsabkommen erwartete Niveau, dann begann während der ersten fünf Kabinette stets eine hektische Suche nach Möglichkeiten, den Anstieg der Staatsausgaben zu begrenzen, um die anvisierten Ziele zu erreichen. Umgekehrt weckten überplanmäßige Einnahmen Begehrlichkeiten der Fachminister. Vor allem während der Kabinette Lubbers II und Kok II kam es zu heftigen Konflikten über die Verwendung dieser Mittel. Welchen Einfluss hatte das Wirtschaftswachstum auf die finanzpolitischen Ergebnisse?

Die bereits in der Fallstudie deutlich hervortretende Wirkung des Wirtschaftswachstums schlägt auch bei der vergleichenden Betrachtung deutlich zu Buche. Der Korrelationskoeffizient zwischen dem Wachstum des realen Bruttoinlandproduktes und der Veränderung der Staatsquote in Prozentpunkten für die Periode von 1978 bis inklusive 2000 ist r = -0,69. Es zeigt sich somit, dass das Wirtschaftswachstum eine bedeutende Variable, keinesfalls jedoch die einzige Einflussgröße darstellt. Die große Erklärungskraft dieser ökonomischen Variablen ist zwar nicht besonders überraschend, warnt aber vor leichtfertigen Behauptungen zu großen politisch-institutionellen Effekten.

Im theoretischen Teil wurde ferner die generelle Vermutung ausgesprochen, dass finanzpolitische Ergebnisse von dem abhängen, was die Politiker wollen und was sie durchsetzen können. Das, was Politiker wollen, hängt wiederum von ihren Interessen und ihren Ideen über das Allgemeinwohl ab. Beginnen wir mit etwaigen Auswirkungen der ideologischen Ausrichtung der Regierung. Aus der Fallstudie geht hervor, dass linke Parteien tatsächlich eher bereit sind, einen Anstieg der Staatsquote zu tolerieren, als rechte Parteien. Das bedeutendste Beispiel ist das Kabinett Van Agt II, das sich bis zu seinem Zusammenbruch nicht auf die maximale Höhe der Abgabenlast und der Finanzierungslücke einigen konnte. Für Den Uyl war ein kostspieliges Arbeitsbeschaffungsprogramm wichtiger als die von Van Agt gewünschte Verringerung der Finanzierungslücke. Von Bedeutung sind auch die Ereignisse des Jahres 1988, als die rechtsliberale VVD-Fraktion den Finanzminister in seinem Bestreben unterstützte, die Norm des Koalitionsvertrages aufrechtzuerhalten, wonach konjunkturelle Mehreinnahmen nicht verausgabt werden durften. In dieser Frage standen der CDA-Finanzminister und die VVD-Fraktion gegen die CDA-Fraktion und den Ministerpräsidenten. In beiden Fällen ging es bezeichnender Weise um die Interpretation des Koalitionsabkommens, da dieses stets einen Kompromiss zwischen den Regierungsparteien über die Höhe der Ausgaben darstellt. Der Vergleich zeigt jedoch, dass die parteipolitische Zusammensetzung der Koalition keinen großen Einfluss auf die Chance einer Regierung hatte, ihre Ziele zu erreichen und das Ausgabenwachstum zu kontrollieren. Es reicht hier, darauf zu verweisen, dass der Anstieg der Staatsquote unter einer Mitte-Rechts-Koalition erfolgte, die kontinuierliche Senkung der Staatsquote jedoch von fünf Kabinetten mit drei verschiedenen parteipolitischen Zusammensetzungen bewerkstelligt worden ist. Eine gewisse Unterbrechung des Sinkfluges stellt die Mitte-Links-Regierung Lubbers III dar. Kontrolliert man allerdings den Effekt des Wirtschaftswachstums, indem man etwa die Perioden 1991 bis 1993 und die Jahre 1978 bis 1980 zum Vergleich heranzieht, dann verschwindet der Einfluss der Ideologie. Obschon das Wirtschaftswachstum im letzteren Zeitraum geringfügig höher lag als Anfang der Neunziger, erreichte die Mitte-Rechts Regierung Van Agt I keines ihrer finanzpolitischen Ziele und hatte dadurch einen jährlichen Anstieg der Staatsquote von fast zwei Prozentpunkten zu verantworten. Die Mitte-Links Regierung Lubbers III erreichte ihre Ziele hingegen weitgehend und konnte den durchschnittlichen jährlichen Anstieg der Staatsquote in den drei Jahren auf 0,16 Prozentpunkte begrenzen.

Neben allgemeinen Ideologien verfügen Politiker auch über Ideen darüber, wie die Volkswirtschaft funktioniert. Hier zeigte sich der große Einfluss des Centraal Planbureau auf das ökonomische Denken niederländischer Kabinette. Das jeweils neueste Simulationsprogramm des Instituts definierte dabei die Zusammenhänge zwischen Abgabenlast, Defizit und Beschäftigung. Die Studiengruppe Haushaltsspielraum bestimmte vor bzw. während der Koalitionsverhandlungen auf dieser Basis den verfügbaren finanziellen Spielraum. Wenn die Parteien sich nun auf ein Beschäftigungsziel einigten, dann definierten sie damit auch ein Stück weit die finanzpolitischen Zielmarken für die Abgabenlast und die Finanzierungslücke im Koalitionsabkommen. Somit lässt sich sagen, dass das Centraal Planbureau das „Produktionsproblem" weitgehend gelöst hat, indem es bestimmte, wie eine gemeinwohlorientierte Finanzpolitik aussieht. Die Politiker konnten sich somit auf das „Verteilungsproblem" konzentrieren. Diese Trennung von Produktions- und Verteilungsproblem ermöglichte die Überwindung des Verhandlungsdilemmas bei der Schaffung von finanzpolitischen Vereinbarungen!

In der Tat hat der Einfluss des Centraal Planbureaus dazu geführt, dass seit 1977 alle Regierungen geglaubt haben, dass zur Wiederherstellung der Vollbeschäftigung bzw. zur Verringerung der Arbeitslosigkeit zumindest eine Dämpfung des Anstiegs der öffentlichen Ausgaben notwendig war. Eine mögliche Ausnahme stellt hier allein das Kabinett Van Agt II dar. Unter den Sozialdemokraten mag es durchaus Zweifel am ökonomischen Sinn der Kürzungspolitik gegeben haben; zumindest Den Uyl setzte offenbar mehr Hoffnung in sein Arbeitsbeschaffungsprogramm.

Wenn aber ein Politiker glaubt, dass eine hohe Abgabenlast mit Beschäftigungsverlusten verbunden ist, dann wird dieser fortan den gewünschten Staatsanteil am Wirtschaftsprodukt als kostspieliger ansehen als zuvor. Dies erklärt, dass keine große Wirkung der allgemeinen ideologischen Ausrichtung des Kabinetts feststellbar ist. In der Tat hat die erste sozialdemokratisch geführte Regierung nach Den Uyl ihr Kürzungsprogramm unter das Motto „Arbeit, Arbeit und noch mal Arbeit" (Wim Kok) gestellt.

Die zentrale politikwissenschaftliche Variable dieser Arbeit sind jedoch die in den Koalitionsabkommen festgeschriebenen finanzpolitischen Vereinbarungen. In der Fallstudie hat sich gezeigt, dass diese bis zum heutigen Tage eine zentrale Rolle eingenommen haben. Finanzpolitische Vereinbarungen können nicht losgelöst von dem Grund ihres Bestehens, namentlich des Allmendeproblems auf der Ebene des Kabinetts und des Parlaments gesehen werden. Damit sinnvoll von einem Allmendeproblem bzw. einem Gefangenendilemma gesprochen werden kann, müssen mindestens zwei Voraussetzungen gegeben sein. Erstens müssen individuelle Interessen bestehen und zweitens eine gemeinsame Vorstellung über ein kollektives Gut.

Die Fachminister haben sich in allen Legislaturperioden erwartungsgemäß egoistisch verhalten. Ein jeder Fachminister versuchte sein Ministerium vor Einschnitten zu bewahren, ohne dass dies bedeutet hätte, dass die Minister die Kürzungen als Ganzes abgelehnt hätten. Überraschend sind eher die wenigen kuriosen Ausnahmen, wie etwa Anfang der Neunziger die Bereitschaft von Verteidigungsminister Ter Beck, Kürzungen in seinem Ministerium hinzunehmen. Eine ernsthaftere Ausnahme ist jene von Sozialminister De Vries, welcher zur Abschaffung der Erwerbsunfähigkeitsversicherung (WAO) bereit war. Eine dritte Ausnahme stellte das Verhalten von Sozialminister Melkert dar, der bereit war, Minderausgaben in seinem Bereich für zusätzliche Ausgaben im Gesundheitsministerium von Ministerin Borst (D'66) zur Verfügung zu stellen. In all diesen Fällen wogen offenbar inhaltliche Bedenken dieser Fachminister schwerer als der reine Ressortegoismus. Wie oben bereits gesagt, sorgten die Analysen des CPB während des gesamten Untersuchungszeitraumes mit Ausnahme des Kabinetts Van Agt II dafür, dass eine gemeinsame Vorstellung über das Gemeinwohl bestand.

Das Allmendeproblem auf der Ebene des Kabinetts erwies sich während der gesamten Zeit als reale Bedrohung für die öffentlichen Finanzen. Akzeptiert man die Zahl der Minister und Parteien als Indikator, dann zeigt sich, dass das Allmendeproblem im Untersuchungszeitraum in etwa konstant geblieben ist.

Auf der Ebene des Parlamentes sind die Verhältnisse jedoch nicht ganz so einfach. In vielen Fällen sind Regierungsparteien bzw. ihre Fraktionsvorsitzenden in der Tat für mehr Geld in Bereichen eingetreten, die von ihnen bevorzugt wurden. So verlangte die PvdA regelmäßig mehr Mittel für Soziales und Bildung, während die VVD Mehrausgaben für die Innere Sicherheit und den Bereich Verteidigung wünschte. Im Normalfall ging es dabei jedoch nicht um große Summen. Einer der Gründe dafür ist, dass der Finanzminister ebenfalls einer der Parteien angehörte und diese Partei sich dann entscheiden musste, ob sie ihren Finanzminister oder einen ihrer Fachminister unterstützt. Eine gewichtige Rolle nahmen die Regierungsfraktionen erst dann ein, wenn eine Regierungspartei nicht geschlossen auftrat. Es waren stets die Fraktionsvorsitzenden, die das Parlament als Machtbasis nutzen wollten, um sich und ihre Parteien auf Kosten der Regierung zu profilieren. Hier seien einige Beispiele genannt: Das Kabinett Lubbers II zerbrach an den Versuchen des VVD-Fraktionsvorsitzenden, das Profil seiner Partei bei den kommenden Wahlen zu stärken und sich gegen seinen parteiinternen Konkurrenten, Wirtschaftsminister De Korte, durchzusetzen. Der CDA-Fraktionsvorsitzende Brinkman wollte sich als kommenden Ministerpräsidenten empfehlen und brachte mit seinen Forderungen nach schärferen Einschnitten in Programme, die dem Koalitionspartner PvdA wichtig waren, die Regierung mehrfach in Bedrängnis. Melkert bemühte sich darum, sich als Nachfolger von Wim Kok zu präsentieren und drängte daher den Finanzminister, die Zalm-Norm aufzugeben. Melkert hatte jedoch offenbar aus dem Schaden von Brinkman gelernt und nahm auf die Präferenzen des Ministerpräsidenten mehr Rücksicht. Kurzum, solange kein parteiinterner Streit herrschte, spielten Sonderforderungen aus dem Parlament nur eine begrenzte Rolle. Insofern abstrahiert die in Kapitel 3 formulierte Hypothese zu stark von der Rolle der Parteidisziplin.

Schließlich ist kaum genau festzustellen, welchen Einfluss das Parlament auf das Volumen des Budgets hat. Der scheinbar einfache Weg, den Haushaltsentwurf mit dem verabschiedeten Budget zu vergleichen, ist in Wirklichkeit außerordentlich problematisch. Zunächst einmal ist dies nur für den Haushalt des Reiches möglich. Ferner hat das Parlament auch bei der Voorjaarsnota und anderen Gelegenheiten die Möglichkeit, weitere Ausgaben zu fordern. Dazu kommt wiederum, dass der Haushalt selbst aus zumeist über vierzehn einzelnen Gesetzen besteht, was den Arbeitsaufwand nochmals erheblich steigert. Selbst wenn dieser in Kauf genommen wird, ist das Ergebnis mit Vorsicht zu genießen, weil eine Änderung des Haushaltsentwurfes durch das Parlament durchaus auf die Initiative des Kabinetts zurückgehen kann. Es gibt zwei Studien, die die Mühe nicht gescheut haben und dieses Verfahren zumindest für einige Haushaltsgesetze vorgenommen haben. Diese Studien (Kraan/Noordtzij 1986; Warmelink 1993: 298-308) kommen zu dem Ergebnis, dass das Parlament nur geringe Erhöhungen vorgenommen hat. Dies heißt natürlich nicht, dass die Parlamentsrechte in Bezug auf das Budget keine Rolle spielen, sondern lediglich, dass die Wünsche der Regierungsfraktionen vom Kabinett bereits bei der Budgetinitiative berücksichtigt werden müssen. Dies wurde ausgiebig analysiert.

Im gesamten Untersuchungszeitraum bieten sich jeweils zwei Perioden für die Analyse der Wirkung von finanzpolitischen Vereinbarungen an. Dies sind einerseits die Zeiträume 1978 bis 1980 und 1991 bis 1993 und die beiden Perioden zwischen 1988 bis 1990 und von 1996 bis 1998. In diesen

Zeitabschnitten war das Wachstum des realen Bruttoinlandprodukts mit 1,9 bzw. 1,7 Prozent und 3,8 bzw. 3,7 Prozent ähnlich hoch. Wie wirkten sich die finanzpolitischen Vereinbarungen auf die zentralen Akteure aus und welchen Effekt hatten sie? Warum waren sie stabil?

Ein Vergleich der beiden erstgenannten Zeiträume ermöglicht einen Nachweis der Effekte von finanzpolitischen Vereinbarungen. Sowohl Ende der Siebziger als auch zu Beginn der Neunziger konnte nicht davon ausgegangen werden, dass ein Zugewinn an Stimmen die Aussichten für eine Regierungsbeteiligung erhöhen würde. Damit waren die Voraussetzungen für eine stabile finanzpolitische Vereinbarung in beiden Zeiträumen gut. Während aber das Kabinett Lubbers III im Koalitionsvertrag und in der Zwischenbilanz die maximale Höhe der Gesamteinnahmen und einen Großteil der erforderlichen Kürzungen vereinbart hat, erwiesen sich der Koalitionsvertrag des Kabinetts Van Agt I und die Blaupause '81 als vage Absichtserklärungen. Die Konsequenz war, dass Finanzminister Andriessens Forderungen bestenfalls durch kurzfristige Maßnahmen entgegengekommen wurde, die die Entscheidung über konkrete Einschnitte lediglich weiter vertagten. Ministerpräsident Van Agt setzte sich stets nur halbherzig für den Finanzminister ein. Um seine Regierung nicht in Gefahr zu bringen, musste er stets mit den Fachministern und den Regierungsparteien Kompromisse schließen. Das Koalitionsabkommen bot weder ihm noch dem Finanzminister eine Demarkationslinie, die von den Fachministern nicht ohne ernste Konsequenzen überschritten werden konnte. Als Andriessen beim Streit mit Albeda mit seinem Rücktritt drohte, wurde ihm so weit entgegengekommen, dass sein Schritt als übertriebene Reaktion dargestellt werden konnte. Blieb er hingegen, dann verspielte er seine Glaubwürdigkeit. Sein Nachfolger Van der Stee hatte kaum mehr Erfolg. Stattdessen verbuchte er Ausgaben außerhalb des Haushalts und schwächte seine Position noch weiter, indem er das Ausmaß der Katastrophe vertuschte. Die in der Blaupause festgehaltenen Ziele konnten trotz aller Bilanzierungstricks nicht erreicht werden. Die Staatsquote kletterte in den drei Jahren um über 5,7 Prozentpunkte.

Ganz anders verhielt es sich im Zeitraum von 1991 bis 1993. Natürlich nahmen die Fachminister auch in dieser Legislaturperiode nur widerwillig Einschnitte in ihren Ressorts hin. Finanzminister Kok war jedoch gezwungen, die Bestimmungen der Vereinbarungen zu erfüllen. Die in den Siebzigern beliebte Taktik der Fachminister, Einschnitte dadurch zu vermeiden, dass diese zunächst einmal global vereinbart wurden und die tatsächliche Umsetzung dann warten konnte, war nicht anwendbar, weil das Koalitionsabkommen und die sogenannte Zwischenbilanz eine Liste konkreter Sparmaßnahmen umfasste. Die von der PvdA gestellten Minister mussten ihren

Verpflichtungen nachkommen, weil sie sonst den Finanzminister und Partei-chef in eine schwierige Lage gebracht hätten. Es bestand auch keine Mög-lichkeit, die finanzpolitischen Zielsetzungen ohne Zustimmung des CDA aufzugeben, weil dies das Ende der Koalition zu einem Zeitpunkt bedeutet hätte, der der PvdA eine katastrophale Wahlniederlage beschert hätte. Ge-genüber den CDA-Ministern konnte sich der Finanzminister auch deshalb durchsetzen, weil Ministerpräsident Lubbers bei Kürzungsvorhaben stets hinter Finanzminister Kok stand. Überdies hätte ein Abweichen der CDA-Minister von den finanzpolitischen Vorgaben des Koalitionsvertrages der PvdA den willkommenen Vorwand geliefert, die finanzpolitischen Fesseln abzuwerfen. Der Fraktionsvorsitzende des CDA Brinkman war hingegen darauf aus, sich als verantwortlicher Staatsmann zu profilieren und seinen Gegner bei den kommenden Wahlen, namentlich Wim Kok, in Schwierigkei-ten mit der eigenen Klientel zu bringen. Der Fraktionsvorsitzende der PvdA Wöltgens musste in dieser Lage hinter dem Finanzminister stehen, nicht nur um eine Wahlniederlage zu vermeiden, sondern auch, um die mühsam erar-beitete Koalitionsfähigkeit der Partei zu wahren. Die Regierung war damit an die Vereinbarungen gefesselt und erreichte die darin festgeschriebenen Ziel-setzungen auch weitgehend. Die Staatsquote stieg um nicht einmal einen halben Prozentpunkt. Mit anderen Worten, die finanzpolitische Vereinbarung hatte einen erheblichen, mäßigenden Effekt auf die Ausgabenentwicklung.

Ein Vergleich der Finanzpolitik in den beiden Phasen der Hochkonjunk-tur zwischen 1988 und 1990 bzw. von 1996 bis 1998 lehrt hingegen, unter welchen Umständen finanzpolitische Vereinbarungen stabil sind. Die Bil-dung des Kabinetts Lubbers II ist die Folge von Koalitionsaussagen, die vor den Wahlen des Jahres 1986 von beiden Regierungsparteien gemacht wur-den. Dadurch gewann der Wahlausgang eine in historischer Perspektive gro-ße Bedeutung für die folgende Regierungsbildung. Damit stieg auch für die beiden Regierungsparteien der Anreiz, sich während der Kabinettsperiode durch einen Bruch des Koalitionsvertrages elektorale Vorteile zu verschaf-fen. Entsprechend führte dies bei der VVD zu Befürchtungen, durch ein Festhalten am Koalitionsabkommen so viele Stimmen zu verlieren, dass eine Neuauflage der Koalition nicht mehr möglich war. In diesem Fall hätte sie sowohl Stimmen als auch die Beteiligung an der Regierung verloren. Den Kern der finanzpolitischen Vereinbarungen der Regierung bildeten feste Zielmarken für die Finanzierungslücke und die Abgabenlast. Daneben be-standen auch Haushaltsspielregeln, die unter anderem festlegten, dass Mehr-einnahmen nicht zur Finanzierung von Mehrausgaben verwendet werden durften. Das zentrale Problem der Finanzpolitik in dieser Periode bestand nun genau darin, dass Mehrausgaben auftraten, die durch Mehreinnahmen finanzierbar waren, ohne dass die Zielmarken verletzt wurden. Der Finanzminister forderte, die Ausgabenüberschreitungen durch Kürzungen zu kompensieren, wie die Spielregeln für die Haushaltsdisziplin dies erforderten. Die Fachminister und die Regierungsparteien versagten in dieser Situation ihre Zustimmung zu weiteren Kürzungen, weil sie fürchteten, bei den folgenden Wahlen dafür bestraft zu werden. Ministerpräsident Lubbers musste sich entscheiden, ob er für die Aufrechterhaltung der Haushaltsspielregeln den Fortbestand seiner Regierung aufs Spiel setzen sollte. Er entschied sich für Letzteres und isolierte damit den Finanzminister und Wirtschaftsminister Korte. Fortan wurde Ruding, wenn er mit seinem Rücktritt drohte, so behandelt wie Andriessen vor ihm. Ihm wurde so weit entgegengekommen, dass ein Rücktritt übertrieben erschien, seine Reputation aber dennoch litt. Eine Grenze stellten nur noch die Zielmarken des Koalitionsabkommens dar. Im Ergebnis wurden die Ausgabenüberschreitungen nicht eingedämmt, sondern durch konjunkturelle Mehreinnahmen gegenfinanziert. Die Hochkonjunktur ermöglichte es der Regierung, trotzdem die für sie wichtigen Zielmarken zu erreichen.

Im Vergleichszeitraum in den neunziger Jahren hatten die Wahlen keinen hohen Stellenwert für die Regierungsbildung. Keine Partei, die das Koalitionsabkommen brach, konnte in diesem Parteiensystem noch damit rechnen, bei den nächsten Koalitionsverhandlungen berücksichtigt zu werden. Den Kern der finanzpolitischen Vereinbarung bildeten die maximale Höhe der realen öffentlichen Ausgaben und die Norm, dass Mehreinnahmen nicht für die Finanzierung neuer Ausgaben verwendet werden durften. Die Wachstumsannahmen gingen bei der Zalm-Norm von einem vorsichtigen Szenario aus, so dass „ungeplante" Mehreinnahmen an der Tagesordnung waren. Auch in dieser Legislaturperiode versuchten die Fachminister, insbesondere Sozialminister Melkert, das starke Wirtschaftswachstum für zusätzliche politische Programme zu nutzen. Die Grenze blieb dabei jedoch immer der Ausgabenrahmen des Koalitionsabkommens. Unterhalb dieser Höchstbeträge hatte der Finanzminister keinen Einfluss, oberhalb derselben konnte sich letztlich kein Fachminister und keine der Parteien durchsetzen. Ministerpräsident Kok unterstützte Finanzminister Zalm, wenn es um Einschnitte ging, die durch die finanzpolitischen Vereinbarungen gedeckt waren. Alles Weitere überließ er den Fachministern. Eine andere Haltung des Ministerpräsidenten hätte seine Regierung nur destabilisiert. Im Ergebnis konnten die Mehreinnahmen nicht für Mehrausgaben genutzt werden und die Regierung erreichte ihre Ziele. Vergleicht man aber die Rückführung der Staatsquote in den beiden Perioden, dann zeigt sich, dass das Kabinett Kok I die Staatsquote in seinem Dreijahreszeitraum um einen halben Prozentpunkt weiter zurückführen konnte als das Kabinett Lubbers II unter sehr ähnlichen Bedingungen in einer Mitte-Rechts-Koalition. Dies erscheint kein großer Erfolg zu sein, es ist jedoch zu beachten, dass in diesem Vergleich zwei Kabinette herangezogen wurden, die über eine effektive finanzpolitische Vereinbarung verfügten. Der Unterschied bestand mithin darin, dass im ersten Fall durch die Wirkung des Parteienwettbewerbs eine Regel bezüglich der Haushaltsdisziplin außer Kraft gesetzt wurde. Insofern ist der Effekt beachtlich.

Welche Lehren können aus den zwei Vergleichen über die Wirkungsweise und die Effekte von finanzpolitischen Vereinbarungen gezogen werden? Der erste Vergleich zeigt in beeindruckender Weise den Effekt von stabilen finanzpolitischen Vereinbarungen gegenüber einer Situation, in der lediglich Absichtserklärungen vorliegen. Der Vergleich legt außerdem die Wirkungsweise der Vereinbarungen im finanzpolitischen Tagesgeschäft offen. Ein Finanzminister, der sich nicht auf eine effektive finanzpolitische Vereinbarung stützen kann, ist machtlos, weil er erstens über keine klare Verteidigungslinie verfügt, die er unter Einsatz seines Amtes öffentlichkeitswirksam verteidigen kann. Zweitens werden die konkreten Einzelentscheidungen verschleppt und letztlich oftmals vermieden. Das Gegenteil gilt für einen Finanzminister, der sich auf eine eindeutige und bindende Vereinbarung stützen kann.

Beide Vergleiche zeigen, wie wichtig die Unterstützung des Ministerpräsidenten für den Finanzminister ist. Dieser hat, wie im theoretischen Teil erwartet, das Ziel, die Regierungspolitik als Ganzes zu leiten, was in erster Linie die Erhaltung des Kabinetts in schwierigen Zeiten meint. Besteht eine von allen akzeptierte finanzpolitische Vereinbarung, dann wird der Ministerpräsident den Finanzminister in seinem Bestreben, Verstöße dagegen zu unterbinden, unterstützen. Dies schafft klare Fronten und vermeidet größere Konflikte. Besteht keine klare Vereinbarung, muss auch der Ministerpräsident ständig den Kompromiss suchen, ohne dass eine klare Frontlinie besteht.

Der zweite Vergleich zeigt überdies, dass eine vollständige finanzpolitische Vereinbarung trotz ihrer großen Wirkung stets auf einem fragilen politischen Fundament steht. Eine in einem Koalitionsvertrag festgeschriebene finanzpolitische Vereinbarung ist vor keinem Gericht einklagbar und braucht daher zu ihrer Stabilität den „Schatten der Zukunft". Hängt die Teilnahme an der Regierungsverantwortung in der Hauptsache von den Beziehungen der Parteien zueinander ab, dann ist es für eine jede Partei irrational, eine finanzpolitische Vereinbarung zu brechen und dafür eine schlechte Reputation in Kauf zu nehmen. In einem solchen Umfeld werden der Finanzminister und der Ministerpräsident sich in ihrem eigenen Interesse für die Stabilität der Vereinbarung einsetzen. Ist das Parteiensystem jedoch durch ein zunehmendes Gewicht der Stimmenanteile für die Regierungsbildung gekennzeichnet, wie es in den Achtzigern der Fall war, dann steigt der Anreiz, eine Vereinbarung zu brechen, und das Risiko, an ihr festzuhalten, wenn dies wahltaktisch mit Nachteilen verbunden ist. Die Parteien wenden sich stückweise von der Vereinbarung ab, und der Ministerpräsident muss fortan Kompromisse mit den Ministern einschließlich des Finanzministers schließen. Dies bestätigt natürlich sowohl die Ergebnisse von Hallerberg und Hagen als auch die von Hillebrand und Irwin (Hallerberg/von Hagen 1999; Hillebrand/Irwin 1999). Insgesamt lässt sich sagen, dass der Vergleich die These stützt, dass es der niederländischen Politik mit Hilfe der finanzpolitischen Vereinbarungen gelungen ist, ihr Ziel, die Abgaben und Defizite unter Kontrolle zu bekommen, durchzusetzen. Im letzten Abschnitt wird die finanz- und arbeitsmarktpolitische Geschichte der Periode zwischen 1977 und 2002 dargestellt.

2. Finanzpolitik und Arbeitsmarkt in den Niederlanden

In diesem Abschnitt wird abschließend auf die empirischen Fragestellungen der Arbeit eingegangen. Dies geschieht in der Form eines historischen Abrisses, der die finanz- und arbeitsmarktpolitischen Zusammenhänge, wie sie sich auf der Basis der vorliegenden Analysen darstellen, wiedergibt. In diesem Rahmen werden auch die Implikationen für die Literatur um das „holländische Wunder" hervorgehoben.

In der keynesianischen Ära der Nachkriegszeit waren die Staatsfinanzen der Niederlande in Ordnung, und auf dem Arbeitsmarkt herrschte Vollbeschäftigung. In der ersten Ölkrise erwies sich die keynesianische Globalsteuerung allerdings als unzureichend. Das Ergebnis war Arbeitslosigkeit und eine gestiegene Abgabenlast. In der Politik setzte sich bald die Ansicht durch, dass das Wachstum der Abgabenlast gedämpft werden müsse, um die Arbeitslosigkeit zu bekämpfen.

Warum kam es dennoch in der Periode zwischen 1977 und 1982 zu einem katastrophalen Anstieg der Staatsausgaben und der Arbeitslosigkeit? Ähnlich wie die Literatur zum holländischen Beschäftigungswunder geht diese Arbeit davon aus, dass der Anstieg der Staatsausgaben in der zweiten Hälfte der Siebziger durch ein Netz von Indexierungen aus Preisen, Löhnen und Sozialleistungen ausgelöst worden ist. Die herrschende Meinung vertritt hier die Ansicht, dass der durch die Indexierungen ausgelöste Teufelskeis aus steigenden Abgaben, Preisen, Löhnen und Arbeitlosigkeit nicht durchbrochen werden konnte, weil der Korporatismus blockiert war. Die einzig mögliche Lösung wird dabei in einer Einigung über Lohnmäßigung gesehen. In der vorliegenden Arbeit setzt die Suche nach einer Erklärung stattdessen bei den Akteuren und Institutionen des parlamentarischen Systems an. In der Tat leuchtet aus dieser Perspektive nicht ein, warum das Kabinett Van Agt nicht einfach die Indexierung der Sozialleistungen an die Löhne aufgehoben hat, sondern stattdessen lange Jahre vergeblich auf eine Einigung mit den Gewerkschaften gewartet hat. Dies verwundert umso mehr, als eben dies während des Kabinetts Lubbers I geschehen ist. All dies erschließt sich im Rahmen der analytischen Perspektive dieser Arbeit. Während des ersten Kabinetts Van Agt bestand keinerlei effektive finanzpolitische Vereinbarung. Obschon die Regierung die Absicht verfolgte, die Abgabenentwicklung zu dämpfen, gelang dies nicht, weil ein jeder Minister seine Domäne verteidigte. Dementsprechend setzte Sozialminister Albeda auf ein Abkommen mit den Gewerkschaften über Lohnmäßigung. Geringere Lohnsteigerungen hätten dann zu geringeren Steigerungen bei den Sozialausgaben, Abgaben und Preisen geführt. Dies hätte wiederum einen positiven Effekt auf die Arbeitslosigkeit gehabt, ohne dass Albeda Kürzungen in seinem Ressort hätte durchführen müssen. Für die Gewerkschaften war dies natürlich wesentlich weniger attraktiv als für den Sozialminister. Sie hätten ihrer Klientel Lohnmäßigung im Tausch gegen den Erhalt von Sozialleistungen verkaufen müssen, von denen nicht einmal klar war, dass das Kabinett sie wirklich streichen würde. Aus dieser Perspektive erscheint es nicht mehr verwunderlich, dass das Beinahe-Abkommen von 1979 gescheitert ist. Sozialminister Albeda hatte auf diese Weise immerhin Zeit gewonnen und Einschnitte in seinem Ressort vermieden. Unterdessen stiegen die Staatsausgaben ungehindert an. Dies änderte sich auch nicht während der Monate des zweiten Kabinetts von Van Agt. Die steigenden Staatsausgaben mussten durch eine steigende Kreditaufnahme und höhere Abgaben finanziert werden. Letzteres wiederum, so wurde durch eine Sekundäranalyse von Simulationen des Centraal Planbureaus gezeigt, führte zu einem starken Anstieg der strukturellen Arbeitslosigkeit in der Periode.

Warum gelang es in den folgenden beiden Jahrzehnten, sowohl die Staatsausgaben als auch die Arbeitslosigkeit zurückzudrängen? Die bisher dominierende Interpretation führt den Wandel auf das sogenannte Abkommen von Wassenaar und die dort vereinbarte Lohnmäßigung zurück. Obschon diese Vereinbarung nur im Schatten der Hierarchie zu Stande gekommen ist, wird die Rolle des Kabinetts nicht weiter thematisiert. Warum war die neue Koalition unter Ministerpräsident Lubbers in der Lage, die sogenannten Sozialpartner zu einem Abkommen zu bewegen? Einerseits brauchte das Kabinett dazu die nötige Geschlossenheit und andererseits einen Anreiz, auf die Verbände von Arbeit und Kapital Druck auszuüben. Der Koalitionsvertrag bot beides. Den Koalitionsparteien war es unter dem Eindruck der sich verschärfenden Krise und mit Hilfestellung der Studiengruppe Haushaltsspielraum geglückt, eine finanzpolitische Vereinbarung zu erarbeiten, die die regierenden Minister und Parteien verbindlich auf einen Sparkurs verpflichtete. Die finanzpolitischen Bestimmungen enthielten einen Passus, wonach die Einsparungen im Falle von Lohnmäßigung 30 Prozent niedriger ausfallen konnten als ohne Lohnmäßigung. Die Anreizsituation hatte sich damit gegenüber dem Kabinett Van Agt I radikal verändert: Lohnmäßigung war damit keine bequeme Alternative zu Kürzungen der Regierung mehr, sondern sie musste erzwungen werden, wenn die Fachminister nicht noch mehr selbst einsparen wollten. Es lag damit im dringenden Interesse des gesamten Kabinetts, Lohnzurückhaltung zu erzwingen. Einen weiteren Hinweis darauf, dass der Wandel eher von der detaillierten Koalitionsvereinbarung als vom bekannteren, aber sehr vagen Abkommen von Wassenaar ausging, stellen die Simulationsergebnisse des Centraal Planbureaus dar, wonach keine strukturellen Änderungen bei der Lohnfindung nach 1982 erkennbar sind. Bedeutender waren die Effekte, welche vom Sparkurs der neuen Regierung ausgingen. Das Kabinett setzte die Indexierung der Sozialleistungen aus und reduzierte die Leistungssätze in der Sozialversicherung. Strukturelle Veränderungen in der Sozialversicherung waren hingegen am Widerstand der Gewerkschaften im SER gescheitert. Von einem konsensualen Umbau des Wohlfahrtsstaates kann also keine Rede sein. Dennoch wurden erheblich Einsparungen erzielt, welche zu einem großen Teil auf eine Senkung der Abgabenlast verwendet wurden, so dass dadurch ein bedeutender Rückgang der strukturellen Arbeitslosigkeit resultierte.

Aufgrund einer Koalitionsaussage von CDA und VVD kam dem Parteienwettbewerb bei der Wahl des Jahres 1986 ein vergleichsweise hohes Gewicht zu. Da CDA und VVD hinreichend viele Sitze gewannen, wurde die Koalition fortgesetzt. Finanzpolitisch sollte die Linie des alten Kabinetts fortgesetzt werden. Erneut wurden im Koalitionsabkommen finanzpolitische Zielmarken und konkrete Einschnitte festgeschrieben, die darauf hinausliefen, die Abgaben stabil zu halten und die Finanzierungslücke zu senken. Hinzu kamen strikte Spielregeln für die Haushaltsdisziplin, die unter anderem besagten, dass Mehreinnahmen nicht für Mehrausgaben verwendet werden durften. Diese Maßnahmen sollten dazu beitragen, die Arbeitslosigkeit auf ein halbe Million Personen zurückzudrängen. Das Kabinett traf während der Legislaturperiode auf das Problem hoher Ausgabenüberschreitungen bei hohen konjunkturbedingten Mehreinnahmen. Programme, die auf der Basis unbegrenzter Ausgabenbewilligungen arbeiteten, wie etwa das WIR oder die

Sozialversicherung, sorgten für hohe Ausgabenüberschreitungen. Die sich verstärkende Konjunktur brachte Mehreinnahmen und damit die Verlockung, diese für die Finanzierung der Überschüsse zu verwenden. Als entscheidend erwies sich, dass mit der sinkenden Popularität der Regierung für die Regierungsfraktionen der Parteienwettbewerb an Bedeutung gewann. Die Regierungsfraktionen erreichten gegen den Willen des Finanzministers, dass die Regeln für die Haushaltsdisziplin außer Kraft gesetzt wurden und fortan zusätzliche Ausgaben über konjunkturell bedingte Mehreinnahmen finanziert wurden. Die Profilierungsversuche der VVD brachten die Regierung schließlich zu Fall. Das Kabinett erreichte die finanzpolitischen Zielmarken auf Grund der boomenden Wirtschaft dennoch. Die Staatsquote, die Abgaben und die Finanzierungslücke sanken. Die Arbeitslosigkeit sank nicht nur konjunkturell bedingt, sondern auch strukturell auf Grund von Abgabensenkungen und der verringerten Lohnersatzquote.

Bei den Wahlen des Jahres 1989 kamen die Niederlande der Konsensdemokratie wieder näher, weil das Ergebnis keinen eindeutigen Hinweis auf eine bestimmte Regierungskoalition gab. Damit gewannen die Koalitionsverhandlungen wieder deutlich an Gewicht. Aus den Verhandlungen ging eine Koalition aus Christdemokraten und Sozialdemokraten hervor, die auf der Basis einer finanzpolitischen Vereinbarung die Finanzierungslücke zurückdrängen und die Abgabenlast stabilisieren wollte. Ferner sollte die Indexierung der öffentlichen Leistungen und Gehälter wiederhergestellt werden. Die Strukturprobleme in der Sozialversicherung sollten stattdessen durch eine am Volumen ansetzende Strategie überwunden werden. Die Wirtschaft rutschte nach und nach in die Rezession ab, was das Kabinett zu schmerzlichen Entscheidungen zwang. Die Sozialdemokraten verloren beim Wahlvolk dramatisch an Popularität. Der von der PvdA gestellte Finanzminister Kok musste sich aber weiterhin an die Zielmarken des Koalitionsvertrages halten, weil die Sozialdemokraten sonst ihre Koalitionsfähigkeit verloren und außerdem eine vernichtende Wahlniederlage erlitten hätten. Besonders tiefgreifend waren die Kürzungen bei der Erwerbsunfähigkeitsrente (WAO), also einem Programm, auf das die PvdA mehr Wert legte als der CDA. Dies führte zu zähen Verhandlungen, bei denen der Bestand der Koalition auf dem Spiel stand. Die Gewerkschaften begaben sich bei diesem Konflikt in scharfe Opposition zur Regierung und zu Finanzminister Kok. Prinsjesdag kam es deshalb in Den Haag zur größten Demonstration der Nachkriegszeit. Man kann deshalb schließen, dass der Um- bzw. Abbau des Wohlfahrtsstaates wie auch in den Achtzigern nicht im Konsens mit den Gewerkschaften, sondern einfach gegen diese durchgesetzt wurde. Daran ändert auch ein weiteres Abkommen zwischen den Verbänden von Arbeit und Kapital im Rezessionsjahr

1993 nichts. Schließlich gelang es den Koalitionsparteien, strukturelle Kürzungen in der Sozialversicherung durchzusetzen, die die Zahl der Inaktiven zurückdrängen konnten. Gegen Ende der Kabinettsperiode kamen wegen der andauernden prozyklischen Finanzpolitik Zweifel am weiteren Festhalten an den Zielmarken auf. Schließlich wurden diese für das Jahr 1994 im gegenseitigen Einvernehmen aufgegeben. Stattdessen kamen die ersten Ansätze zu einer Politik auf, die durch gezielte Senkung der Abgabenlast im Niedriglohnbereich die aktivierende Arbeitsmarktpolitik positiv flankierte. Alles in allem wurden die Zielmarken dennoch in erstaunlichem Ausmaß eingehalten. Um eine derartige prozyklische Finanzpolitik in Zukunft zu vermeiden, beauftragte Finanzminister Kok die Studiengruppe Haushaltsspielraum damit, die Lehren aus der Politik der starren Zielmarken zu ziehen und Empfehlungen für die zukünftige Finanzpolitik zu erstellen. Die Expertengruppe empfahl die Rückkehr zur trendorientierten Finanzpolitik.

Die Finanzpolitik der Regierung Lubbers III, insbesondere die Kämpfe um die Erwerbsunfähigkeitsversicherung, schlugen sich bei den Wahlen des Jahres 1994 in einem erdrutschartigen Verlust für die beiden Regierungsparteien nieder. Die vier großen Parteien waren nun etwa gleich groß. Keine Partei konnte sich damit von den Vereinbarungen des Koalitionsabkommens lossagen und damit rechnen, bei der folgenden Regierungsbildung noch berücksichtigt zu werden. Es bildete sich schließlich erstmalig seit 1917 eine Regierung ohne Beteiligung einer konfessionellen Partei. Die Verhandlungsführer von PvdA, VVD und D'66 arbeiteten die Empfehlungen der Studiengruppe Haushaltsspielraum in ihr Koalitionsabkommen ein. Dadurch wurde wieder eine trendorientierte Finanzpolitik eingeführt, die im Gegensatz zur Zijlstra-Norm von einem festen realen Ausgabenrahmen ausging. Sie verfolgte damit das Ziel, in einem geordneten Haushaltsprozess die öffentlichen Ausgaben zu verringern, um über eine Abgabenentlastung der niedrigen Arbeitseinkommen mehr Beschäftigung zu schaffen. Außerdem sollte die Finanzierungslücke reduziert werden, um die EWU-Kriterien zu erfüllen und die Zinszahlungen zu verringern. In den Haushaltsjahren 1995 bis 1998 sorgte eine kräftige wirtschaftliche Entwicklung in Verbindung mit einer intakten Haushaltsdisziplin dafür, dass der Ausgaberahmen eingehalten wurde. Die finanzpolitische Vereinbarung bewirkte, dass die so entstehenden finanziellen Spielräume auch in der gewünschten Weise verwendet wurden. Während die VVD die Finanzierungslücke verringern wollte und sich dabei auf die Bestimmungen des Koalitionsvertrages berufen konnte, versuchten die Sozialdemokraten, welche ihrer Wählerschaft keine zusätzlichen Leistungen bieten konnten, gezielte Abgabensenkungen für Geringverdiener zu erreichen. In diesem Bestreben konnten sie sich ebenfalls auf das Koalitionsabkommen beziehen. Die Wirkung dieser Steuersenkungen auf die strukturelle Arbeitslosigkeit war vergleichsweise gering, weil der anwachsende Preiskeil die Verringerungen der direkten Steuern konterkarierte. Allerdings wäre die strukturelle Arbeitslosigkeit ohne die Abgabensenkungen in den späten Neunzigern einen halben Prozentpunkt höher gewesen.

Die Zalm-Norm hatte sich während des ersten Kabinetts Kok als Erfolgsformel für die violette Koalition erwiesen. Nach den Wahlen, welche die Regierung im Amt bestätigten, wurde sie auf Verlangen von Finanzminister Zalm wieder in das Koalitionsabkommen aufgenommen, obwohl sie bereits gegen Ende der vorangegangenen Koalition als ein zu enges Korsett wahrgenommen worden war. Die Verhandlungen über den Haushaltsentwurf 2000 verliefen nochmals sehr ruhig, weil das Wachstum wiederum unerwartet anzog. Bei den Haushaltsverhandlungen kündigten die beiden linken Parteien der Regierungskoalition jedoch an, die Zalm-Norm aufbrechen zu wollen. Die Ursache lag in der asymmetrischen Wirkungsweise der Norm, die immer wieder „unerwartete" Mehreinnahmen und Minderausgaben schuf. Während die zusätzlichen Einnahmen rasch einen sehr großen Umfang annahmen, waren die Minderausgaben vergleichsweise gering, weshalb nur wenig finanzieller Spielraum für neue öffentliche Leistungen zu Stande kam. Dadurch kam es zu politischen Spannungen, weil die VVD an einer niedrigeren Finanzierungslücke und Steuerentlastungen interessiert war, während die Sozialdemokraten und die Linksliberalen darauf aus waren, den durch die lange Austeritätsperiode darbenden öffentlichen Sektor wieder besser auszustatten. Die wiederhergestellte Vollbeschäftigung verschärfte den Zwist noch, weil ein stärkeres Wirtschaftswachstum somit nur noch geringfügige Minderausgaben zur Folge hatte. Mit der Unterstützung der Rechtsliberalen und des Ministerpräsidenten gelang es dem Finanzminister jedoch, die Grundsätze der Zalm-Norm durchzusetzen. Die Vorgaben der finanzpolitischen Vereinbarung wurden weitgehend erreicht. Für wenige Jahre wiesen die Niederlande ausgeglichene Staatsfinanzen und Vollbeschäftigung auf.

Literatur

Aarts, Leo J. M./Philip R. De Jong, 1992: Die Niederländische Behindertenpolitik aus Nationaler und Internationaler Perspektive. In: Dieter Sadowskiet al. (Hrsg.), *Regionale Sozialpolitik. Komparative Perspektiven.* Frankfurt: Campus, 183-242.

Albeda, W., 1987: Loonvorming in de Periode van Neergang tot Beginnend Herstel 1973-1987. In: A. Knoester (Hrsg.), *Lessen uit het Verleden. 125 Jaar Vereniging voor de Staathuiskunde.* Leiden, Antwerpen: H.E.Senfert Kroese B.V. Wetenschappelijke & Educatieve Uigevers, 305-317.

Alesina, Alberto/Allan Drazen, 1994: Why are Stabilizations Delayed? In: Torsten Persson/Guido Tabellini (Hrsg.), *Monetary and Fiscal Policy. Politics.* Cambridge: MIT Press, 387-414.

Alesina, Alberto/Roberto Perotti, 1999: Budget Deficits and Budget Institutions. In: James M. Poterba/Jürgen von Hagen (Hrsg.), *Fiscal Institutions and Fiscal Performance.* Chicago, London: University of Chicago Press, 13-35.

Andeweg, R.B., 2002: Lijphart versus Lijphart: The Cons of Consensus Democracy in Homogeneous Societies. In: *Acta Politica* 36, 117-128.

Andeweg, R.B./Th. Van der Tak/K. Dittrich, 1980: Government Formation in the Netherlands. In: Richard T. Griffith (Hrsg.), *The Economy and Politics of the Netherlands.* The Hague: Martinus Nijhoff, 223-249.

Andeweg, Rudy B., 1986: De Kabinetsformatie 1986. *Jaarboek 1986. Documentatiecentrum Nederlandse Partijen.* Groningen: http:/www. ub.rug.nl/eldoc/dnpp/1986.

Andeweg, Rudy B., 1994: De Formatie van de Paarse Coalitie. Democratisch en politcologisch gehalte van een kabinetsformatie. *Jaarboek 1994. Documentatiecentrum Nederlandse Politieke Partijen.* Groningen: http:/www.ub.rug.nl/eldoc/dnpp/1994.

Andeweg, Rudy/Galen A. Irwin, 1993: *Dutch Government and Politics,* Comparative Government and Politics. London: Macmillan.

Anker, H./E. Oppenhuis, 1989: De Brekker Betaalt. *Jaarboek 1989. Documentatiecentrum Nederlandse Partijen.* Groningen: http:/www. ub.rug.nl/eldoc/dnpp/1989.

Barendregt, Jaap/Hans Visser, 1997: Towards a New Maturity, 1940-1990. In: Marjolein 'T Hartet al. (Hrsg.), *A Financial History of the Netherlands.* Cambridge: Cambridge University Press, 152-194.

Becker, Uwe, 1998: Beschäftigungswunderland Niederlande? In: *Aus Politik und Zeitgeschichte* 48, 12-21.

Becker, Uwe, 2001: A 'Dutch Model'. Employment Growth by Corporatist Consensus and Wage Restraint? A Critical Account of an Idyllic View. In: *New Political Economy* 6, 19-44.

Bieber, Ulrich/Karin Henzel, 1999: Niederlande. In: Verband Deutscher Rentenversicherungsträger (Hrsg.), *Rentenversicherung im internationalen Vergleich.* Frankfurt.

Blöndal, Jón R., 2001: Budgeting in Sweden. In: *OECD Journal on Budgeting* 1, 27-57.

Boer, D.P./D.A.G. Draper/Frederik Huizinga, 2000: The Equilibrium Rate of Unemployment. In: *De Economist*, 345-371.

Borelli, Stephen A./Terry J. Royed, 1995: Government ´Strength´ and Budget Deficits in Advanced Democracies. In: *European Journal of Political Research* 28, 225-260.

Bovenberg, A. L./F. van der Ploeg, 1994: Environmental Policy, Public Finance and the Labour Market in a Second-Best World. In: *Journal of Public Economics* 55, 349-390.

Bovenberg, Lans A./Ruud A. de Mooij, 1994: Environmental Taxes and Labor-Market Distortions. In: *European Journal of Political Economy* 10, 655-683.

Bovenberg, Lans A./Frederick van der Ploeg, 1998: Consequences of Environmental Tax Reform for Unemployment and Welfare. In: *Environmental and Resource Economics* 12, 137-150.

Brants, K./W. Kok/Ph. van Praag, 1981: De Verkiezingskampagne en wat daaran voraf ging... In: A.Th.J. Eggenet al. (Hrsg.), *Kiezen in Nederland 26 mei 1981. Wat de kiezers deden en waarom.* Zoetermeer: Acta Boek.

Cabinet Office 2001: *Cabinet Manual.* Wellington: Cabinet Office, Department of the Prime Minister and Cabinet.

Casses, Sabino, 1980: Is There a Government in Italy? In: Richard Rose/Ezra N. Suleiman (Hrsg.), *Presidents and Prime Ministers.* Washington: American Enterprise Institute for Public Policy, 171-202.

CEC, 1978: Een Economische Verkenning van de Periode 1976-1981. In: W. Driehuis/A. van der Zwaan (Hrsg.), *De voorbereiding van het economisch beleid kritisch bezien.* Leiden: Stenfert Kroese, (Bijlage A) 237-267.

Centraal Planbureau, 1978: Een Macro Model voor de Nederlandse Economie op Middellange Termijn. In: W. Driehuis/A. van der Zwaan (Hrsg.), *De voorbereiding van het economisch beleid kritisch bezien.* Leiden: Stenfert Kroese, (Bijlage B) 268-303.

Centraal Planbureau, 2001: *Macro Economische Verkenning 2001*. Den Haag: http://www.cpb.nl/nl/cepmev/mev/.

Criscitiello, Annarita, 1994: The Political Role of Cabinet Ministers in Italy. In: Michael Laver/Kenneth A. Shepsle (Hrsg.), *Cabinet Ministers and Parliamentary Government*. Cambridge: Cambridge University Press, 187-200.

De Boer, Berend et al., 1999: Overzicht van de Partijpolitieke Gebeurtenissen van het Jaar 1998. In: Documentatiecentrum Nederlandse Politieke Partijen (Hrsg.), *Jaarboek 1998*. Groningen.

De Haan, Jakob/Wim Moessen/Bjorn Volkerink, 1999: Budgetary Procedures - Aspects and Changes: New Evidence for Some European Countries. In: James M. Poterba/Jürgen von Hagen (Hrsg.), *Fiscal Institutions and Fiscal Performance*. Chicago, London: University of Chicago Press, 13-35.

De Haan, Jakob/Jan-Egbert Sturm, 1994: Political and Institutional Determinants of Fiscal Policy in the European Community. In: *Public Choice* 80, 157-172.

De Haan, Jakob/Jan-Egbert Sturm, 1997: Political and Economic Determinants of OECD Budget Deficits and Expenditures: A Reinvestigation. In: *European Journal of Political Economy* 13, 739-750.

De Haan, Jakob/Jan-Egbert Sturm/Geert Beekhuis, 1999: The Weak Government Thesis: Some New Evidence. In: *Public Choice* 101, 163-176.

De Jong, Philip/Michiel Herweijer/Jaap de Wildt, 1990: *Form and Reform of the Dutch Social Security System*. Deventer: Kluwer.

De Kam, Flip, 1993: Tax policies in the 1980s and 1990s: The Case of the Netherlands. In: Anthonie Knoester (Hrsg.), *Taxation in the United States and Europe. Theory and Practice*. London: Macmillan, 355-377.

De Wolff, P./W. Driehuis, 1980: A Description of Post War Economic Deveolopments and Economic Policy in the Netherlands. In: Richard T. Griffith (Hrsg.), *The Economy and Politics of the Netherlands*. The Hague: Martinus Nijhoff, 13-60.

Den Uyl, J.M., 1987: Het Beleid na 1973. In: A. Knoester (Hrsg.), *Lessen uit het Verleden*. Antwerpen, Leiden: Senfert Kroese B.V. Wetenschappelijke & Educative Uitgevers, 277-287.

Department of Finance, 1998: *Public Financial Procedures. An Outline*. Dublin: Stationery Office.

Diamond, J., 1977: The New Orthodoxy in Budgetary Planning: A Critical Survey of the Dutch Experience. In: *Public Finance*, 56-76.

Draper, Nick/Federik Huizinga, 2000: ELIS: Equilibrium Labour Income Share. In: *CPB Report* 2000, 28-32.

Ebbinghaus, Bernhard, 2000: Any Way out of 'Exit from Work'? Reversing the Entrenched Pathways of Early Retirement. In: Fritz W. Scharpf/Vivien Schmidt (Hrsg.), *Welfare and Work in the Open Economy. Diverse Responses to Common Challenges*. Oxford: Oxford University Press, 511-553.

Elgie, Robert, 1999: Political Leadership. The President and the Taoiseach. In: John Coakley/Michael Gallagher (Hrsg.), *Politics in the Republic of Ireland*. London: Routledge, 232-248.

Euregio, 1992: *Die Deutsche und die Niederländische Sozialversicherung. Eine Vergleichende Darstellung*. Enschede: Euregio.

Europäische Kommission, 1994: *Wachstum, Wettbewerbsfähigkeit, Beschäftigung. Herausforderungen der Gegenwart und Wege ins 21. Jahrhundert. Weißbuch*. Brüssel, Luxemburg: Amt für Veröffentlichungen der Europäischen Gemeinschaften.

Felderer, Bernhard/Stefan Homburg, 1989: *Makroökonomik und neue Makroökonomik*. Berlin: Springer-Verlag.

Flanagan, Robert J./David W. Soskice/Lloyd Ulman, 1983: *Unionism, Economic Stabilization, and Incomes Policies. European Experience*. Washington, D.C.: The Brookings Institution.

Griffith, Richard T., 1980: The Netherlands Central Planning Bureau. In: Richard T. Griffith (Hrsg.), *The Economy and Politics of the Netherlands since 1945*. The Hague: Martinus Nijhoff, 135-159.

Hallerberg, Mark, 1999: The Importance of Domestic Political Institutions: Why and How Belgium and Italy Qualified for EMU. Papier für die Konferenz American Political Science Association Meeting, Atlanta, Georgia.

Hallerberg, Mark, 2001: Electoral Laws, Government Formation, and the Organization of Parliament: the Centrality of Common Pool Resource Problems.

Hallerberg, Mark/Rolf Strauch/Jürgen von Hagen, 2001: *The Use and Effectiveness of Budgetary Rules and Norms in EU Member States. Report Prepared for the Dutch Ministry of Finance by the Institute of European Integration Studies*

Hallerberg, Mark/Jürgen von Hagen, 1999: Electoral Institutions, Cabinet Negotiations, and Budget Deficits in the European Union. In: James M. Poterba/Jürgen von Hagen (Hrsg.), *Fiscal Institutions and Fiscal Performance*. Chicago: University of Chicago Press, 209-232.

Hardin, Garrett, 1968: The Tragedy of the Commons. In: *Science* 162, 1243-1248.

Hartmann, Wolfgang, 1992: *Politik in Japan. Das Innenleben einer Wirt-

schaftsweltmacht. Frankfurt: Campus.

Helland, Leif, 2000: Fiscal Constitutions, Fiscal Preferences, Information and Deficits: An Evaluation of 13 West-European Countries 1978-95. In: Rolf Strauch/Jürgen von Hagen (Hrsg.), *Institutions, Politics, and Fiscal Policy.* Boston: Kluwer Academic Publishers, 107-138.

Hemerijck, Anton/Brigitte Unger/Jelle Visser, 2000: How Small Countries Negotiate Change - Twenty-Five Years of Policy-Adjustment in Austria, the Nehterlands, and Belgium. In: Fritz W. Scharpf/Vivien Schmidt (Hrsg.), *Welfare and Work in the Open economy. From Vulnerability to Competitiveness.* Oxford: Oxford University Press, 175-263.

Hemerijck, Anton/Jelle Visser, 2001: The Dutch Model: An Obvious Candidate for the 'Third Way'? In: *Archives Européennes de Sociologie* 42, 221-239.

Hillebrand, Ron/Galen A. Irwin, 1999: Changing Strategies: The Dilemma of the Dutch Labour Party. In: Wolfgang C. Müller/Kaare Strøm (Hrsg.), *Policy, Office or Votes. How Political Parties In Western Europe Make Hard Decisions.* Cambridge: Cambridge University Press.

Hippe, Joop/Paul Lucardie/Gerrit Voerman, 1995: Overzicht van de Partij-politieke Gebeurtenissen van het Jaar 1994. In: Documentatiecentrum Nederlandse Politieke Partijen (Hrsg.), *Jaarboek 1994.* Groningen: http:/www.ub.rug.nl/eldoc/dnpp/1994.

Hogwood, Brian W./Thomas T. Mackie, 1985: The United Kingdom: Decision Sifting in a Secret Garden. In: Thomas T. Mackie/Hogwood Brian W. (Hrsg.), *Unlocking the Cabinet. Cabinet Structures in Comparative Perspective.* London: Sage Publications.

Homburg, Stefan, 1997: *Allgemeine Steuerlehre.* München: Verlag Vahlen.

Huizinga, Frederik, 2001: Employment in the 1990's. In: *CPB Report* 2001, 22-28.

Irwin, Galen A., 1999: The Dutch Parliamentary Election of 1998. In: *Electoral Studies* 18, 271-276.

Jaensch, Dean, 1997: *The Politics of Australia.* South Yarra: Macmillan Education.

Jerger, Jürgen/Alexander Spermann, 1999: Ist ein Wohlfahrtsstaat ohne Armutsfalle möglich? In: *Wirtschaftswissenschaftliches Studium* 28, 349-355.

Kaiser, André, 2002: *Mehrheitsdemokratie und Institutionenreform. Verfassungspolitischer Wandel in Australien, Großbritannien, Kanda und Neuseeland im Vergleich.* Frankfurt New York: Campus.

Kertzman, Ed, 1972/73: The Development of Dutch Public Finance During

210

the Period 1957-1969. In: *Finanzarchiv* N.F. 31, 123-146.

Kleinfeld, Ralf, 1998: Was können die Deutschen vom niederländischen "Poldermodell" lernen? In: Josef Schmid/Rainer Niketta (Hrsg.), *Wohlfahrtsstaat. Krise und Reform im Vergleich*. Marburg: Metropolis Verlag.

Kleinfeld, Ralf, 2001: Niederlande. In: Werner Reutter/Peter Rütters (Hrsg.), *Verbände und Verbandssysteme in Westeuropa*. Opladen: Leske+ Budrich, 287-312.

Kloek, T., 1978: VINTAF-II bezien tegen de Achtergrond van eerdere Planbureaumodellen. In: W. Driehuis/A. van der Zwaan (Hrsg.), *De voorbereiding van het economisch beleid kritisch bezien*. Leiden: Stenfert Kroese, 61-73.

Koeneman, Lidie/Paul Lucardie/Ida Noomen, 1987: Overzicht van de Partijpolitieke Gebeurtenissen van het Jaar 1986. In: Documentatiecentrum Nederlandse Politieke Partijen (Hrsg.), *Jaarboek 1986*. Groningen: http:/www.ub.rug.nl/eldoc/dnpp/1986.

Kontopoulos, Yianos/Roberto Perotti, 1999: Government Fragmentation and Fiscal Policy Outcomes: Evidence from OECD Countries. In: James M. Poterba/Jürgen von Hagen (Hrsg.), *Fiscal Institutions and Fiscal Performance*. Chicago, London: University of Chicago Press, 81-102.

Koole, Ruud/Hans Daalder, 2002: The Consociational Democracy Model and the Netherlands: Ambivalent Allies? In: *Acta Politica* 37, 23-43.

Kraan, D.J./H. Noordtzij, 1986: De Tweede Kamer en het Begrotingsbeleid. In: *Namens* 1, 178-184.

Kromphardt, Jürgen, 1998: *Arbeitslosigkeit und Inflation. Eine Einführung in die Makroökonomischen Kontroversen*. Göttingen: Vandenhoeck & Ruprecht.

Lane, Jan-Erik/David McKay/Kenneth Newton, 1997: *Political Data Handbook OECD Countries*. Oxford: Oxford University Press.

Langeveld, Esther, 1995: Belastinguitgaven: een Gat in de Uitgavennorm. In: *Economisch Statistische Berichten*, 765-767.

Larsson, Torbjörn, 1994: Cabinet Ministers and Parliamentary Government in Sweden. In: Michael Laver/Kenneth A. Shepsle (Hrsg.), *Cabinet Ministers and Parliamentary Government*. Cambridge: Cambridge University Press, 169-185.

Lepszy, Norbert, 1997: Das Politische System der Niederlande. In: Wolfgang Ismayr (Hrsg.), *Die politischen Systeme Westeuropas*. Opladen: Leske+ Budrich, 323-356.

Lijphart, Arend, 1968: *The Politics of Accomodation. Pluralism and Democracy in the Netherlands*. Berkeley: University of California Press.

Lijphart, Arend, 1999: *Patterns of Democracy. Government Forms and Per-*

formance in Thirty-Six Countries. New Haven and London: Yale University Press.

Lijphart, Arend, 2002: The Pros and Cons - but mainly Pros of Consensus Democracy. In: *Acta Politica* 36, 129-139.

LISV (Landelijk Instituut Sociale Verzekeringen), 1998: *Kroniek van de sociale verzekeringen 1998. Wetgeving en volume-ontwikkeling in historisch perspectief.* Amsterdam.

Lubbers, R.F.M./C. Lemckert, 1980: The Influence of Natural Gas on the Dutch Economy. In: Richard T. Griffith (Hrsg.), *The Economy and Politics of the Netherlands.* The Hague: Martinus Nijhoff, 61-85.

Lucardie, Paul/Gerrit Voerman, 1990: Overzicht van de Partijpolitieke Gebeurtenissen van het Jaar 1989. In: Documentatiecentrum Nederlandse Politieke Partijen (Hrsg.), *Jaarboek 1989.* Groningen: http:/www. ub.rug.nl/eldoc/dnpp/1989.

Ministerie Algemene Zaken, 1994: *Regeerakkoord. 13 augustus 1994.* http:www.minaz.nl/regeringsbeleid/regeerakkoord/index.html:

Ministerie van de Financien, 1998: *Het Begrotingsbeleid van het Kabinet-Kok II:* www.minfin.nl.

Ministry of Finance, 1984: *The Netherlands Budget Memorandum 1985. Abridged Version.* The Hague: Ministry of Finance.

Ministry of Finance, 1985: *The Netherlands Budget Memorandum 1986. Abridged Version.* The Hague: Ministry of Finance.

Ministry of Finance, 2000: *Revision of Taxation 2000.Updated Version:* www.minfin.nl/belasting2001.

Ministry of Finance, 2001: *Budget Preparation in Denmark.* <http://www. fm.dk/uk/ministry/ministry.asp?Top=3>

Molander, Per, 2000: Reforming Budgetary Institutions: Swedish Experiences. In: Rolf Strauch/Jürgen Van Hagen (Hrsg.), *Institutions, Politics, and Fiscal Policy.* Boston: Kluwer Academic Publishers, 191-214.

Molander, Per, 2001: Budgeting Procedures and Democratic Ideals: An Evaluation of Swedish Reforms. In: *Journal of Public Policy* 21, 23-52.

Mühlau, Peter/Wiemer Salverda, 1998: Employment and Earnings Effects of Low-Wage Subsidies: The Case of the 'SPAK' in the Netherlands. Papier für die Konferenz Conference on Policies for Low-Wage Employment and Social Exclusion in Europe, Groningen, 19-21 November.

Müller, Wolfgang C., 1991: Regierung und Kabinettsystem. In: Herbert Dachset al. (Hrsg.), *Handbuch des Politischen Systems Österreichs.* Wien: Manzsche Verlags- und Universitätsbuchhandlung, 118-133.

Müller, Wolfgang C., 1994: Models of Government and the Austrian Government. In: Michael Laver/Kenneth A. Shepsle (Hrsg.), *Cabinet Minis-*

ters and Parliamentary Government. Cambridge: Cambridge University Press, 3-34.

Musgrave, Richard A./B. Peggy Musgrave/Lore Kullmer, 1985: *Die Öffentlichen Finanzen in Theorie und Praxis.* Tübingen: J.C.B. Mohr (Paul Siebeck).

Narud, H.M./G.A. Irwin, 1994: Must the Breaker Pay? Cabinet Crises and Electoral Trade-offs. In: *Acta Politica* 29, 265-284.

Neumark, Fritz, 1952: Theorie und Praxis der Budgetgestaltung. In: Wilhelm Gerloff/Fritz Neumark (Hrsg.), *Handbuch der Finanzwissenschaft. Erster Band.* Tübingen: J.C.B. Mohr (Paul Siebeck), 554-605.

OECD, 1976: *OECD Economic Surveys Netherlands (March 1976).* Paris: OECD.

OECD, 1977: *OECD Economic Surveys Netherlands (February 1977).* Paris: OECD.

OECD, 1978a: *OECD Economic Surveys Netherlands.* Paris: OECD.

OECD, 1978b: *The Tax/Benefit Position of Selected Income Groups in OECD Member Countries 1972-1976.* Paris: OECD.

OECD, 1986: *OECD Economic Surveys 1985/86, Netherlands.* Paris: OECD.

OECD, 1987: *OECD Economic Surveys, Netherlands (July 1987).* Paris: OECD.

OECD, 1999: *Budgeting in Canada.* Paris: OECD.

OECD, 2000: *OECD Economic Surveys, Netherlands (March 2000).* Paris: OECD.

OECD, 2002: *OECD Economic Outlook Data Base.* Paris: OECD.

Olsen, Johan P., 1980: Governing Norway: Segmentation, Anticipation, and Consensus Formation. In: Richard Rose/Ezra N. Suleiman (Hrsg.), *Presidents and Prime Ministers.* Washington: American Enterprise Institute for Public Policy, 203-255.

Olson, Mancur, 1971: *The Logic of Collective Action. Public Goods and the Theory of Groups.* Cambridge Massachusetts: Harvard University Press.

Oorschot, Wim van, 1998: The Reconstruction of the Dutch Social Security System 1980-2000: Retrenchment and Modernization. In: *Centre for Comparative Welfare State Studies. Aalborg University.* <http://socsci.auc.dk/ccws/Workingpapers/Workingpapers.htm>

Ostrom, Elinor, 1990: *Governing the Commons. The Evolution of Institutions for Collective Action.* Cambridge: Cambridge University Press.

Persson, Torsten/Lars E.O. Svensson, 1989: Why a Stubborn Conservative Would Run a Deficit: Policy With Time-inconsistent Preferences. In: *Quarterly Journal of Economics* 104, 325-346.

Petersen, Robert L. et al., 1983: Government Formation and Policy Formulation. Patterns in Belgium and the Netherlands. In: *Res Publica* 18, 49-82.

Pioch, Roswitha, 2000: *Soziale Gerechtigkeit. Orientierungen von Politikern in Deutschland und den Niederlanden.* Frankfurt: Campus.

Pöhler, Kay, 1997: Das Niederländische Sozialsystem - Leistungen, Finanzierungsprobleme und Lösungsansätze. *Soziale Leistungen und ihre Finanzierung. Länderstudien zu Frankreich, Italien und den Niederlanden.* Berlin: Duncker & Humblot, 319-429.

Reggeerakkoord Tweede Kabinet-Lubbers, 1986. '-Gravenhage: Staatsuitgeverij.

Rochon, Thomas R., 1999: *The Netherlands. Negotiating Sovereignty in an Interdependent World.* Boulder: Westview Press.

Rokkan, Stein, 1990: Towards a Generalized Concept of Verzuiling. In: Peter Mair (Hrsg.), *The West European Party System.* Oxford: Oxford University Press, 139-149.

Roubini, Nouriel/J.D. Sachs, 1989a: Political and Economic Determinants of Budget Deficits in the Industrial Democracies. In: *European Economic Review* 33, 903-933.

Roubini, Nouriel/Jeffrey Sachs, 1989b: Government Spending and Budget Deficits in the Industrial Countries. In: *Economic Policy* 8, 99-132.

Salverda, Wiemer, 2002: Is there More to the Dutch Miracle Than a lot of Part-time Jobs? Papier für die Konferenz Paper presented at a Workshop on Small Countries. Amsterdam, January 25-26, 2002.

Scharpf, Fritz W., 1997: Employment and the Welfare State: A Continental Dilemma. In: *MPIfG Working Paper* 97.

Scharpf, Fritz W., 2000: *Interaktionsformen. Akteurzentrierter Institutionalismus in der Politikforschung.* Opladen: Leske+Budrich.

Schneider, Steffen, 2000: Parliamentary Government in Canada: Institutional Stability and Constitutional Reform in the Legislative Arena and Executive Branches. In: Rainer-Olaf Schultze/Roland Sturm (Hrsg.), *The Politics of Constitutional Reform in North America. Coping with New Challenges.* Opladen: Leske+Budrich, 83-116.

Seils, Eric, im Erscheinen: Soziale Demokratie, Beschäftigung und Wohlfahrtsstaat in den Niederlanden. In: Thomas Meyer (Hrsg.), *Theorie der Sozialen Demokratie.* Wiesbaden: VS Verlag für Sozialwissenschaften.

Stalder, Inge, 1997: *Staatsverschuldung in der Demokratie.* Frankfurt, Berlin, Bern: Peter Lang.

Stichting van de Arbeid, 1994: *Ein Neuer Kurs: Programm für die Tarifverhandlungen 1994 in mittelfristiger Perspektive.* Den Haag. <http://www.stvda.nl/overdestichting/default.asp?desc=de_akkoord_wassenaar> (16. Dezember 1993).

Stichting van de Arbeid, 1982: *Allgemeine Empfehlungen zu Aspekten einer Beschäftigungspolitik (Vereinbarung von Wassenaar).* Den Haag. <http://www.stvda.nl/overdestichting/default.asp?desc=de_akkoord_was senaar> (24. November 1982).

Stienlet, Georges, 2000: Institutional Reforms and Belgian Fiscal Policy in the 90s. In: Rolf Strauch/Jürgen Van Hagen (Hrsg.), *Institutions, Politics, and Fiscal Policy.* Boston: Kluwer Academic Publishers, 215-234.

Sturm, Roland, 1989: *Haushaltspolitik in westlichen Demokratien. Ein Vergleich des Haushaltspolitischen Entscheidungsprozesses in der Bundesrepublik Deutschland, Frankreich, Großbritannien, Kanada und den USA.* Baden-Baden: Nomos Verlagsgesellschaft.

Timmermans, Arco, 1998: Conflicts, Agreements, and Coalition Governance. In: *Acta Politica* 33, 409-432.

Timmermans, Arco/Rudy Andeweg, B., 1997: Die Niederlande: Immer noch die Politik der gütlichen Einigung? In: Wolfgang C. Müller/Kaare Strom (Hrsg.), *Koalitionsregierungen in Westeuropa. Bildung, Arbeitsweise und Beendingung.* Wien: Signum Verlag.

Toirkens, José, 1988: *Schijn en werkelijkheid van het bezuiningsbeleid 1975-1986.* Deventer: Kluwer.

Toirkens, S.J., 1990: De Minister van Financiën. In het spanningsveld van financiële wensen en mogelijkheden. In: R.B. Andeweg (Hrsg.), *Ministers en Ministerraad.* 's-Gravenhage: SDU uitgeverij, 127-145.

Trampusch, Christine, 2000: Das Coming Out der aktiven Arbeitsmarktpolitik in den Niederlanden. Stürzt sich das "Poldermodell" auf die Arbeitsmarktpolitik. In: *Österreichische Zeitschrift für Politikwissenschaft* 29, 315-328.

Tweede Kamer, 1975-1976: *Nota over de toestand van's rijks financiën. Rijksbegroting voor het dienstjaar 1976.* (13900, nr.1).

Tweede Kamer, 1977-1978a: *Herzien-Regeerakkoord van C.D.A. en V.V.D., 26 november 1977* (14600, nr.4).

Tweede Kamer, 1977-1978b: *Hoofdlijnen van het Financiële en Sociaal-Economische Beleid voor de Middellange Termijn (Bestek '81)* (15081, nrs.2).

Tweede Kamer, 1978-1979: *Nota over de toestand van's rijks financiën. Rijksbegroting voor het jaar 1979.* (15300, nr.1).

Tweede Kamer, 1979-1980a: *Nota over de toestand van's rijks financiën. Rijksbegroting voor het jaar 1980.* (15800, nr.1).

Tweede Kamer, 1979-1980b: *Nota over de toestand van's rijks financiën. Rijksbegroting voor het jaar 1981.* (16400, nr.1).

Tweede Kamer, 1981-1982: *Brief van de Minister-President. Kabinetscrisis*

1982 (17420, nr.2).

Tweede Kamer, 1982-1983a: *Nota over de toestand van's rijks financiën. Rijksbegroting voor het jaar 1983.* (17600, nr.1).

Tweede Kamer, 1982-1983b: *Presidium van de Centrale Economische Commissie, Nota inzake de sociaal-economische problematiek op middellange termijn ten behoeve van de kabinets-informatie. Nota inzake de sociaal-economische problematiek op middellange termijn ten behoeve van de kabinets-informatie.* (17555, nr.3).

Tweede Kamer, 1982-1983c: *Rapport van werkgroep A ten behoeve van de kabinetsformatie* (17555, nr.7).

Tweede Kamer, 1984-1985: *Nota over de toestand van's rijks financiën. Rijksbegroting voor het jaar 1985.* (18600, nr.1).

Tweede Kamer, 1985-1986a: *Budgettair kader voor de begroting 1987. Brief van de Minister van Financien* (19479, nr.1).

Tweede Kamer, 1985-1986b: *Nota over de toestand van's rijks financiën. Rijksbegroting voor het jaar 1986.* (19200, nr.1).

Tweede Kamer, 1986-1987a: *Brief van de Minister van Financien. Nota over de toestand van`s-Rijks Financiën* (19700, nr.39).

Tweede Kamer, 1986-1987b: *Nota over de toestand van's rijks financiën* (19700, nr.1).

Tweede Kamer, 1986-1987c: *Nota over de toestand van's rijks financiën. Rijksbegroting voor het jaar 1987.* (19700, Nr.1).

Tweede Kamer, 1987-1988: *Nota over de toestand van's rijks financiën. Rijksbegroting voor het jaar 1988.* (20200, nr.1).

Tweede Kamer, 1988-1989: *Nota over de toestand van's rijks financiën. Rijksbegroting voor het jaar 1989.* (20800, nr.1).

Tweede Kamer, 1989-1990a: *Brief van de minister en staatssecretaris van financiën. Startbrief 1990-1994.* (21378, nr.1).

Tweede Kamer, 1989-1990b: *Kabinetskrisis en formatie 1989* (21132, nr. 8).

Tweede Kamer, 1989-1990c: *Nota over de toestand van's rijks financiën. Rijksbegroting voor het jaar 1990.* (21300, nr.1).

Tweede Kamer, 1990-1991a: *Brief van de minister-president, minister van algemene zaken en van de minister van financiën. Tussenbalans 1991.* (21998, nr. 2).

Tweede Kamer, 1990-1991b: *Nota over de toestand van's rijks financiën. Rijksbegroting voor het jaar 1991.* (21300, nr.1).

Tweede Kamer, 1991-1992: *Nota over de toestand van's rijks financiën. Rijksbegroting voor het jaar 1992.* (22300, nr.1).

Tweede Kamer, 1992-1993a: *Brief van de minister van financiën. Begrotingsruimte.* (22995, nr. 6).

216

Tweede Kamer, 1992-1993b: *Nota over de toestand van's rijks financiën. Rijksbegroting voor het jaar 1993.* (22800, nr.1).

Tweede Kamer, 1993-1994: *Nota over de toestand van's rijks financiën. Rijksbegroting voor het jaar 1994.* (23400, nr.1).

Tweede Kamer, 1994-1995: *Nota over de toestand van's rijks financiën. Tekstgedeelte van de Miljoenennota 1995.* (23900, nr.1).

Tweede Kamer, 1995-1996: *Nota over de toestand van's rijks financiën. Tekstgedeelte van de Miljoenennota 1996.* (24400, nr.1).

Tweede Kamer, 1996-1997a: *Advies Studiegroep Begrotingsruimte. Brief van den Minister van Finaciën* (25400, nr.1).

Tweede Kamer, 1996-1997b: *Nota over de toestand van's rijks financiën. Tekstgedeelte van de Miljoenennota 1997.* (25000, nr.1).

Tweede Kamer, 1997-1998a: *Kabinetsformatie 1998. Brief van de Formateur* (26024, nr. 10).

Tweede Kamer, 1997-1998b: *Nota over de toestand van's rijks financiën. Tekstgedeelte van de Miljoenennota 1998.* (25600, nr.1).

Tweede Kamer, 1998-1999: *Nota over de toestand van's rijks financiën. Tekstgedeelte van de Miljoenennota 1999.* (26200, nr. 1).

Tweede Kamer, 1999-2000: *Nota over de toestand van's rijks financiën. Tekstgedeelte van de Miljoenennota 2000.* (26800, nr.1).

Tweede Kamer, 2000-2001: *Nota over de toestand van's rijks financiën. Tekstgedeelte van de Miljoenennota 2001.* (27800, nr.1).

Tweede Kamer, 2001-2002a: *Brief van de Minister van Financiën. Voorjaarsnota 2002.* (28295, nr.1).

Tweede Kamer, 2001-2002b: *Nota over de toestand van's rijks financiën. Tekstgedeelte van de Miljoenennota 2002.* (28000, nr.1).

Tweede Kamer, 2002-2003: *Nota over de toestand van's rijks financiën. Bijlagen bij de Miljoenennota 2003.* (28600, nr. 2).

Van der Brug, Wouter, 1999: Floating Voters or Wandering Parties? The Dutch National Elections of 1998. In: *West European Politics* 22, 179-186.

Van der Eijk, Kees/Galen A. Irwin, 1986: The Dutch Parliamentary Elections of May 1986. In: *Electoral Studies* 5, 289-296.

Van Ewijck, Casper/Ted Reininga/Harry ter Rele, 1999: Budgetary Rules and Stabilisation. In: *CPB Report*, 14-21.

Van Opstal, Rocus/Hans Roodenburg/Ricardo Welters, 1998: Low Skilled Jobs Through Job Creation and Wage Subsidies. In: *CPB Report*.

Van Raalte, E./P.P.T. Bovend'Eert/H.R.B.M. Kummeling, 1991: *Het Nederlandse Parlement.* s'-Gravenhage: SDU uitgeverij.

Van Wijnbergen, Christa, 2000: Co-opting the Opposition: The Role of Party

Competition and Coalition-Making in Curing the Dutch Welfare State. Papier für die Konferenz Second Graduate Student Trainig Retreat in Comparative Research, Yale University, May, 13-14, 2000.

Velasco, Andres, 2000: Debts and Deficits With Fragmented Fiscal Policy-making. In: *Journal of Public Economics* 76, 105-125.

Visser, Jelle, 1990: Continuity and Change in Dutch Industrial Relations. *European Industrial Relations. The Challenge of Flexibility.* London: Sage Publications, 199-242.

Visser, Jelle/Anton Hemerijck, 1998: *Ein Holländisches Wunder? Reform des Sozialstaates und Beschäftigungswachstum in den Niederlanden.* Frankfurt, New York: Campus Verlag.

Vlek, Rudolphus, 1997: *Inactieven in Actie. Belangenstrijd en Belangenharting van Uitkeringsgerechtigden in de Nederlandse Politiek 1974-1994.* Groningen: Wolters-Noordhoff.

Volkerink, Bjorn, 1999: Political and Institutional Determinants of Budget Deficits: A Review and Some Empirical Evidence for OECD Countries.

Volkerink, Bjorn/Jakob de Haan, 2001: Fragmented Government Effects of Fiscal Policy: New Evidence. In: *Public Choice* 109, 221-242.

von Hagen, Jürgen, 1992: *Budgeting Procedures and Fiscal Performance in the European Communities* No. 96. Brussels: Commission of the European Communities. Directorate-General for Economic and Financial Affairs.

von Hagen, Jürgen /Ian J. Harden, 1994: *National Budget Processes and Fiscal Performance.* European Economy: Reports and Studies 3. Luxembourg: Europäische Gemeinschaften / Generaldirektion Wirtschaft und Finanzen.

von Hagen, Jürgen/Rolf Strauch, 1999: Tumbling Giant: Germany's Experience with the Maastricht Criteria. In: *ZEI Working Paper.*

Warmelink, H.G., 1993: *Parlement en Begroting.* Groningen: Wolters-Noordhoff.

Wichard, Woyke, 1997: Das Politische System Belgiens. In: Wolfgang Ismayr (Hrsg.), *Die Politischen Systeme Westeuropas.* Opladen: Leske+Budrich, 357-380.

Woldendorp, Jaap/Hans Keman/Ian Budge, 2000: *Party Government in 48 Democracies (1945-1998).* Dordrecht, Boston, London: Kluwer Academic Publishers.

Wolinetz, Steven B., 1990: The Dutch Election of 1989: Return to the Centre-Left. In: *West European Politics* 13, 280-286.

Wolinetz, Steven B., 1995: The Dutch Parliamentary Elections of 1994. In: *West European Politics* 18, 188-192.

Wolinetz, Steven B., 2001: Modell Nederland: Social Partnership and Competitive Corporatism in the Netherlands. In: Nancy Bermeo (Hrsg.), *Unemployment in the New Europe*. Cambridge: Cambridge University Press, 145-167.

Zijlstra, Jelle, 1992: *Per Slot van Rekening. Memoires*. Amsterdam, Antwerpen: Uitgeverij Contact.

Zeitungen und Nachrichten

Allgemeen Nederlands Persbureau

Brabants Dagblad

De Telegraaf

Financial Times

Handelsblatt

Het Financieele Dagblad

Keesings Historisch Archief

NRC Handelsblad

Volkskrant

Anhang

Tabelle A1: Arbeitsmarktdaten im internationalen Vergleich

Jahr	Beschäftigungsquote		Arbeitslosenquote	
	Niederlande	OECD-14	Niederlande	OECD-14
1978	55,5	66,6	3,8	4,5
1980	55,4	67,0	4,0	4,4
1982	52,4	65,3	8,5	6,8
1984	50,8	64,4	10,6	8,0
1986	51,6	65,5	8,4	7,4
1988	52,8	66,2	7,7	6,9
1990	54,8	66,8	5,9	6,4
1992	56,4	65,6	5,4	8,0
1994	56,2	64,8	7,6	8,5
1996	58,3	65,9	6,6	7,8
1998	61,9	67,3	4,2	6,9
2000	64,4	68,9	2,6	5,6
2002	65,9	69,2	2,8	5,9

Quelle: OECD Labour Force Statistics und eigene Berechnungen.

Tabelle A2: Zahl der effektiven Parteien im Parlament, 1970-2002

Periode	Australien	Belgien	Dänemark	Deutschland	Großbrit.
1970-1979	2,5	5,7	5,0	2,3	2,2
1980-1989	2,4	7,2	5,2	2,6	2,1
1990-1999	2,4	8,0	4,6	2,8	2,2
2000-2002	2,5	5,6	4,6	2,9	2,1

Periode	Irland	Italien	Japan	Kanada	Neuseeland
1970-1979	2,5	3,4	2,8	2,4	1,9
1980-1989	2,6	3,9	2,8	2,1	2,0
1990-1999	3,2	5,9	3,3	2,5	2,5
2000-2002	3,0	5,7	3,1	2,7	3,5

Periode	Niederlande	Norwegen	Österreich	Schweden	OECD-14
1970-1979	5,6	3,5	2,2	3,3	3,2
1980-1989	3,8	3,1	2,4	3,4	3,3
1990-1999	4,6	4,2	3,2	3,5	3,8
2000-2002	5,1	4,8	3,4	4,3	3,8

Quelle: Die Daten für die Jahre 1970-2002 verdanke ich Henrik Zorn. Die Wahlergebnisse für das Jahr 2002 sind aus IFES (electionguide.org)

Anmerkungen: Die Zahl der effektiven Parteien (Ns) berechnet sich wie folgt: $Ns = 1/\sum s_i^2$. Wobei s_i der Sitzanteil der i-ten Partei ist.

Tabelle A3: Zahl der Regierungsparteien und Typ der Regierung, 1970-2002

Periode	Australien	Belgien	Dänemark	Deutschland	Großbrit.
1970-1979	1,7	4,3 o, m	1,1 m	2,0	1,0 m
1980-1989	1,3	2,2 o	3,2 m	2,0	1,0
1990-1999	1,3	4,3	2,6 m	2,0	1,0
2000-2002	2,0	6,0 o	2,0 m	2,0	1,0

Periode	Irland	Italien	Japan	Kanada	Neuseeland
1970-1979	1,3	2,7 o, m	1,0 m	1,0 m	1,0
1980-1989	1,5 m	4,6 m	1,3 m,o	1,0 m	1,0
1990-1999	2,3 m	4,6 m	2,2 m,o	1,0	1,3 m
2000-2002	1,8	6,3 o	3,0 o	1,0	2,0 m

Periode	Niederlande	Norwegen	Österreich	Schweden	OECD-14
1970-1979	4,3 o	1,4 m	1,0 m	1,8 m	1,8
1980-1989	2,2 o	1,6 m	1,7	1,4 m	1,9
1990-1999	2,5 o	1,6 m	2,0	2,3 m	2,2
2000-2002	3,0 o	1,9 m	2,0	1,0 m	2,5

Quellen: Die Zahl der Parteien in der Regierung in der Periode von 1970 bis 1979 sind aus (Lane/McKay/Newton 1997: 126-130), die übrigen Daten sind aus (Woldendorp/ Keman/Budge 2000: Kapitel 4 bis 49), (Kaiser 2002), Archiv der Gegenwart, Quellen aus dem Internet und eigene Berechnungen.

Anmerkungen: In dieser Tabelle bezeichnet „m" eine Minderheitsregierung und „o" eine übergroße (oversized) Koalition. Übergangsregierungen wurden nicht berücksichtigt, weil diese schwer abzugrenzen sind.

Tabelle A4: Übersicht über die Position des Premierministers im Kabinett

Land	Position	Land	Position
Australien	stark	Japan	schwach
Belgien	schwach	Kanada	stark
Dänemark	mittel	Niederlande	schwach
Deutschland	stark	Neuseeland	stark
Großbritannien	stark	Norwegen	schwach
Irland	stark	Österreich	mittel
Italien	schwach	Schweden	mittel

Quelle: Eigene Darstellung aufgrund einer Durchsicht der Literatur.

Anmerkung: Die Übersicht gibt die Position des Regierungschefs gegenüber den anderen Ministern wieder. Wenn der Premier seine Minister nach Belieben ernennen und entlassen kann und anweisen kann, dann hat er eine starke Position gegenüber den anderen Ministern. Die Fälle, in denen der Premier nur auf eines dieser Rechte zurückgreifen kann, nehmen eine mittlere Position ein. Kann eher davon gesprochen werden, dass die Minister mit dem Premier die Geschicke der Regierung leiten, dann wird dies als schwach bezeichnet.

Tabelle A5: Übersicht über die Position des Finanzministers im Kabinett

Land	Rechtsgrundlage	Entscheidung bei Konflikt	Abstimmungsmodus
Australien	Einfaches Gesetz	Premier	Vertraulich, es besteht aber dominante Position des Premiers.
Belgien	Einfaches Gesetz & Geschäftsord-nung	Koalitionsausschuss	Praktisch in den Hohen Rat für Finanzen ausgela-gert.
Dänemark	Konventionen	Entscheidung wird im sechsköpfigen Wirtschafts-komitee gefällt, in dem der Finanzminister den Vorsitz hat.	Einstimmigkeit
Deutschland	Einfaches Gesetz & Geschäftsord-nung der Bundes-regierung	Gespräch des Fachministers mit Finanzminister und Kanzler	Finanzminister kann nur von Mehrheit inkl. Kanzler überstimmt werden.
Großbritan-nien	Konventionen und Standing Orders	Vertraulich, aber deutliche Hinweise auf Dominanz des Chief Secretary auf der Ausgabenseite	Schatzkanzler und Pre-mier diktieren Einnahme-seite und damit Gesamt-höhe des Budgets.
Irland	Einfache Gesetze und Geschäftsord-nung	Vertraulich, keine Information.	Vertraulich, es besteht aber dominante Position des Premiers.
Italien	Einfaches Gesetz	Kabinett	Keine formale Sonderstel-lung des Finanzministers.
Japan	Einfaches Gesetz	Kein Konflikt im Kabinett	Einstimmigkeit
Kanada	Einfaches Gesetz	Minister kennen den Bud-getentwurf nicht.	Premier und Finanzminis-ter entscheiden.
Niederlande	Einfaches Gesetz	Premier darf vermitteln, Kernkabinett berät.	Mehrheit, bei Patt ent-scheidet theoretisch Premier
Neuseeland	Einfache Gesetze	Bis 1996 Premier, danach Koalitionsausschuss.	Vertraulich, es besteht aber dominante Position des Premiers.
Norwegen	Einfaches Gesetz	Finanzminister sammelt Vorschläge der Fachminis-ter.	Einstimmigkeit, Regierung macht nur „Vorschlag" an Parlament, welches dominiert.
Österreich	Bundesverfassung	Kabinett	Einstimmigkeit
Schweden	Einfache Gesetze & Geschäftsord-nung	Fachminister kennen Bud-getentwurf erst sehr spät.	Praktisch Premier und Finanzminister aufgrund der Mehrjahresplanung des Parlaments.

Quelle: Eigene Darstellung. Die zugrundeliegenden Daten basieren auf Angaben auf Homepages der Finanzministerien, der Literatur sowie zahlreichen schriftlichen Anfragen und Telefonaten.

Tabelle A6: Parlament und Haushalt

Land	Australien	Belgien	Dänemark
Welche Häuser entscheiden?	House of Representatives & Senate	De Kamer	Folketing
Haushaltsentwurf aus dem Parlament?	Nein.	Ja.	Nein.
Veränderungsrecht?	Nein.	Ja.	Ja.
Beschränkungen?	Nur Annahme oder Ablehnung.	Keine Beschränkung.	Keine Beschränkung.

Land	Deutschland	Großbritannien
Welche Häuser entscheiden?	Bundestag	House of Commons
Haushaltsentwurf aus dem Parlament?	Nein.	Nein.
Veränderungsrecht?	Ja.	Praktisch nein.
Beschränkungen?	Vorschläge, die höhere Ausgaben oder Mindereinnahmen umfassen, müssen einen Plan zur Deckung enthalten. Die Bundesregierung kann ein Veto gegen Änderungen einlegen, daß nicht übergangen werden kann. Im Falle einer Nichteinigung gelten Nothaushalte.	Praktisch nur Annahme oder Ablehnung. Offiziell ist eine Ausgabensenkung möglich.

Land	Irland	Italien	Japan
Welche Häuser entscheiden?	Dail Eireann	Camera dei Deputati & Senato della Republica	House of Representatives
Haushaltsentwurf aus dem Parlament?	Nein.	Nein.	Nein.
Veränderungsrecht?	Nein.	Ja.	Ja.
Beschränkungen?	Nur Annahme oder Ablehnung.	Darf das Defizit nicht erhöhen.	Es gibt keine klare Abgrenzung zwischen einer Änderung und einem eigenen Haushaltsentwurf, den das Parlament nicht machen darf. Ein Konflikt in dieser Frage kann zu einem Patt führen, für das es keine rechtliche Lösung gibt.

Fortsetzung Tabelle A6: Parlament und Regierung

Land	Kanada	Niederlande	Neuseeland
Welche Häuser entscheiden?	House of Commons	Tweede Kamer	House of Representatives
Haushaltsentwurf aus dem Parlament?	Nein.	Nein.	Nein.
Veränderungsrecht?	Nein.	Ja.	Ja.
Beschränkungen?	Nur Annahme oder Ablehnung.	Ungeschriebene Regel, wonach Änderungsanträge mit einem Deckungsvorschlag zu versehen sind.	Bis 1996 nur Annahme oder Ablehnung. Seit 1996 gibt es ein Vetorecht der Regierung, das das Parlament nicht übergehen kann. Das Recht ist genutzt worden. Der Fall eines Patt ist nicht geklärt.

Land	Norwegen	Österreich	Schweden
Welche Häuser entscheiden?	Storting	Nationalrat	Riksdag
Haushaltsentwurf aus dem Parlament?	Die Regierung macht nur einen „Vorschlag". Das Parlament ist für den Haushalt verantwortlich.	Ja, wenn die Bundesregierung den Haushaltsentwurf nicht fristgerecht einreicht.	Ja.
Veränderungsrecht?	Ja.	Ja.	Ja.
Beschränkungen?	Keine Beschränkung.	Keine Beschränkung.	Keine Beschränkung.

Quellen: Homepages der Parlamente, Gesetzestexte der Länder, Auskünfte von Beamten der Finanzministerien in Belgien, Japan, Neuseeland, Norwegen und Österreich. Ferner Sekundärliteratur, u.a. (Sturm 1989; Hallerberg/Strauch/von Hagen 2001; von Hagen/Harden 1994).

Tabelle A7: Sitzverteilung in der Tweede Kamer, 1972-1998

	1972	1977	1981	1982	1986	1989	1994	1998
AOV							7	-
BP	3	1	-	-				
CD		-	-	1	-	1	3	-
CDA	48	49	48	45	54	54	34	29
CP	7	2	3	3	-			
D'66	6	8	17	6	9	12	24	14
DS'70	6	1	-	-				
EVP			-	1	-			
GL						6	5	11
GPV	2	1	1	1	1	2	2	2
PP	7	3	3	2	2			
PSP	2	1	3	3	1			
PvdA	43	53	44	47	52	49	37	45
RP		-	2	2	1	1	3	3
SGP	3	3	3	3	3	3	2	3
SP	-	-	-	-	-	-	2	5
VVD	22	28	26	36	27	22	31	38
Andere	1							

Quelle: Centraal Bureau voor de Statistiek: http://statline.cbs.nl/StatWeb/start.asp?lp=
Search/Search

Anmerkung: Wert für den CDA von 1972 ist die Summe der von der KVP, CHU und ARP gewonnenen Sitze.

Tabelle A8: Legislaturperioden im Vergleich, 1978-2002

	Van Agt I (1978-1981)	Van Agt II (1982)	Lubbers I (1983-1986)	Lubbers II (1987-1990)
Finanzpolitische Ergebnisse				
Ziel erreicht	Nein	Nein	Ja	Ja
Staatsquote	+ 7,7 (78-80: +5,8)	+2,2	-3,1	-2,6 (88-90: -3,9)
Wirtschaftswachstum				
% BIP	+1,3 (78-80: +1,9)	-1,2	+2,7	+3,2 (88-90: +3,8)
Erwarte-ter/tatsächlicher Wert	Blaupause 3% / -0,3% VE*	Keine Angaben.	3% / 3,7% WH*	2,3% / 3,1 VE
Akteure und Akteurkonstellation				
Ideolog. Ausrich-tung.	Mitte-Rechts	Mitte-Links-Links	Mitte-Rechts	Mitte-Rechts
Ökonomische Idee	Weniger Abga-ben für mehr Jobs.	Uneinigkeit.	Defizit muss für Jobs sinken.	Weniger Abga-ben für mehr Jobs.
Allmendeprob-lem?	Ja.	Uneinigkeit.	Ja.	Ja.
Minister/Parteien	16/2	15/3	14/2	14/2
Finanzpolitische Vereinbarungen				
Typ	Absichtserklärung		Feste Zielmarken	
Stimmenanteil-> Regierungspartei	Geringer Zusammen-hang.	Geringer Zusammen-hang.	Gering, aber Beginn der Lagerbil-dung.	Relativ hoch, Koalitionsaus-sage.
Niveau der Ausgaben? / Konkrete Ein-schnitte?	Beides nicht gerade konkret. Beständig verändert.	Keinerlei konkrete Einigung	Konkrete Angaben zu beidem.	Konkrete Angaben zu beidem

228

Fortsetzung Tabelle A8: Legislaturperioden im Vergleich, 1978-2002

	Lubbers III (1991-1994)	Kok I (1995-1998)	Kok II (1999-2002)
Finanzpolitische Ergebnisse			
Ziel erreicht	Ja	Ja	Ja
Staatsquote	-1,8 (91-93: + 0,5)	-4,3 (96-98: -4,4)	-1,5
Wirtschaftswachstum			
% BIP	+2,1 (91-93: +1,7)	+3,4 (96-98: +3,7)	+2,4
Erwarte-ter/tatsächlicher Wert	2,25% / 1,95% VE	2% / 3,4% BIP	2,25% / 2,4% BIP
Akteure und Akteurkonstellation			
Ideolog. Ausricht.	Mitte-Links	Links-Links-Rechts	Links-Links-Rechts
Ökonomische Idee	Weniger Abgaben für mehr Jobs.	Weniger Abgaben für mehr Jobs.	Weniger Abgaben für mehr Jobs.
Allmendeproblem?	Ja.	Ja.	Ja.
Minister/Parteien	14/3	14/3	14/3
Finanzpolitische Vereinbarungen			
Typ	Feste Zielmarken	Zalm-Norm	
Stimmenanteil-> Regierungspartei	Geringer Zusammenhang.	Geringer Zusammenhang.	Geringer Zusammenhang.
Niveau der Ausgaben? / Konkrete Einschnitte?	Konkrete Angaben zu beidem.	Fester Ausgabenrahmen / konkrete Einschnitte	Fester Ausgabenrahmen / konkrete Einschnitte

Quelle: Eigene Darstellung, Wirtschaftsdaten aus (OECD 2002). Anmerkung*: VE meint Volkseinkommen, WH bedeutet Welthandel.

Abbildung 1: Staatsquote, Abgaben und Defizit

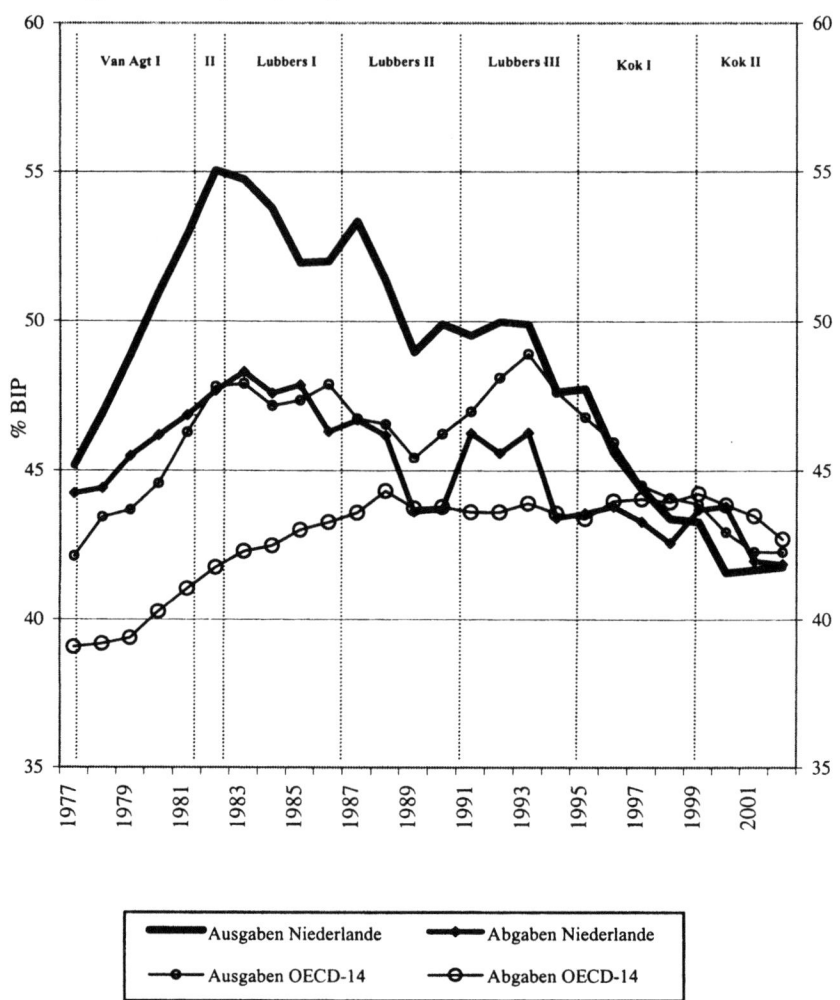

Quelle: OECD

Abbildung 2: Komponenten der NAIRU, 1969-2001

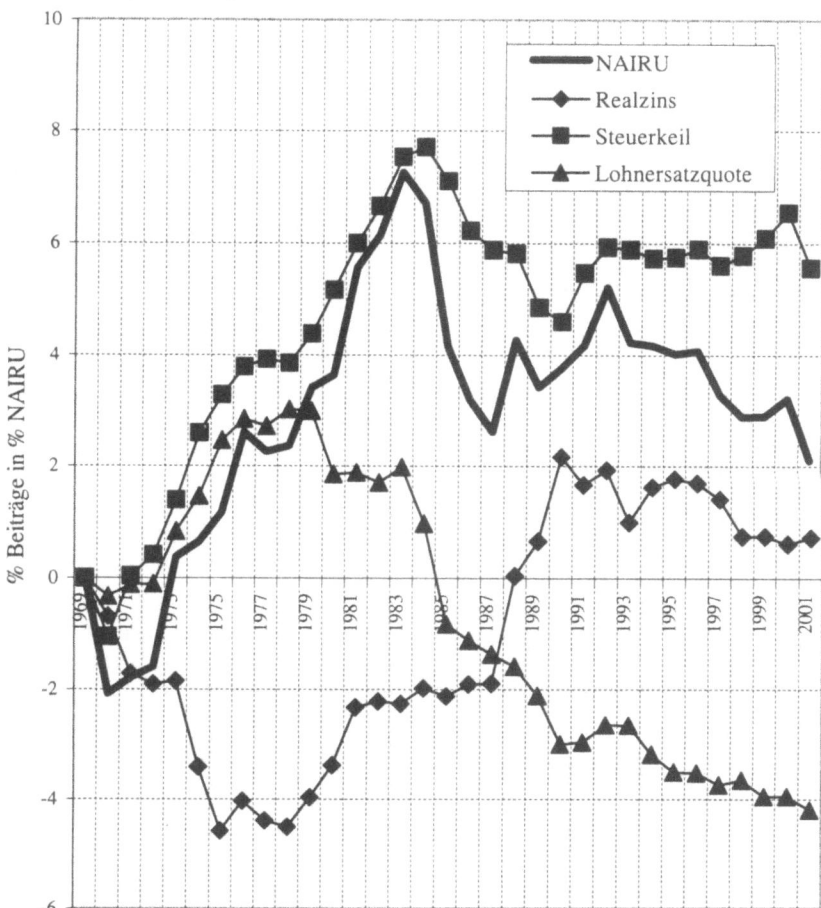

Quelle: Persönliche Kommunikation mit Frederik Huizinga (CPB)

Neu im Programm
Politikwissenschaft

Wolfgang Schroeder,
Bernhard Weßels (Hrsg.)

**Die Gewerkschaften
in Politik und Gesellschaft der
Bundesrepublik Deutschland**
Ein Handbuch
2003. 725 S. Br. EUR 42,90
ISBN 3-531-13587-2

In diesem Handbuch wird von führenden Gewerkschaftsforschern ein vollständiger Überblick zu den Gewerkschaften geboten: Zu Geschichte und Funktion, zu Organisation und Mitgliedschaft, zu den Politikfeldern und ihrer Gesamtrolle in der Gesellschaft usw. Auch die Neubildung der Gewerkschaftslandschaft, das Handeln im internationalen Umfeld und die Herausforderung durch die Europäische Union kommen in diesem Buch zur Sprache.

Hans-Joachim Lauth (Hrsg.)

Vergleichende Regierungslehre
Eine Einführung
2002. 468 S. Br. EUR 24,90
ISBN 3-531-13533-3

Der Band „Vergleichende Regierungslehre" gibt einen umfassenden Überblick über die methodischen und theoretischen Grundlagen der Subdisziplin und erläutert die zentralen

Begriffe und Konzepte. In 16 Beiträgen werden hierbei nicht nur die klassischen Ansätze behandelt, sondern gleichfalls neuere innovative Konzeptionen vorgestellt, die den aktuellen Forschungsstand repräsentieren. Darüber hinaus informiert der Band über gegenwärtige Diskussionen, Probleme und Kontroversen und skizziert Perspektiven der politikwissenschaftlichen Komparatistik.

Sebastian Heilmann

**Das politische System
der Volksrepublik China**
2., akt. Aufl. 2004. 316 S.
Br. EUR 21,90
ISBN 3-531-33572-3

In diesem Buch finden sich kompakt und übersichtlich präsentierte Informationen, systematische Analysen und abgewogene Beurteilungen zur jüngsten Entwicklung in China. Innenpolitische Kräfteverschiebungen werden im Zusammenhang mit tief greifenden wirtschaftlichen, gesellschaftlichen und außenpolitischen Veränderungen dargelegt. Die Hauptkapitel behandeln Fragen der politischen Führung, der politischen Institutionen, des Verhältnisses von Staat und Wirtschaft sowie von Staat und Gesellschaft.

Erhältlich im Buchhandel oder beim Verlag.
Änderungen vorbehalten. Stand: Juli 2004.

www.vs-verlag.de

VS VERLAG FÜR SOZIALWISSENSCHAFTEN

Abraham-Lincoln-Straße 46
65189 Wiesbaden
Tel. 0611.7878-722
Fax 0611.7878-400

MIX
Papier aus verantwortungsvollen Quellen
Paper from responsible sources
FSC® C105338

If you have any concerns about our products,
you can contact us on
ProductSafety@springernature.com

In case Publisher is established outside the EU,
the EU authorized representative is:
**Springer Nature Customer Service Center GmbH
Europaplatz 3, 69115 Heidelberg, Germany**

Printed by Libri Plureos GmbH
in Hamburg, Germany